THE POLITICAL ECONOMY OF RENT-SEEKING IN TURKEY
RENT-SEEKING, POLITICAL ECONOMY

レント・シーキングの政治経済学
―トルコのケース・スタディ―

DILEK DEMIRBAS

中村文隆・末永啓一郎 監訳

永井秀敏・望陀芙美子・藤永修一・柴田有祐・三浦留美・小林和司 訳

八千代出版

THE POLITICAL ECONOMY OF RENT-SEEKING IN TURKEY
　　Rent-Seeking, Political Economy

Copyright © 2010 Dilek Demirbas
By Japanese Translation rights arranged with LAP LAMBERT Academic Publishing AG & Co. KG
translation rights © 2019 Yachiyo Shuppan Publishing & Co.

目　　次

略　語　集　*iii*
図 表 一 覧　*v*

第1章　イントロダクション……………………………………………*1*
　第1節　本書の研究目的　*1*
　第2節　バックグラウンド　*2*
　第3節　本書の研究内容の枠組み　*10*

第2章　レント・シーキング研究の批判的検証………………………*15*
　第1節　イントロダクション　*15*
　第2節　レント・シーキング　*19*
　第3節　レント・シーキングへの批評　*38*
　第4節　レント・シーキングの制限　*40*
　第5節　結　　論　*42*

第Ⅰ部　規範的レント・シーキング

第3章　レント・シーキングと所有権………………………………*46*
　第1節　イントロダクション　*46*
　第2節　発展過程におけるレント・シーキングと所有権　*47*
　第3節　先進国と発展途上国とのレント・シーキングの比較　*49*
　第4節　トルコのレント・シーキング　*57*
　第5節　結　　論　*63*

第4章　先進国と途上国のレント・シーキング……………………*64*
　　　　　──クロス・セクションと時系列の研究──
　第1節　イントロダクション　*64*
　第2節　開発の諸問題と予算配分　*65*
　第3節　トルコの時系列研究　*76*
　第4節　結　　論　*86*

i

第Ⅱ部　実証的レント・シーキング

第5章　国家・利益集団の理論とトルコ ················· 90
第1節　イントロダクション　*90*
第2節　国家論への経済学的アプローチ　*91*
第3節　政治経済学における利益団体　*94*
第4節　トルコの貿易政策における一元論的国家と利益集団の関係　*102*
第5節　結　論　*116*

第6章　立法の利益集団理論とトルコの貿易政策 ················· 118
第1節　イントロダクション　*118*
第2節　代議制民主主義における立法の利益集団理論　*119*
第3節　発展途上国における立法の利益集団理論　*125*
第4節　トルコにおける保護貿易を伴うロビー活動の均衡　*127*
第5節　実証分析　*135*
第6節　結　論　*146*

第Ⅲ部　経済成長とレント・シーキング

第7章　経済的パフォーマンス、制度変化、およびレント・シーキング ··· 150
第1節　イントロダクション　*150*
第2節　経済的パフォーマンスと制度変化　*153*
第3節　結　論　*164*

第8章　トルコにおけるレント・シーキングと成長 ················· 166
第1節　イントロダクション　*166*
第2節　拡張されたソロー型成長モデル　*168*
第3節　内生的成長モデル　*187*
第4節　結　論　*192*

第9章　結　論 ················· 195
第1節　本書の概観　*195*
第2節　将来の研究の方向性　*201*

文　献　*204*
監訳者あとがき　*222*

略 語 集

AIC = Akaike's Information Criterion：赤池情報量基準
ADF = Augmented Dickey-Fuller：拡張 Dicky-Fuller
ARDL = Autoregressive Distributed Lag：自己回帰分布ラグ
BWSB = The ratio of Bureaucrats' Wages and Salaries：仲介者の給与比率
DP = The Democratic Party：民主党
*Dum*80 = Dummy Variable for 1980 Military Intervention：1980 年の軍事介入のダミー変数
*Dum*74 = Dummy Variable for 1974 Cyprus Conflict：1974 年のキプロス紛争のダミー変数
*Dum*71 = Dummy Variable for 1971 Military Intervention：1971 年の軍事介入のダミー変数
DUP = Directly Unproductive Profit-Seeking：直接非生産的利潤追求
EP = Export Promotion：輸出促進
EBF = Extra Budgetary Funds：臨時予算基金
ECM = Error Correction Modelling/Mechanism：誤差修正モデル（メカニズム）
EG = Engle-Granger
FTC = The Foreign Trade Companies：対外貿易企業
GNP = Gross National Product：国民総生産
GNPC = Gross National Product Per Capita：1 人あたり GNP
I = Imports：輸入
ISI = Import Substitution Policy：輸入代替政策
LnR_t = The Logarithm of Budgetary Rent-Seeking：予算に関わるレント・シーキングの自然対数
LnGY = The Logarithm of Ratio of Government Expenditure to GNP：政府規模の自然対数
LnGDP = The Logarithm of GNP：GNP の自然対数
LnINVY = The Logarithm of Ratio of Investment to GNP：GNP に占める物的資本蓄積の割合の自然対数
LnLEIY = The Logarithm of Ratio of Lobbying Expenditure to GNP：GNP に占める法制活動の割合の自然対数
$Ln(a + g)$ = The Logarithm of Population Growth：人口増加の自然対数
MEYAK = The Civil Servant Mutual Assistance Association：公務員互助協会
N = The Number of Manufacturing Companies in Turkey：製造業における民間企業数
OLS = Ordinary Less Square：最小二乗法
OYAK = The Army Mutual Assistance Association：軍人共済基金

POP = Turkish Population：トルコの人口

R = The Amount of Trade Legislation Passed Per Year as a Proxy for Rent-Seeking：レント・シーキングの代理変数である、1年間で制定された通商法の数

RPP = The Republican Public Party：共和人民党

SEE = The State Economic Enterprises：国家経済企業

SBC = Schwarz Bayesian Criteria：Schwarzのベイズ流基準

SPO = The State Planning Organisations：国家計画機構

TUB = The Head of Incentives and Implementation：奨励・実施局

UCT = Union of Chambers, Industry and Commodity Exchange of Turkey：トルコ商工会議所

VOTP = The Number of Votes for Legislators：有権者数

S_K = The fraction of output devoted to physical capital accumulation：産出のうち物的資本蓄積に充てられる割合

S_R = The fraction of output devoted to legislation activities：産出のうち法制活動に充てられる割合

g = The rate of population growth：人口成長率

a = Exogenous rate of technological progress (constant)：外生的な技術進歩率（一定）

ε_t = Error term：誤差項

t = Trend：トレンド

VAR = Vector Auto Regressive：ベクトル自己回帰

図 一 覧

図 4.1　1970 年から 1994 年のレント・シーキングと 1 人あたり GNP との関係
図 4.2　Demirbas の研究における 20 ヶ国の R_{cj} と $GNPC_{cj}$ の関係

表 一 覧

表 2.1　DUP 活動の分類—事例とその結果—
表 4.1　各国のクロス・セクションにおけるレント・シーキングの推計
表 4.2　Demirbas の結果と Katz と Rosenberg〔KR〕の結果との順位相関
表 4.3　Demirbas の研究に基づくレント・シーキングの平均値と標準偏差
表 4.4　和分次数の ADF 検定
表 4.5　共和分回帰分析
表 4.6　モデル 1 の ECM
表 4.7　モデル 2 の ECM
表 5.1　総輸出に占める対外貿易企業のシェア—1981 〜 1987 年—
表 5.2　OECD 諸国へのトルコの輸出と過剰な送り状の規模—1980 〜 1987 年（10 億トルコ・リラ、%）—
表 6.1　和分次数の ADF 検定
表 6.2　トルコの通商法制定
表 6.3　トルコの通商法についての ECM の結果
表 6.4　ARDL における F 値の結果
表 6.5　AIC ないし SBC によって選択された 2 つのラグを伴う ARDL モデルに基づく長期係数
表 6.6　選択された ARDL モデルの誤差修正表現
表 8.1　和分過程の ADF 検定
表 8.2　EG 検定の結果
表 8.3　ECM
表 8.4　共和分検定結果（階数）
表 8.5　ARDL モデルの F 統計量の結果
表 8.6　AIC と SBC によって選択された ARDL モデルに基づく長期的係数（ラグの長さ 2）
表 8.7　ARDL モデルの誤差修正表現
表 8.8　和分過程のための ADF 検定
表 8.9　最小二乗法による推定結果

第1章

イントロダクション

第1節　本書の研究目的

　多くの研究が、トルコではレント・シーキングが活発に行われていると主張してきた。本書では、レント・シーキングの規範的側面と実証的側面の両面から、こうした主張を厳密に検証する。もしレント・シーキングが存在するのであれば、トルコ社会に与える社会的・経済的費用はどの程度のものなのか？　レント・シーキングが行われる理由は何なのか？　それを計測し得るのか？　レント・シーキングが経済成長に与える実際の影響はいかなるものか？　本書は、新しい計量経済学的手法を用いて、トルコをケースにこれらの問いに答える。

　これまでのトルコのレント・シーキングの先行研究は、これらの問いに対して包括的な解答を与えていない。多くの場合、これらの先行研究はこのような大きな問題を検討するには余りにも狭いアプローチを採用していた。例えば、実証的な側面を無視して規範的な側面だけに焦点をあてていた。Krueger (1974) は、輸入認可の事例を分析し、その社会的なロスはトルコの場合は1968年のGNP（国民総生産）の15％に相当すると推定した。Katz and Rosenberg (1989) は、トルコのレント・シーキングの最大値を財政全体（consolidated budget）の18.55％と推定し、スイスのそれは2.68％とした。彼らの研究成果は、安定的な権力構造を持つ先進諸国ほど、レントによる浪費が少ないという見解を支持する。途上国では、政治的・社会的アイデンティティを求めて、圧力団体の相対的な力が時間とともに変化するため、権力構造が不安定となり、レントによる浪費が多くなる。その上で、KatzとRosenbergは、他の途上国と同じように、トルコも、レント・シーキングの浪費を削減する思い切った行動を

とるだけでなく、レント・シーキングの浪費を生み出す制度的な枠組みを再検討すべきであるとした。

　本書の研究目的は、レント・シーキングの規範的・実証的要素を組み入れ、トルコの貿易政策を事例研究として検証する。その意味で、本書は、今までの研究よりも、包括的なアプローチを用いることである。したがって、この方法を採用することにより、この研究は、以下の点で、寄与することができよう。(i) レント・シーキングを規範的・実証的の両面から記述的かつ実証的に分析すること、(ii) 国家に焦点をあてたレント・シーキングの公共選択アプローチと、時系列の新しい計量手法とを結びつけること、(iii) 国家と利益集団との分析に、新しいアプローチとして、後に論議する国家一元論（monism）を用いること、(iv) レント・シーキングが長期の経済成長に及ぼす影響を検証すること、である。

第2節　バックグラウンド

　伝統的な政治経済学においては、政治学の研究は経済学を外生的に取り扱い、同じように、経済学は政治学を外生的に取り扱ってきた。新しい政治経済学は、政治学と経済学とを統合して分析するので、経済と政治とは互いに内生的であると考えている。

　過去40年以上にわたって、政治経済学の新しい歩みは、先進諸国と発展途上国のいずれにおいても政治学と公共政策とに大きな影響を与えてきている。1950年代後期ならびに1960年代初頭までに、経済学者は、投票者、政府、政治家などの行動を分析することを始めていた。このことは、福祉国家や政府計画を根拠とした従来の考え方に、別の見方を提示した。つまり、このことは、政府がある特定集団を他の集団の犠牲のもとで恩顧的に保護しているとみなすので、今まで以上に、政府に対する批判的な見方を生み出すことになった。

　このテーマの大きさゆえに、新しい政治経済学における膨大な研究は、いくつかの領域、例えば、集団選択、合理的選択、公共選択などに分化していった。特に、**公共選択**は、政治的行動や政治的組織に対して、経済学の方法論の原則を適用するものとして定義されている。Arrow (1962)、Buchanan and Tullock（1962）、Downs（1957）、Olson（1965）、Niskanen（1971）、Mueller（1976）などは、新しい政治経済学に大いなる貢献を成している。国家、投票規則、政党政治、官僚、レント・シーキング、DUP（Directly Unproductive Profit-seeking：直接非生産的利潤追求）活動、憲法の経済学、新しい制度経済学などに関する諸理論は、この公共選択の範疇のテーマとみなされている。公共選択研究の仮定によれば、公的な責務は縮小され、公共政策は経済市場の圧力に応じて調整されるだけでなく、政府それ自体は、特に西側の民主主義諸国で見られる競争と効率という市場概念に応じて作り直されるべきであるとする。1970年代および1980年代の間、公共政策の研究は、拡大し深化した。それは、国家の規模と機能を削減し、福祉サービスの供給と分配を民営化し、西側の民主主義諸国で特に範例となっているような競争と効率という市場の考え方に基づいて、政府を再構築する方向にある。

　公共選択の枠組みの中で、研究者たちは、戦略的選択、政策効果、モデルの経済的帰結の検証という一連の過程に基づいて、高度な抽象モデルを構築している。**レント・シーキング**理論は、これらの高度に抽象化されたモデルの1つである。それは、国家の機能の役割と利益集団の政治（行動）とに基礎を置いている。レント・シーキングは、独占力の分析に非常に重要な領域をつけ加えることになる。

　公共選択によるきわめて重要な示唆は、単なる移転の可能性がレント・シーキングを誘発するという考えである。政府によって利用可能となる特定のレントは、レント・シーキングの支出の水準と構成によって規定されるが、その逆ではない。政治過程は、それ自体、レント・シーキング過程に対して内生的である。

　Tollison（1982）によれば、レント・シーキングは、人為的に作り出された移転支出を獲得するために費やされた希少資源の額と定義される。そのため、そうした資源は「浪費された」ものと考えるべきであると仮定される。というのも、そうした資源は、独占力を得るために経済主体が使用したものであって、生産性を高める活動に用いられるわけではないからである（Tullock, 1967a, 1967b, 1993a）。さらに、厚生経済学は費用なしで移転できるとしたが、レント・シーキング理論の本質は、これらの移転は現実には経済的ならびに社会的

な費用が社会全体にかかるという考え方である。これらの社会的費用は、独占シーキング（monopoly-seeking）、関税シーキング（tariff-seeking）、数量割当シーキング（quota-seeking）、許認可シーキング（licence-seeking）、輸出自主規制（voluntary export restrained）、輸出誘因シーキング（export-incentive seeking）、などに分類でき得る（Bhagwati, 1981）。

　事実、公共選択の研究者は、政府がレント・シーキングの主要な源であり、通常、レント・シーキングは政府による人為的な市場介入の過程で生じると考えている。しかし、このことは、レント・シーキングが生じる唯一の場ではない（Faith, 1980）。例えば、Tollison（1982）のように、レント・シーキング理論は、何も政府による独占的な権力の場合だけでなく、民間部門の組織的な枠組みの場合にも適用される、と主張した。民間部門の組織構造は、仮に組織の集団が他の集団よりも大きい権限を保有し何かを変更しようとする時、レント・シーキングを創出するのに都合がよい。同じような見方から、Mueller（1990）によれば、レントはどこにでも散見でき、民間の財市場でも要素市場でも資産市場でも、そして政治市場でも、情報や移動の非対称性が資源の調整を阻害する場合は、いつでも存在することを強調した。

　現代の、社会重視（society-centred）の公共選択理論は、西洋の多元的な社会を対象にまず発展していたが、それは発展途上国の隠れた問題（例えば、レント・シーキング、汚職、強権的国家運営（strong state tradition）、非民主主義的枠組みなど）を明らかにした。しかし、この理論はいまだこれらの途上国のダイナミックに展開する状況をすべからく説明できるわけではない。途上国の政治経済の構造については一層国家重視（state-centred）の解釈を必要としている。

レント・シーキング、所有権、そして発展問題

　1970年代に、貿易戦略の選択は、外国貿易への介入と国内の経済への規制を釈明するために、発展途上国の課題の中で最も重要な領域の1つになった。国際貿易やレント・シーキングに関する文献は、これらの途上国の関税と数量割当を求めてロビー活動をする集団に焦点をあて、展開されてきた。この文脈の中では、関税、数量割当、補助金、誘因措置やその他の保護貿易措置は、政府が課す独占的権限（government-imposed-monoply rights）としてみなせること

になる。

　たとえ、公共選択とDUPの研究者たちは、ともに、国際貿易を異なる視座から分析するにしても、両者の研究者は社会の厚生が自由貿易のもとで最大化することに同意する。実際には、貿易の保護政策の帰結として、特定の利益集団はレント・シーキングの介入を行い、政府は国際的な競争から自国産業を保護するために、自由貿易を阻害することになる。

　多くの発展途上国は輸入代替工業化の傘のもとで保護主義的な政策を採用した。また、それ以外の発展途上国の場合、輸出促進（EP）政策が採用されたが、それは、工業の輸入代替政策の初期の段階を終えた後で、制度的ならびに組織的な変化を受けた結果であった（Ranis, 1991)[1]。Srinivasan (1991) と Bhagwati (1980, 1982) は、途上国における保護主義的な貿易政策とレント・シーキングを分析した。彼らは、レント・シーキング活動に向けられた資源の費用やレント・シーキング向けのインセンティブの便益を評価するのは、経験的に困難であるが、算出することは社会全体にとって有益である、と主張した。

　途上国の政府は、民主的な先進諸国とは大きく異なり、多様な利益集団の政治的な要求に対応するので、多くの研究者たちは、DUPの視座から途上国を研究した（Meier, 1991; Wellisz and Findlay, 1984; Magee, 1984; Findlay and Wellisz, 1984; Krueger, 1990, 1992, 1985, 1984; Rama, 1993a, 1993b)。

利益集団と国家との関係、ならびにレント・シーキング

　国家と社会との関係を理解することは、政治学者やエコノミストの主要なテーマの1つであり、昨今は、公共選択の研究者にとっても同じである。利益集団の研究は様々な観点からこの関係にも新しい光をあてているように見える。特に、利益集団の役割とその特性、ならびに国家と利益集団との関係などは、

---

[1] 同じ視座から、Bhagwati (1988) は、輸出促進政策の一般的なケースに関する重要な評価を行い、外向き指向のケースの枠組みを示した。彼は、多くの途上国が他国の行動から学習した結果として、輸入代替工業化の代わりにEPを選択したと論じた。Findlay (1991) の見方によれば、政府は、政府にとってEP政策を採用しないコストが法外になった時点でEP政策を採用したのである。彼によれば、EP政策へ転換した最大の理由は、外向き志向の政策のほうが自律的な組織の利益になると、全体主義的な国家 (Leviathan state) が認識したためである。

今まで以上に本格的に研究されてきている。

　Rousseau（1959）によれば、各自市民が自分自身の意見を示すことができるならば、国家の中に補完的な集団を必要とすることはないであろう。この理由から、彼は、たとえ、利益集団の設立を妨げることができないとしても、利益集団の数と権限はできる限り制限されるべきであると考えた。今日でも、利益集団に関するRousseauの考え方は、政治学者の中では、ある程度、支持されている。この考え方とは異なり、「多数者の暴政（a tyranny of the majority）」の可能性を検証した後で、Tocquevilleは、利益集団は有益であると主張した。その利益集団は（政治への）「優れた参加形態（a superior form of participation）」を与えることになる。さらに、これらの利益集団の組織に所属することによって、少数者は自分たちの利益を高めることができる。特に、利益集団はよりよい民主制を確立するためには社会にとって必要な組織であるとTocquevilleは考えていた。

　多くの古典派の理論家たちは、国家の介入的な権限から自分たち市民を保護するためには、利益集団が国家と市民との間に位置するべきであると考えた。古典派の理論家たちは、国家が強力であり個人は非力であるので、利益集団内で活動する個人は、国家の破壊的な権力から自分たちを守るための状況を作り出すことができると信じていた。結論として、民主主義的な価値は利益集団に参加することによって守られ得る。**政治制度**から見ると、多元論者は利益集団が国家に権利の要求をすると考えるのに対して、ネオコーポラティストは、国家が利益集団をコミュニケーションのチャンネルとしてだけでなく、利益集団を公共政策の形成とその政策の実施に責任を持たせる手段として、利益集団の活用の範囲を強調する。多元主義的な制度において、国家は利益集団の無力な犠牲者として見られている。それに対して、ネオコーポラティストの制度においては、国家はある利益集団を排他的なパートナーに取り込むことによって利益集団の環境を左右する。

　実際上は、国家は多元主義的ならびネオコーポラティストの性向を保有し、利益を求め競い合う場でなく、これらの利益を生み出す場である。言い換えれば、利益集団と国家とは、様々な段階で、互いに影響を与え合っている。例えば、国家は、立憲上かつ法律上の環境で、利益集団に影響を与えることができ

る一方で、政治的な文化は、また、利益集団の形成に実質的な影響を持つことになる。

　われわれが、ここで、経済システムの観点から、Olson の利益集団アプローチに言及することには意義がある。Olson の研究を参照するのは、次の２つの理由からである。まず、集団形成に、経済学的な論理（新古典派的な経済学のアプローチ）を初めて適用したことである。次に、伝統的な政治学の利益集団に関する考えの、多元論をきわめて包括的に批判したことである。伝統的な政治学の主な帰結は、1）利益集団の存在は自然である、2）利益集団の形成は（当然であるので）研究対象にならない、3）共通の目標を持つ個人は、自分たちの共通の利益と価値、あるいはそのいずれかを強化するために組織を形成する。しかし、集団が形成されるのは基本的にはレントを求めるためである、と Olson は主張した（Olson, 1982）。

トルコにおけるレント・シーキングおよび利益集団・国家の政治経済学

　多くの途上国は憲法、議会制政党、選挙を制度として有しているが、それぞれの国の伝統的な強固な官僚や軍関係者は、たとえ民主主義のためだとしても、自分たちの権限を喪失することを決して考えない。しかし、この非常に重要な途上国の特質は公共選択の文献では検討されていないことである。このギャップを埋めるために、本研究でわれわれは、トルコの場合を参照して利益集団を分析することにする。

　Heper（1991a）によれば、多元論者やコーポラティストの研究は、１つのきわめて重要な要素、**国家**をなおざりにしている。事実、国家それ自体は政治や社会に実質的な影響を与えるので、利益集団の政治に関する研究は、国家の類型に応じてなされるべきである。

　Cox（1988: 46）が定義するように、国家**一元論**は、コーポラティズムや多元主義の国家とは大きく異なる。一元論は、「国家と利益集団との間には１対１の関係が存在し、コーポラティズムと多元主義との間に位置する」。この関連性の程度が多くの他の民主的な諸国に比べトルコでは高いので、一元論の概念はトルコの利益集団の政治を解明するには適切である。

　Heper（1985, 1991a, 1991b, 1992a, 1992b）によれば、オスマン帝国やトルコ共和

国の歴史において、トルコの国家は規制に重きを置いてきたので、利益集団は経済の意思決定にほとんど影響を与えてこなかった。それゆえに、トルコの民主政治は、増大する社会的な必要性に応じて運営されるというよりも、国家のエリートの自意識の高い決定として理解されている。

同じ考えであるが、政治学者のEsmer（1991）は、また、トルコの利益集団の政治は強固な権威主義的な国家という長い伝統を考慮しなくては十分に理解され得ないことを指摘している。驚くべきことに、トルコにおいて、多くの民主主義的な諸国と異なり、たとえ民間部門の代表者であっても、この伝統に強く染まっていることである。特に、もし、トルコの産業部門が強制的、非競争的、ヒエラルキー的な支配で、機能的には分化した閉ざされた世界で形成されていると考えると、トルコの構造は今までよりも一段と理解されやすくなる。

Esmerにとっては、国家は直接に介入し、トルコの社会の広範囲にわたる諸問題を解決しなければならないと考えているので、民間部門と政府の個人的な関係はいまだ非常に重要でしかも効果的なチャンネルになる。産業部門の利益集団の活動は、コーポラティストや多元主義者の両モデルとの類似性を生み出すが、強権的な国家のトルコの伝統は、いまだ、その状況がこれらの両モデルのいずれとも異なっているとの認識を抱かせることになる（Esmer, 1991）。

もし、われわれがCoxやHeperの一元論の定義に立ち返るならば、一元論的な視座から、1980年代を分析することは適切なことであろう。この時期は輸出促進（EP）政策の期間に相当した。このことは、世界経済との調和を図るために、通常は保護の縮小化、貿易の自由化を進展させることを意味した。しかし、それとは対照的に、トルコという国家は利益集団と比べるとますます自立性を強めることになった。首相のTurgut Ozalhaは、大臣や政策形成の官僚の内なるグループと一緒に、あらゆる重要な短期の経済政策決定を行った。それは伝統的な国内の官僚、議会、政党、利益集団との協議を回避したことを意味した。これらの短期政策決定は幾度となく改定されたが、それは、外部からの圧力に対応した結果ではなく、内なるグループが新規の政策を必要と判断した時に、なされたのである。そこには、経済政策の意思決定プロセスの過度な集中がなされることから、国家と利益集団との間に大きなコミュニケーション・ギャップがあった。さらに、政府はある利益集団たる外国貿易を担う企業

と、しばしの間、密接な関係があるように見えた時でさえ、このギャップは縮小しなかった。「トルコでは、対外貿易企業は政府に頼りきっていた。(そうだからこそ)、それら企業は、いつも、国家を前にしてあてにならない立場に立たざるを得なかった。当然のことだが、それら企業は、時には、簡単に、政府の恩顧を失うことになった」(Heper, 1991b: 173-174)。

トルコの1980年代は、きわめて重要であった。というのは、経済的領域では、輸入代替戦略が、世界経済との経済的な統合を意図した輸出指向戦略に取って代わられた時期に相当したからである (Rustow, 1985)。それにもかかわらず、政治的領域に関しては、権威的な国家の伝統が、輸出誘因措置、租税の払い戻しといった政策を採用したことで、保護主義がさらに深化した。これらの状況の中で、トルコは多元的な利益集団の政治を作り出すことが困難になった。

レント・シーキングと経済パフォーマンス——トルコの制度的変容と経済成長——

多くの際立った優秀な研究者は、レント・シーキングを制度的な取り決め (institutional arrangement) として分析することが経済成長を解明する上で重要な役割を持つと、認識するようになってきている。彼らは、成長問題を分析する場合、制度的な取り決めを考慮しないならば、不完全で誤った結論にいたるであろうと論議している。特に、North (1984: 54) は、「社会が契約の執行の費用を低くする能力とその契約の実効性を発展させる能力に欠けていることが、第三世界における歴史的な停滞と今日の低開発の最も重要な原因である」と主張した。その理由は、所有権の保証と契約上の権利が欠落していると、投資と特化が阻害されるからである。

伝統的なアプローチは、経済成長を解明する上で、人口や倹約の重要性を強調するが、この分析では制度的な取り決めを包含できないでいる。近年の研究者は自分たちの研究に制度的な取り決めを取り込んできているが、それでも多くの研究はフォーマルな計量分析というよりも、理論的な提案であったり、実証的な記述であったりする。そのために、研究者で、動態的な枠組みにおいて、制度と成長率との関連を検証しているものはほとんどいない。ほんのわずかな研究者だけが、成長問題の解明の意図を持って、レント・シーキング、政治的

不安定性、所有権の貧弱な実効性などを研究に取り入れている。

　このような考察が取り入れられている研究は、次のように示すことができる。クーデター、革命、政治的な暗殺を研究している Barro（1991）。政治的自由と市民の自由を研究している Gastil（1985）。成長に与える制度の研究をしている Grier and Tullock（1989）。レント・シーキングと成長とを分析している Rama（1993a, 1993b）、Murphy, Shleifer and Vishny（1993）。所有権の研究をしている Knack and Keefer（1995）や Braconier（1996）。

　Rama（1993a, 1993b）は、レント・シーキング理論が資源配分や厚生に関わる制度の領域に、興味ある考察を提示すると主張した。それゆえに、彼は動態的な均衡の枠組みでレント・シーキングと経済成長との関連のモデルを作成した。彼は、このモデルを作動させるために、ウルグアイの年度データを用いて、レント・シーキングと低成長には密接な関連があることを論証した。彼によれば、外国貿易の保護的な障害措置は単一の企業や産業に利益をもたらすが、そのことは独裁政権のもとで恣意的な貿易政策を増大させる傾向をさらに増長させることになる。彼は、たとえ、これらの貿易保護措置が短期的には利益を生み出すとしても、長期的には、それらの措置は産出や輸出の伸びにマイナスの効果を持つと主張した。

第３節　本書の研究内容の枠組み

　本書は次の３部からなる。1）規範的なレント・シーキング（normative rent-seeking）、2）実証的なレント・シーキング（positive rent-seeking）、3）レント・シーキングが経済成長に与える効果。この３部に区分した主な理由は、レント・シーキングの本質をより理解するために、3つの異なる視座からレント・シーキングの現象を分析することにあるからである。先に述べたように、先行研究は、レント・シーキングの規範的な側面に焦点をあててきた。先行研究はレント・シーキングの実証的な側面を無視し、高いレント・シーキングがなぜ存在するのか、経済成長に与えるレント・シーキングはどのような影響を持つのかという問いに答えてこなかった。これらの内容に入る前に、次の第２章において、レントの概念とレント・シーキングの形態の歴史的な背景を考慮

しながら、レント・シーキングの概念をまず定義する。その意味で、第2章は次の第Ⅰ部から第Ⅲ部の基本をなすものである。第Ⅰ部の第3章と第4章において、何がトルコのレント・シーキングの費用なのかという問いに答えるために、規範的なレント・シーキングの視座から、理論的ならび実証的に、所有権と経済発展の問題を考察する。第Ⅱ部は第5章と第6章からなり、そこでは、制度変化と経済成長とを論議する。次に、それぞれ章についていま少し詳細に説明していく。

　第Ⅰ部の第3章、第4章は、発展過程における所有権の問題を検討する。第3章では、規範的なレント・シーキングの視点から先進国と途上国のレント・シーキング現象の理論を考察する。われわれは、レント・シーキング活動がこれらの2つの類型化された地域では制度の枠組みと民主主義の伝統において大きく異なる結果、実質的に異なることを論議する。レント・シーキングは先進国に比べ途上国のほうが、蔓延していると考えるが、この仮説を検証したり、なぜそれが生じるのかを解明するための、計量的な手法をこの章ではまだ何ら論議しない。

　第4章では、レント・シーキングが先進国と途上国とで異なる意味を検証するために計量的な手法を応用する。Katz and Rosenberg（1989: 140）によれば、「ヒエラルキーが確立している先進国では、低開発国よりも浪費が少なくなる傾向がある。低開発国は、圧力団体の相対的な力を変えることで、政治的・社会的アイデンティティを見出そうとすることがいまだに多い」。途上国の軍人、官僚、政治家たちの協調は先進国に比べきわめて高いので、これらの利益集団は、仲間内で富を消費する自由、自分たちで希少資源を活用する自由、所有権を侵害する自由、を自分たちのものにすることができる。この章では、1970～1994年の期間における、先進国ならびに途上国の20ヶ国のクロス・セクション分析で、まず、財政配分の変化を分析し、次に、1960～1990年の期間におけるトルコの時系列のそれを分析し、レント・シーキングの大きさの程度を検証する。

　第Ⅱ部は第5章と第6章からなる。ここでは、実証的なレント・シーキングを詳細に論議する。国家の政治的ならびに経済的な構造が異なると、先進国や途上国のレント・シーキング活動は、また大きく異なる。第5章では、国家の

理論（一元論）と利益集団形成の理論が、民主主義的な国と半民主主義的な国（トルコ）を対象にして事実に即して検証される。第6章では、レント・シーキング活動と国家利益集団の相互関連を統一的に理解するために、立法行為に関する利益集団理論にしたがって、トルコの経験から得られた（理論の）枠組みをつくる。

富の移転を追求する利益集団のロビー行動を検証可能にする経済モデルを開発するために、法案の成立の件数を左右する需要要因と供給要因とを論議する。われわれの研究の貢献は、半民主主義国家に立法の利益集団理論を適用するところにある。このことを行うために、われわれは代議制民主主義の立法の利益集団理論を検証し、その文献を簡潔に検討する。

そこで、われわれは代議制民主主義の利益集団理論をうむ立法の需給モデルを明らかにする。立法の利益集団理論はわれわれの分析のスタートの基礎になる。

第Ⅲ部は第7章と第8章からなる。そこで、われわれは、制度変化に焦点をあて、またそれらが経済成長に与える影響を分析する。レント・シーキングの文献が経済成長に興味ある考察を与えていることを示す。第7章において、われわれは組織の経済学に焦点をあて、経済パフォーマンスに与える効果を分析する。このことによって、われわれは第8章の分析の基礎を固め、動態的な均衡の枠組みにおける成長の問題、そしてトルコの制度の問題を検討する。第8章では、われわれは、経済成長とレント・シーキングとの長期の関連が見られるかどうかを解明するために、時系列手法を用いて、経済成長に及ぼすレント・シーキングの効果を分析する。

時系列分析の枠組みに基づくレント・シーキングと経済成長の関連の分析は、ほとんど手がつけられていない。この領域の文献で、数少ない研究としては、レント・シーキングと成長を時系列分析の枠組みの中で関連づけたものがある。Rama（1993a, 1993b）はその1つである。第8章の主な目的は、(i) 拡張されたソロー型成長モデルと (ii) 単純な内生型成長モデルとを、トルコの時系列分析のケースに導入することによって、このギャップを埋め、経済成長に与えるレント・シーキングの影響を検証することにある[2]。この最初の拡張されたソロー型成長モデルにおいて、多くの貿易制限的な法案制定と物的資本は生産関数

においては固定変数として扱われている。これらの変数の経験的な代理指標は、立法支出と投資とする。成長率は投資とともに増大し、立法支出の増大とともに減少すると仮定されている。われわれは、資本蓄積、立法支出、人口成長の増加率は固定パラメータよりもむしろ単位根の確率変数であることを示したソロー型成長モデルを分析したい。結果として、効率性単位で見た労働生産性の均衡レベルは、また、単位根を含むことになる。この章において、ソローのモデルは、変数の確率的な性質と矛盾しないECM（Error Collection Modelling/Mechanism：誤差修正モデル（メカニズム））として解釈すべきである。この結論に到達するために、独立変数と従属変数との共和分関係が存在することを検証した後で、われわれはトルコの年度データを用いて、ECMを検証する。

第2のモデルは内生的成長理論に基づいている。このモデルでは資本は固定変数として扱われ、同時に貿易制限的法案制定はコントロール変数（control variable）として取り扱う。この第2のモデルは、トルコのデータを用いているRamaモデル（1993a, 1993b）の模倣と修正を行ったものである。Ramaは貿易制限的法案制定の数量が政府政策や利益集団の活動によって内生的に決定されると想定した。彼は、貿易制限的法案制定がウルグアイの総産出水準にマイナスの影響を与えたことを見出した。

われわれの研究では、経験的な証拠はトルコから抜き出した。そこでは、保護政策が1960年以来減少することなく相変わらず続いている。租税還付、関税、輸出補助金、優遇為替レート、輸入ライセンス、輸出信用は、すべて、トルコの経済での政府の介入戦略として用いられてきた。もちろんこれらの政策によって、政府部門は、基幹産業を立ち上げ、民間部門が貿易できるような安全な場をつくることができた（参照として、Amelung, 1988, 1989; Barkey, 1990; Boratav, Turel and Yeldan, 1995; Brown, 1989; Onis, 1991; Rodrik, 1990a, 1990b）。この章では、われわれは各年度の貿易制限的法案の数が経済成長にマイナスの効果を持つという仮説を検証する。

最後に、第9章において、われわれはこの研究で見出したことを要約し、暫

---

2) 多くの研究は、成長モデルと時系列とを組み合わせている。King et al. (1991)、Easterly et al. (1993)、Knight et al. (1993)、Bernard and Durlauf (1995)、Den Haan (1995)、Jones (1995) 参照。

定的な結論を抽出し、加えて、さらなる研究への道筋を論議する。

第 2 章
レント・シーキング研究の批判的検証

> ある土地に囲いを設けて「これは私のものだ」と宣言し、それを信じるほど
> 単純な人々を見つけた最初の人こそ、市民社会の創設者であった。
> 　　　　　　　　　　　　　　Jean Jacques Rousseau（1959: 17）

第 1 節　イントロダクション

　レントの概念は経済文献において広範囲に用いられる。初期の経済学者はレントを土地の利用に対する支払いとして定義した。重農主義者によれば、土地は（他の生産要素と異なり）大地の自然から与えられた生産的な力を保有している。この生産的な力は、供給において固定され、費用がゼロで「自然」から与えられた。そのために、この力は生み出すのに費用が何もかからないので、土地がプラスの価格で使用されると、土地から得られたすべての収益は不労〔労せず得た〕所得とみなされた。その結果、重農主義者の見解によれば、土地の生産性は、強固に確立した事実であり、レントはこの自然の生産性の結果として得られた所得であった。

　19 世紀半ば、古典派の政治経済学者は、土地の使用への支払い、あるいは、供給が固定された土地以外の生産要素への支払いを指して経済レントという用語を用いた。経済レントの考え方は、土地に関して、Ricardo によって最初に提示された。そして、後になって、他の要素にも適用されたのである。Ricardo は、この概念を展開するにあたって、土地の供給は固定されていること、土地は〔代替が利かずに〕ただ 1 つの用途を持つという、2 つの前提を設けた（Ricardo, 1962）。20 世紀の初め、Alfred Marshall はレントの概念を供給の一時的な非弾力性にまで拡大し、準レント（quasi-rent）[1] あるいは一時的レント（tem-

---

1) 概念的な範疇としての経済レントは、実際のレントの支払いとは区別されるべきである。実際のレントの支払いは、経済レントを分配すると同時に、土地の保有やその他の権利構造の変化によっても生じる（Marshall, 1920: 10 参照）。

porary rent) と呼称した (Marshall, 1920)。この定義により、経済レントの概念は「土地レント」よりはるかに拡大し、個人の特殊な才能のような、再生不能な資産 (nonreproducible asset) に適用された。20世紀の半ば頃、経済レントの概念はさらに拡大し、経済学者は独占レントとして独占利潤に言及し始めた。

ここ最近の20年間に、新しい政治経済学は経済レントの一般的な概念を、レント・シーキング活動にまで拡張した。経済レントは、ある資源の機会費用を超過する受け取りとして伝統的には定義されるが、レント・シーキング理論の本質は、いまや、社会的費用の創出に関わっている。その社会的費用は、貿易に関する保護措置のような活動によって創られたレントを、合理的なエージェントに競って求めさせることにより生じる。このような理由から、レント・シーキングの形態は、独占シーキング、関税シーキング、割当シーキング、ライセンス・シーキング、輸出自主規制、輸出誘因シーキングとして分類できる。

1 レント・シーキングの定義

Tollisonによると、「レント・シーキング理論は、いかに個人が人為的に作られた移転を求め競い合うか、いかにその競争が社会の厚生に影響を与えるかの研究に関わる」(Tollison, 1982: 576)。Muellerは、レント・シーキングを次のように定義した。「ロビー活動に値する賞として、政府が手を貸して与える独占レント、そして、この独占レントの追求にレント・シーキングという名が与えられた」(Mueller, 1990: 229)。Buchananらによると、レント・シーキングとは、「価値を最大にしようとする個人的な努力が社会的余剰よりむしろ社会的浪費を作り出す制度の枠組みの中での行動に関わる」(Buchanan et al., 1980: 3-4) ことを指摘した。公共選択の研究者のレント・シーキングの考え方の根底には、(i) レント・シーキングは政治過程を通じて生じること、(ii) レント・シーキングを制約する最善の方法は政府を制限すること、この2つがある。

厚生経済学の文献は、(レント・シーキングに関わる) 移転を費用なしでできると考えるけれども、それら移転は、実際上、関税や割当、あるいは農業価格支持のように、経済的な費用を要するのである。レント・シーキングの要点は、このような考え方から生まれたのである。公共選択の文献で、広く受け入れら

れていることは、レント・シーキング資源が「無駄」と考えるべきであるということである。その理由として、これら資源は経済的エージェントが独占力を得るために使われ、これら資源は生産性を向上させる活動に使われないからである (Tullock, 1993a)。特に、エコノミストは、産業への参入障壁によって創られた、長期の経済的レントに関心がある。最大の長期的な参入障壁は政府によって創られた競争排除あるいは競争制限のような措置であるので、政府がレントの主要な源泉であると断定できる。そのレントを得ようとして政府に働きかけるものをレント・シーカーという。そのようなレント・シーカーたる機関や人間は、富（レント）を自分たちに移転させるように、法律や規制を利用する。つまり、政府の市場介入の結果、レント・シーキングが生じ、独占や経済規制が拡大することになる。ある産業独占レントを促進させる最も効果的な方法は産出を制限したり、参入を許可したりする法案を通過させることである (Buchanan, 1980a)。

　レント・シーキングは様々な形態で現れる。第1に、産出が所与で固定される場合、独占レントが生じるが、独占レントを捕捉する支出はその経済に追加的な産出を生み出さない。第2に、制度的な枠組みの結果として、Buchanan (1980a) によれば、制度変化は、19世紀や20世紀初頭には存在しなかった機会を創り出しているので、レント・シーキングは第1の場合よりも重要になる。Buchananは、「これらの制度の変更は、秩序ある市場から不公平な配分というような混乱に移行した結果である」(Buchanan, 1980a: 3) と論じる。彼は、これらの制度の制約のもとで、いったん政府がレントを創出すると、レント・シーキング行動の動因を回避することは非常に難しいことを加えて指摘している。その結果、このような制度的な枠組みにおいて価値を最大化する個人的な努力は、社会的な余剰以上に社会的な無駄を作り出す。第3に、政府がレント・シーキングの主要な源泉である。しかし、レント・シーキングは政府が市場に人為的に関与する文脈の中で通常は生まれるが、レント・シーキングが起こり得る唯一の枠組みではないことは強調されるべきである。Tollisonによると、「レント・シーキング理論の適用は政府の与える独占の利権によるだけでなく、民間部門の制度的な過程にも関わる」(1982: 587) ことを示す。Muellerは、次のように論議する。「レントは同時にあらゆるところに存在する。レン

トは、情報や移動の非対称性が資源の移動を阻害するところで存在する。したがってレントは、民間財市場でも、要素市場でも、資産市場でも、政治市場でも、存在することになる」(1990: 229)。

2 レント・シーキングとプロフィット・シーキング

　文献では、レント・シーキングは「悪い」ものとして、プロフィット・シーキングは「良い」ものとして考えられている。レント・シーキングが人為的に創られた独占の利権から生じるのに対し、プロフィット・シーキングは競争市場から生じるという点で、レント・シーキングはプロフィット・シーキングと区別される。レント・シーキングの場合、政府は利益集団を保護したり、所有権を侵害したりして、競争を阻害する。例えば、輸入割当はある一定の産業に利益を与え、国際競争からそれら産業を保護する。これに加えプロフィット・シーキングは、参入が可能であることから「良い」のである。対照的に、政府によって人為的に創出されたレントは、参入が不可能であることから「悪い」のである。政府が関税や割当から得られる利益をいずれの産業に与えるかを決定する場合、それ以外の産業は容易にはその市場に参入できない。さらに、プロフィット・シーキングは比較的短期の現象となろうが、人為的に設定された許認可によるレント・シーキングは長期的な現象である。最後に、プロフィット・シーキングが、最も価値を生み出す用途に資源を配分する経済行動を刺激するのに対し、レント・シーキングは、これらレントが人為的に創出されるため、経済的な産出にマイナスの効果を与える。Tullock は、悪いレント・シーキングと良いレント・シーキングとを区分するために、次の事例を挙げている。

　　いま、困難な経営状況にある製鉄会社が2つの異なる運営方針のうちどちらを選択するか考えている。このいずれの選択肢も同じ費用であり、専門家によれば、成功の見通しは同じであり、利潤に及ぼす効果も同じであると仮定しよう。第1の案は、韓国の鉄鋼が環境に悪影響を及ぼすという噂をもとに、政府を説得してその輸入を禁止させるのに膨大な資金を投入するというものである。この案を実施すれば、結果は鉄鋼価格の上昇となり、アメリカの多くの人の生活は少なくとも以前に比べ悪化するであろう。

もう1つの案は、生産効率を上昇させる何らかの新しい機械をその鉄鋼会社の設備に備えつけ、第1案と同じ利潤を挙げることができるものである。事実、この場合、その鉄鋼会社の費用は競争相手の企業の費用よりも安価になるので、若干の独占的支配力を得られることになろう。このことは、明らかに、社会に影響を及ぼす。その純効果は、鉄鋼価格がいくぶん安価になり、多くの人々の生活の暮らし向きがいくぶん楽になることである。……私は、前者に「レント・シーキング」という用語を用い、後者には用いない（Tullock, 1989: 55-56）。

　Buchanan (1980a) は、悪いレント・シーキングに焦点をあて、レント・シーキングは3つのレベルで生起すると主張した。社会的な浪費の第1の形態は、独占の入手の可能性を持つ者の努力と支出（彼らのロビー活動）である。第2の形態は、役人が自分の賃金の上昇となって現れる独占レントを入手する努力（役人になるための競争）である[2]。最後に、第3の形態は、個人が租税か財政支出プログラムで優遇される集団のメンバーになることを求めるように現れるかもしれないことである。というのは、その政府は支出増大か租税控除のいずれか一方か、または両方を通じて、国家財政から資源を消散させるからである。結局、レント・シーキングはそれぞれのレベルで生起するのである。

第2節　レント・シーキング

　レント・シーキングの理論は、2つの範疇、規範的レント・シーキングと実証的レント・シーキングに区分できよう。簡潔にいえば、規範的レント・シーキング理論はレント・シーキングの費用の算定を検討するのに対し、実証的レント・シーキング理論は社会のレントの発生源を検討するといえるであろう（Tollison, 1982; Higgins and Tollison, 1984; Rowley et al., 1988）。

---

[2]　Tullock が述べているように、個々人は、教育に対する超過支出によってレントを獲得するために、役人になろうと競争するだろう（Tullock, 1980a）。

1 規範的レント・シーキング

　レント・シーキング理論は、厚生経済学の視座からレント・シーキングを検討している。言い換えれば、「規範的理論は、そのような活動が経済にとっていかにコストのかかるものであるかといった問題に関わる」(Tollison, 1982: 579)。

　事実、レントを追求する個人の正常（自然）な性向が社会的に有益か、それとも社会的に浪費かというのは、社会のモラル、法律、社会的規範に依存するのである。例えば、もし政府の権力が、個人の権利を擁護するための憲法、慣習、モラルによって制約を受けるならば、悪いレント・シーキングは、例えそれがすべて欠落しているわけではないとしても、制御され得る (Rowley, 1988b)。

　規範的なレント・シーキング理論の最も重要な概念の１つは、**効率性**の概念である。レント・シーキング理論から見ると、効率性の概念は、資源の費消が少ないか、多いか、等しいかという基準から分析できる。レント・シーキング支出の総量が利用可能なレントにちょうど等しいという費消の結果は、Posner によって例示された (Posner, 1975)。しかし、後になって、それは効率的なレント・シーキングの結果として知られるようになった (Tullock, 1980b)。Tullock の論文において、多くのレント・シーキングのモデルのアウトラインが示され、これらのモデルは、利用可能なレントの過少費消と過大費消をもたらす競争的なプロセスにおいて、検証されてきた。過少費消は浪費が少ないものとして定義され (Tullock, 1980b, 1985)、その一方、ちょうど等しい費消は、価格が一定で、エージェントの参入と退出が自由であるような長期の場合における、その資源の浪費の傾向として記されている。したがって、等しい費消はレント・シーキングの文脈での均衡についての一般的な推測であるように思える。そして、こうした費消は現実の世界を理解するのに役立つことになる。しかし、Tullock (1993a) によると、もしレント・シーキングの費用がゼロで、レント・シーキングが富の費消よりもむしろ富の移転をもたらすならば、このケースは最も望ましいレント・シーキングの結果を示す。

　規範的なレント・シーキングの今一つの重要な概念は、**レント回避** (rent-avoidance) である。つまり（これに関連して）、個人は移転を求めるために資源を用いるだけでなく、時に彼らは、自分たちのレントを他のレント・シーカーから守るために資源を用いなければならない。このような行動の基礎には、

富の移転の「供給者」が、必ずしも自分たちの持つ富の収奪を経済的に合理的であるとは考えないということがある。当然、人によっては、取り戻すことが費用効率にかなうと考える。

さらに、**独占権の持続性**は、レント・シーキング理論にいくつかの興味深い課題を提示している。独占権が永久に付与され、権利を捕捉する際のすべてTullock 型支出が事前的にレント・シーカーによってなされる場合、「Tullock 費用（Tullock costs）」は埋没する。この状況において、もし、独占が永続的に撤廃されたならば、進行中の Tullock 型支出はその経済に回収され得る。

所得分配に関連して、Tullock 以前、独占が所得分配に与える影響は明白であった。つまり、独占者は豊かになり、消費者は貧しくなるのである。

1.1 規範的レント・シーキング理論の応用の初期の事例

レント・シーキングの考察に先立って、新しい厚生経済学者はその関心を民間の独占力にあてていた。その際、彼らは、独占が創られ、それが保護される過程において、政府を積極的にその過程に関わる主体というよりも調整機能を果たす主体とみなしていた。この厚生経済学のアプローチによれば、独占の経済に与える主な影響は、資源の誤った配分、厚生の総計の減少、そして独占者を有利に扱い、消費者から所得を再分配させることであった。さらに、市場で供給される産出物の効率的な価格政策は、新古典派的なパレート最適基準によって決定された (Rowley, 1988a)。この「最適性」の状況に言及することによって、新古典派経済学者は独占の死重的損失を算出した。

1954 年、Harberger は、アメリカ経済を対象に、独占の厚生の影響の大きさの推定を試みた。それは 1924 年から 1928 年の期間における製造業の資本収益率に関するデータを用いてなされた。その研究の結果、彼の結論は、独占が惹き起こす経済的厚生の損失は非常に小さく、おそらく GNP の 1% の 10 分の 1 程度にすぎないというものであった (Harberger, 1954)。

Harberger の方法論を用いて、独占による厚生損失に関する推定は多く世に出された。これらの推定は、概して、独占が社会的問題ではないという Harberger の結論を確認するものであった。独占の社会的費用を説明する方法は、Leibenstein (1966) と Tullock (1967a) がそれに異議を唱えたにもかかわらず、

1970年代の半ばまで、主流派の新古典派経済学の一般の通念であり続けた。

このHarbergerの三角形に対する最初の主な疑義は、1966年、Leibensteinによる X 非効率（X-inefficiency）の提起であった。Leibensteinによると、再配分が与える典型的な厚生への影響は相対的に小さい。というのも、配分の非効率が極めて小さな（限界の）影響しか含まないからである。彼は、「ミクロ経済理論は配分の効率性に焦点をあて、それ以外の場合に見られる、実際にはもっと大きな影響力を持つ効率性のケースを排除している」（Leibenstein, 1966: 392）と結論づけている。

Tullock（1967a）は、公共選択アプローチの視座から独占のパラドックスを研究した嚆矢（こうし）であった。さらに、彼は、レント・シーキングの考えを用いることはなかったが、消費者から独占者への移転が社会に資源費用を課すことになることを明らかにした最初の研究者であった。Tullockは、また、Harbergerが独占の社会的費用についてある側面を無視していると指摘した。Tullockは、事例を挙げ、実物資源が窃盗を防止し矯正するのに用いられることを議論した。このことから、窃盗行為による損失が社会に生じ、その損失費用はそこで用いられた資源の機会費用で測定できる[3]。Tullockの最初の論文の発表後、レント・シーキング理論は、公共選択に影響を与えただけでなく、政治学や法学という関連学問にも影響を与えた。さらに、Tullockは、レント・シーキングがいたるところに偏在し、民主主義的な社会だけでなく、独裁といったあらゆる政治形態においても生じていると主張した。

Tullockのこの研究を受けて、研究者たちは、レント・シーキング行動の分析を始めた。Krueger（1974）は、次いで、レント・シーキングの理論に意義ある貢献をし、その研究過程で、このレント・シーキングというテクニカルな用語を創出した。Kruegerが研究した国の1つがトルコであるので、そのモデルと帰結は、われわれの研究に特に意義あるものである。そこで、われわれは、本章第2節1.4において、「レント・シーキングと国際貿易」というテー

---

[3] 例えば、ある銀行強盗の成功は、潜在的な強盗がより多くの労力を費やす動機となる。一方、このことは、他の銀行での進化した保安設備の導入、そして最終的にはおそらくさらなる警官の雇用ということにも繋がる。これらは社会的費用であり、その額は非常に大きなものとなり得る（Tullock, 1967b: 48）。

マのもとで、Kruegerの見出したものを詳細に検証する。

レント・シーキング文献に大きな寄与を果たしたのは、Posner (1975) であり、彼は「アメリカの独占の社会的費用と独占を惹き起こす規制の社会的費用」の計測を試みた。彼のモデルでは、規制産業のレント・シーキングを対象にして、10の企業が1つの政府独占を求め競争している状況を分析した。Posnerは、モデルにおいて、個々の企業はレントを入手する確率を等しく保有し、個々の企業はリスク中立的であり、費用構造は同一であると仮定する。これらの仮定のもとで、レント・シーキング行動の社会に与える費用は、独占者が得るレント（Tullockの長方形（矩形））にちょうど等しい。Posnerは、競争価格およびそれによって決まる生産量のもと、独占企業の売上収入が大きくなればなるほど、競争的レベルを上回って手数料価格が大きくなればなるほど、独占の社会的費用が、通常は、大きくなるであろうことを示した。さらに、その売上収入は、競争価格で財の需要の弾力性が低ければ低いほど、常に大きくなる。そして、独占による費用は、需要が競争価格で完全に非弾力的である場合、最も大きくなるであろう。Posnerの議論によれば、この市場価格がより高額な新価格で販売者の製品を購入し続ける消費者を増大させる場合、この高価格で販売者が獲得する追加収入と正に同額の損失を（社会は）蒙ることになる。この財の購入を控えた者が損失を蒙ることになるが、この損失は販売者へのいかなる利得によっても補填されない。これが死重的損失と呼ばれるものである。Posnerは、Harbergerの独占の推定はGNPの3％ほど過少評価していたと結論づけた (Posner, 1975: 815-816)。

1.2 公共選択アプローチの規範的理論

レント・シーキング文献の規範的ならびに実証的な理論の多くは、公共選択の研究者によって政治市場制度に焦点を合わせながら発展してきた。そこでの制度は内生的であって外生的でなく、しかも、その制度は、より組織化された特定の利益集団の影響を受けるものなのである。Tullockの論文 (1967a) で、彼は新しい研究領域を切り開いた。それはレント・シーキング分析に対する公共選択アプローチといわれるものであった。

レント・シーキング理論と公共選択の関連は、後になって、Tullockの論文、

「移転の費用」(Tullock, 1971) で明らかにされることになる。関税や独占よりも、むしろ窃盗についての彼の論議は、移転を競い合うことの費用に注目を惹きつけた。彼の1971年論文は、1967年のそれに比べ非常により明確に、政治家（政府の移転を引き出すことを求める）や、官僚（それらを防ごうとする）の競争的ロビー活動の資源費用に焦点をあてた。彼らの間での競争の結果、資源は浪費されることになる。例えば、国内鉄鋼生産者や自動車製造業者に対する輸入保護による移転や、農家補助金のような移転などは、明らかにこのカテゴリーに入る。Tullockの考えの独創性は、厚生経済学の文献が移転費用をゼロとみなすのにもかかわらず、移転には、実際上、経済的費用を要するという観察から生まれた。Tullockは、移転の分析を拡大して、移転をめぐる浪費的な競争は個人に限定されるのではなく、政府の様々なレベルで発生することを示した (Tullock, 1975)。

レントと費用とが等しくなるようなTullockの研究 (1980b) は、公共選択論とレント・シーキング理論との基本となる連関を構築したことから、大きな関心を呼んだ。右上がりの要素供給曲線を想定し、Tullockはゲーム理論アプローチを用いて、同一のプレイヤーによる独占の追求を明らかにした。ここでのプレイヤーは、正しい戦略が存在するならばそれを認識し、相手も同様にその戦略を認識するものと仮定する。Tullockは、限界費用曲線の性質とプレイヤー数の関数である勝率に基づいた競り合いのモデルを特定した。彼は、そのゲームのシミュレーションにおいて、完全な費消ではなく、いかに過剰投資・過少投資が起こり得るかを示した。さらに、不完全な差別的競争ではレント費消は競争者の数に応じて明らかに異なる。Tullock (1993a) によれば、同等費消問題を解決しようとした学者はいたものの (Carcoran, 1984; Carcoran and Karels, 1985; Higgins, Shughart and Tollison, 1985; Hillman and Katz, 1984)、いまだにTullockの提示した、現実世界での同等費消可能性の問題を誰も解けてはいない。

同時期に、Higgins and Tollison (1988) は、レント・シーキングによる収益が低水準であるため、ある特定の社会における高レント費消率の存在は独占を減少させる場合があることを主張した。それに対して、レント費消率が低い場合には、独占が多く生じる。明らかに、前者の社会（独占に比してTullock費用が大きいが、独占自体は少ない社会）は、Tullock費用の低い後者よりも、より社会

的浪費を蒙ることとなろう。なぜならば、Harbergerの死重的損失が後者の場合には大きいからである。

　Rogerson (1982) は、独占的な投入財間の比較優位と過小費消の原因について検討し、こうした優位性の違いが完全な費消に至らせないことを示すモデルを展開した。しかしながら、彼は効率的レント・シーキングにおける投資プロセスをめぐる現象のダイナミズムを探求していない。

　Carcoran (1984) は、レント・シーキングの長期均衡と総支出を調査した。特に、レント・シーキングの収穫分を他者と分け合うプレイヤーがいる長期モデルを示した。Carcoran and Karels (1985) は、レント・シーカー数がマイナスとなる可能性が存在するような費用逓減もしくは費用一定の場合のモデルにおいて、最少投入は制約を受けると主張した。費用逓増の場合に、彼らが検討したのは2つの先買入札 (pre-emptive bidding)、すなわちヒット・エンド・ラン競争とハードボール競争である。Higgins, Shughart and Tollison (1985) も同様に、Tullockの提示した問題を解こうと試みた。Tullockモデルでのレント・シーカー数を内生化することで、払い戻し不可能な参入自由を条件に、彼らは複雑な投入戦略に注目した。

　Hillman and Katz (1984) も、Tullockの効率的レント・シーキングのモデルを援用し、リスク回避性の観点からこの問題に取り組んだ。彼らは、レント・シーカー間のリスク回避性は、利用可能なレントの総額以下しかシーカーが費やさないため、過小費消をもたらすだろうと議論した。また、彼らは戦略的な投入ゲームを構築し、戦略的ゲームに比べ競争的なゲームの方がより多くのレントが費消することを発見した。投入者が増加するにつれて、この2つのゲームは一致した。しかしながら、彼らのモデルは、リスク回避性という行動の影響を低減させることになる組織化の調整機能を見込んではいない。Milner and Pratt (1991) はHillmanとKatzの研究を援用し、2人の場合のクールノー・ナッシュ解を提示した。彼らは、個々人のリスクへの姿勢構造に依存すれば、リスク中立的な場合の結果を上回るレント費消が存在し得ることを見出した。Hillman (1989) も同様に、競争の報酬の非対称的な評価がいかに過小費消に繋がるのかを示した。また、Ursprung (1990) は、いかに過小費消が、競争下にあるレントという公共財的性質と関連しているのかを示した。さらに、彼らは、

レント・シーキング競争を候補者選びの競争という状況と考えることで、レントの価格の値を内生化した。

Appelbaum and Katz（1986）は、産業組織の立場からTullockのモデルを考察することで、レント費消問題を検討した。彼らの比較静態分析は、確実性のもとで、レント・シーカー数が減るにつれて、また、共謀・談合の程度が増すにつれて、レント費消は減少することを示した。

1.3　規範論でのDUP

Kruegerの論文は、Bhagwati and Srinivasan（1980, 1982）やBhagwati（1980, 1982）で「DUP」と名づけられた、別の研究プログラムに刺激を与えた。特に、Kruegerのアプローチは、国際貿易を領域とする学者の間では非常に一般的なものであった。批判的な視点からBhagwati（1980）は、Kruegerのモデルが、割当や関税シーキング、レベニュー・シーキング、およびその他の制約シーキングから生じるレントに対象が限られたとしても、DUP活動という一般項目のもとに分類し得ると指摘した。多くのDUP活動では貿易問題を取り扱っている。

1.4　レント・シーキングと国際貿易

国際貿易でのレント・シーキングの文献は、関税や割当を求めたロビイング集団に着目した国際貿易政策に関連して発展した。公共選択およびDUPの研究者はそれぞれ異なる視点から国際貿易問題を考察したが、両者ともに社会厚生は自由貿易下で最大となることには賛成している（Krueger（1992, 1990, 1985, 1984）、Bhagwati and Hansen（1973）、Bhagwati and Ramaswami（1963）、Bhagwati（1988）等）。

しかしながら、現実には、いまだ多くの途上国でなされている貿易保護政策の結果、特定の利益集団がレント・シーキングによる介入を行い、そして、自由貿易は政府によって、国際貿易から国内産業を保護するために犠牲となっている。そうした意味で、関税、割当、補助金、インセンティブやその他の貿易保護はレント・シーキング活動として考えられる。

TullockやKruegerのレント・シーキング研究以降、特にBhagwati（1980,

1982)や Bhagwati and Srinivasan（1980, 1982）といった DUP の研究者から、多くの関心がこの領域に注がれた。ほぼすべての DUP 活動は政策類型（数量や価格制約）にまで詳細に分類されたため、DUP 理論はこれまで国際貿易の領域に適用されているのみである。

公共選択、国際貿易、レント・シーキング

公共選択の研究では、政府が保護貿易政策を維持し、実際にそれが拡大していく理由を検討している。特に、この研究では得票最大化動機と結びつけた貿易自由化問題の歪みに注目している。公共選択では、中位投票者が自由貿易に賛成する票を投じても、政府は保護貿易を選択する。

Rowley（1988a）によれば、レント・シーキング研究は保護貿易の手段を内生的なものとみなしている。また、Rowley によれば、DUP 論者は保護貿易の手段を外生的と捉えているが、場合によっては、Bhagwati et al.（1984）の述べるように、政策の内生化は必要であり、避けては通れないのである。

Rowley and Tollison（1986）は西側の先進民主国家におけるレント・シーキング行動を、公共選択のレント・シーキングに関する見識から検討した。DUP とは異なり、Rowley and Tollison（1986）は、社会的厚生損失の度合と同時に、保護手段の選択に関するレント・シーキング支出およびレント保護支出のもたらす影響を検討した。Stigler と Peltzman の規制モデルを用い、Rowley と Tollison は、規制の存在する市場では関税という保護手段よりも割当の方の効果が大きいことを予測した。また、多国の原理・原則に基づく自由貿易を強化する試みは、低いレベルではなく、むしろ高いレベルの意思決定において、最も効果的に目指されるものであり、可能な限り最大限の透明性を持って行われるべきであると彼らは結論づけた。

公共選択の視点から国際貿易政策を検討すると、Brock and Magee（1975, 1978, 1980）や Magee et al.（1989）は関税政策が内生的であることを示している。さらに、彼らは最大化行動を示す圧力団体や政党を内包化した興味深い理論を展開した。そのモデルでは、関税が政治市場を均衡化させる変数として扱われている。Bhagwati（1982）の述べる通り、Brock and Magee（1978）は関税シーキングの名のもとに、一般均衡モデルでのレント・シーキングをモデル化し、

その中で、ロビイングは保護主義的な貿易政策を求めるものだとされた。彼らのモデルには、紛争中の目標を解決するプロセスと同時に、経済的市場と政治的市場のどちらも包含されていた。彼らは非協力的なゲーム理論アプローチを用い、政治市場・経済市場両者間の相互作用を分析した。後に、Bhagwati (1980) や、Feenstra and Bhagwati (1982)、Findlay and Wellisz (1982) も、非協力的なゲーム理論アプローチを用い、政治市場・経済市場の相互作用を分析した。

1994年、Lopez と Pagoultos は、Harberger や Tullock = Posner のアプローチを用い、アメリカの食品、タバコ製造産業を実例に、貿易障壁の潜在的な費用を推定した。さらに、彼らは計算上の厚生損失と特殊利益を持った政治活動との間の関連を調査した。その結果、Harberger の三角形から推定された貿易障壁の配分効率の損失は、国内消費 (2.6%) に比べても非常に小さいものであったものの、アメリカの製造業部門の独占に用いられた効率性損失よりも幾分大きいということが明らかとなった。しかしながら、彼らは行政上の費用や DUP 活動を考慮していないので、死重的損失は、貿易障壁による効率性の損失分の最小値を示している。

Weede (1994) は、レント・シーキングや自由貿易、民主的平和の観点から経済政策と国際保障を検討した。彼の議論によれば、特殊な利益集団は国際保障問題には関心を持たないが、国内の利権や再分配、すなわちレント・シーキングには関心を抱く。こうした利益集団は民主主義に大きく影響を及ぼす一方、彼らは自らの便益のため自由貿易には反対する。武器貿易についての彼らの影響などは好例として挙げられる。

DUP、国際貿易、およびレント・シーキング

Krueger (1974) は経済活動への政府の規制が紛れもない事実であると考えた。こうした規制は、競争の結果として様々な形態となり現れるレントの増大を引き起こす。Krueger (1974: 291) は、「時としてこうした競争は完全に合法的なものである。(しかし、) 他の例では、レント・シーキングは、賄賂や汚職、密輸、闇市場などといった形をとる」と述べた。この現象を検証するため、彼女はまず、レントを生む規制が外生的に決定されるものと仮定し、小国における輸入

割当というレント・シーキングをモデル化した。言い換えれば、Kruegerが議論したことは「数量規制に関連した厚生損失は、数量規制と同等の関税による損失分よりも明らかに大きいため、競争的レント・シーキングはある活動の私的費用と社会的費用の相違に帰着する」(Krueger, 1974: 291) というものであった。

この論文で、Kruegerは3つのシナリオでの厚生の意味を比較した。第1に、自由貿易、第2に、レント・シーキングのない輸入規制、そして第3に、レント・シーキングのある輸入規制である。レント・シーキングによる厚生損失を計測するため、彼女は、輸入ライセンスの場合、レントの価値と同等のコストが発生するという条件のもとで、レント・シーキングの生産費を推計した。Kruegerは社会に与える損失が、インドの場合GNPの7％、トルコの場合GNPの15％であると明らかにした。

Kruegerは、あらゆる輸入規制のレベルでも、関税は競争的レント・シーキングに対しパレート優越的であると示した。また、レントをめぐる競争がない場合のレント・シーキング均衡の特性が、関税と同等の場合の特性と対照的であると明らかにした。Kruegerは「分配に従事する人数は、レント・シーキングが存在しない時、自由貿易から輸入規制に至るにつれて減少し、(次いで) そうした状況から輸入ライセンスをめぐる競争が行われるにつれて増加する」(Krueger, 1974: 21) と結論づけた。例えば、「農業生産は、自由貿易から関税と同等の状態に至るまでの間に増大し、そこからレント・シーキングに至ると減少する」(Krueger, 1974: 21)。

しかしながら、彼女の分析は、政治面の考察を無視している点で多くの研究者から批判を受けている。現実には、輸入ライセンスで得られる収益が消費者に分配されるような、競争市場での輸入ライセンスの競売はあり得ない。むしろ、輸入ライセンスは行政手続きにより配分されるため、割当によるレントは配分の受領者に生じるのである。

Kruegerの見解では、このように用いられる資源は、財やサービスの生産には利用できないというものだった。結果として、これは純粋な経済分析で明示される初歩的な割当による厚生損失以上の厚生損失を課すこととなる。こうして、この厚生損失の費用は割当レントの価値と同程度になり得る (Srinivasan,

1991)。

　Bhagwati and Srinivasan (1980) は Krueger のモデルを発展させ、Krueger のレント・シーキングの関税版、すなわち彼らの言うレベニュー・シーキングを検討した。ここで、諸個人が輸入関税による収益は「誰でも入手可能」であると知っているなら、自らの利益を求めてその利益の一部を得ようと資源を費やす。彼らは、レベニュー・シーキングが次善の状態での厚生改善となる場合があることを主張した。

　彼らはレベニュー・シーキング活動を次の3つに区別した。(i) 保護を理由とした関税（割当）シーキング、(ii) 関税（割当）回避もしくは密輸、(iii) 輸入割当によるレントの配分を得ることを目指したレベニュー・シーキングもしくはロビイング、である。彼らによれば、第1、第2の領域については多くの研究が取り組んできた一方、第3については今以上に重要視する必要がある。

　これゆえ、Bhagwati と Srinivasan は、レベニュー・シーキング活動に注目し、レベニュー・シーキングが厚生を改善させる場合もあり得ることを検討した。Bhagwati and Srinivasan (1980) は次善の世界を仮定し、レベニュー・シーキング活動に用いられる資源の潜在価格（shadow price）が、厚生の減少などではなく増大に繋がると述べた。彼らの主張によれば、関税は内生的に決定されるが、レベニューは当初の特定のルールにより分配されるわけではない。さらに、彼らはレベニュー・シーキング活動に用いられる資源はレベニューの分配時に生じると考えた。つまり、彼らは形式化した構造を持たせたモデルを展開し、この分析に DUP アプローチを取り入れても、関税や割当等は存在し得るものであることを明らかにした。

　Bhagwati and Srinivasan (1980) は、次善の状況でレント・シーキングが検討される時、非生産的活動が産出増大的であり得ると指摘した。つまり、何らかの貿易制限が存在する時、さらなる規制の追加は現実的には社会厚生を改善し得るのである。

　Bhagwati (1982: 889) はモデルを展開し、「関税シーキング、レベニュー・シーキング、独占シーキング、その他活動タイプは DUP 活動の名のもとに分類できる」ことを明らかにした。さらに、彼は、社会的な観点から見ればこうした活動すべてが私的な利潤獲得行動であり、そうした活動の直接的な産出量

はゼロであるため、非生産的であるとした。ロビイストが輸入ライセンスやその他数量規制に伴うレントを追求するようなレント・シーキング活動は、こうしたDUP活動の内の重要な一部である。こうして、BhagwatiはKrueger (1974)の分析を次のように批判した。「彼女のフォーカスはライセンスの過程および数量規制だけであり、彼女のレント・シーキング活動はその他のDUP活動を研究範囲から除外している」(Bhagwati, 1982: 990)。

その後、彼は分類体系を、表2.1のように示した。DUP活動が行われる前後で、市場が歪んでいるか、あるいは歪みから自由であるかという状況を区分した上で、この表は、DUP活動の結果を包括的に示している。「こうして、歪みという意味では資源を使い尽くしてしまうDUP活動も、逆説的だが、厚生改善的な場合もある。一方で、歪みを打破し最善・最適を成し遂げる同様のDUP活動の結果、また逆説的に、厚生を悪化させる場合もある」(Bhagwati, 1982: 991)。

Bhagwati (1982)によれば、カテゴリーⅠとⅡのDUP活動は厚生を増大させる一方、カテゴリーⅢ、Ⅳは窮乏化に繋がり得る。

公共選択の研究者とは対照的に、DUP研究者は、内生的な関税政策がDUP活動の名のもと研究されるべきと主張し、外生的・内生的な両側面からDUP活動を分類した。経済主体が自らの利益に則り政策に影響力を行使しようとするような内生的な関税政策は、Dinopoulos (1984)やMayer (1983)、Bhagwati, Brecher and Srinivasan (1984)においても強調されてきた。

国際貿易とレント・シーキングの近年の研究
新しい文献は、保護貿易の展望と貿易政策の展開に影響を及ぼそうとする企業行動の内生的変化とを関連づけている。

近年の国際貿易研究の多くがロビイングや投票、貿易政策形成の政治学に関心を持っている。しかしながら、保護貿易や保護主義の社会的費用を計測するために、間接的に政治・行政の商業政策決定に影響を与えようとする（間接的レント・シーキング）企業へのインセンティブを、新たな文献では検討している。この研究は共通のテーマのもとに統合できる。すなわち、保護貿易の展望は、

表 2.1　DUP 活動の分類—事例とその結果—

カテゴリー I：初期の状況も最終的な状況も歪められている 　合法 　　(1) プレミアム・シーキング：Krueger (1974)、Bhagwati and Srinivasan (1980) 　　(2) レベニュー・シーキング：Bhagwati and Srinivasan (1980) 　非合法 　　(1) 脱税あるいは密輸：Bhagwati and Hansen (1973)、Bhagwati and Srinivasan (1973) こうした活動は、数量の過度な歪みが存在する場合を除いて、利益をもたらす（次善の分析が用いられる）。
カテゴリー II：初期の状況は歪められているが、最終的には歪みがない状況 　合法 　　(1) 関税撤廃ロビー活動：Findlay and Wellisz (1982) 　非合法 　　(1) 政治家への賄賂の提供を伴う関税撤廃ロビー活動： このケースでは、結果的に利益を得ることが可能となるように次善の分析が用いられる。
カテゴリー III：初期の歪みはないが、最終的に歪みが生じる状況 　合法 　　(1) 独占シーキング：Posner (1975) 　　(2) 関税シーキング：Brock and Magee (1978)、Bhagwati (1980)、Feenstra and Bhagwati (1982)、Findlay and Wellisz (1982) 　非合法 　　(1) 最適な関税の状態からの脱税 総合的な帰結は、必ず窮乏的なものになるとされる。しかし、1 つのパラドックスが生じる。すなわち、DUP 活動なしに生じた歪みは、DUP 活動が行われた場合よりも、低位の帰結をもたらすかもしれないというものである。
カテゴリー IV：初期にも最終的にも歪みがない状況 　合法 　　(1) 無関税を維持するためのロビー活動：Tullock (1967)、Findlay and Wellisz (1982) 　非合法 　　(1) 窃盗：Tullock (1967) 総合的な帰結は、必ず窮乏的になる。パラドックスは生じない。

実際に課された障壁が何であるかにかかわらず、経済活動の実質的な変化を引き起こし得るということである。

　こうした展望に立てば、国際貿易政策は、政府がなぜ現行の貿易政策を選択したのかを検討することとなる。貿易政策形成の政治経済学には、一般に認識されている 2 つの主要アプローチがある（Baldwin, 1989、Hillman, 1989）。第 1 に、(需要サイドに立った) 経済学アプローチ、第 2 に (供給サイドに重きを置いた) 社会

問題アプローチである。貿易政策の政治経済学に対するこれらアプローチは、国内規制論や Stigler と Peltzman 以前・以後を分けるのと同等の分水嶺となった。しかしながら、Leidy（1993, 1994）によれば、政策決定への社会問題アプローチ・経済学アプローチ両者から欠落していることは、制度構造の持つインセンティブ効果への十分な認識である。言い換えれば、それぞれの社会の制度的枠組みも考慮せねばならないのである。

1.5 公共選択と DUP 理論の差異と類似性

Tullock（1967）は、政府を通じた単なる移転の可能性がロビイングを助長すると主張した。諸個人や諸集団は、自らへの移転を得るため、あるいは自らの移転が奪取されることに抵抗するため資源を投入する。対照的に、Krueger（1974）は、政府を本質的には競争に対して外生的なものとして、あるいは部分的に内生化されたものとして、事前に決定された移転をめぐる競争の性質を分析した。Tullock（1993a）は、DUP 理論がレントを外生的に決定されたものとしてレント・シーキングを分析しており、その市場の公的な性質を取り扱っていないことを強調する。

多くの公共選択研究者によれば（Brooks and Heijdra（1988）、Rowley（1988a））、DUP 学派は、現在の公共選択論以上に厳密な構造（や枠組み）をレント・シーキング理論に課している。さらに、公共選択の立場から言えば、DUP の方法論は、公共選択論の研究に比べて形式性が行き過ぎており、直感的にわかりにくいものである。（DUP の）アプローチは一般均衡であり、制度は所与として扱われる。さらに、DUP のイデオロギーは公共選択研究とも異なっているが、この違いも規範分析におけるものでしかない。

公共選択の立場では、レント・シーキングは政治過程を通じて発生し、レント・シーキングを制限する最良の方法は政府を制限することだと考えられている。特に、Buchanan（1980c）や Rowley（1988b）、Wagner（1987）の見解では、法的な制約よりも、むしろ憲法による制約が必要となる。しかしながら、DUP の文献内にそのようなイデオロギー的なアプローチや、制度変革の枠組みとしての憲法経済学のような言及は見られない。

DUP の研究者も同様に、DUP と公共選択アプローチの間の最も重要な差異

は方法論にあると考えている。DUP学者は、自分たちを形式主義者であり、公共選択論者は非形式主義者であると主張する。他の非常に重要な両研究の差異は、研究対象を何と呼ぶかという基本的な疑問に帰着する。公共選択学者はレント・シーキングという用語を積極的に用いようとする一方、DUP研究者はDUP活動という用語を好んで用いる。

Magee (1984) とRowley (1988a) は、レント・シーキングおよびDUPアプローチのどちらにも長所と欠点が存在すると主張した。仮に公共選択アプローチがDUPの形式化されたモデルを幾分でも取り入れようとし、一方のDUPが公共選択の制度に関する見解により注意を払うならば、レント・シーキング研究の全体的な質は増すだろう。

政治的影響力やレント・シーキングの文脈で、Pedersen (1992a) は政治的影響力を求めた民間主体間の競争によるレント・シーキングと経済政策決定との相互作用の分析を見込んだ単純なモデルを展開した。彼は、レント・シーキングがDUPタイプと政治的な意思決定者への所得移転との両方の性質を持つと述べた。このモデルの政治経済的な均衡では、レント・シーキングの程度や経済政策の決定、所得の不平等などが外生的に決定される。Pedersen (1992b) は公的部門の影響や経済政策の内生化を分析しようとした。彼によれば、モデルの政治経済的な同時均衡では、民間主体のレント・シーキングへの関与、公的部門の課税・支出構造は内生的に決定される。1993年、Pedersenは単純な2期間モデルを検討し（期間1での生産的投資が期間2での収益・便益を生む）、レント・シーキングと政治的影響力、生産的投資の関係を分析した。

2　レント・シーキングの実証理論

規範的な公共選択では、集合行為がなされるルールや手続き、制度の望ましい特性を扱う一方、実証的な公共選択ではこうしたルールや選択過程とその結果に対する解釈を生み出そうとしている。それゆえ、規範的な公共選択が、自らの私的利益を最も得るように、いかに政治の世界を組織化するかという問題意識を持つのに対し、実証的な公共選択はその上でさらに分析を進める。彼らが仮定しているのは、市民が自らの利益という基礎に立ち行動するならば、現実の政治的結果はそうした基礎により説明できるというものである（Caporaso and Levine, 1992)。

　潜在的な領域として、レント・シーキング研究はその資源と政治経済制度で生み出されたレントの形態の説明を試みている。また、この研究は、政治市場の場における利益集団や政治家、官僚、メディア等の行動を理解し予測するという重要な分析的視点を与えてくれる。

　多くの実証的なレント・シーキング理論についての研究が、Olson の『集合行為論』(1965) に影響を受けている。Olson は、集合行為という問題を直接的に政治学の関心に持ち込んだ。彼は、組織とはそれを通して諸個人が集合財を獲得できるようなメカニズムであると考えた。一般に大規模な組織は、小規模集団に比べ集合財の獲得の際の効率性が劣る、と彼は主張した。また、彼は、様々な出自の構成員を持つ組織は公共財の獲得がしやすいとも主張した。

　後に、Appelbaum and Katz (1987) が Tullock モデルを展開し、投票者（もしくは消費者）、レント・シーキング企業、規制者の三者からなるレント・シーキングを検討した。彼らのモデルでは、短期均衡、長期均衡、そして緻密均衡 (sophisticated equilibrium) が考察されている。上記の最後の状況は、レント・シーキング企業側の協調行動に特徴づけられたものである。Wise and Sandler (1994) は、レントが内生的な Appelbaum and Katz (1987) モデルの検証を行った。彼らの実証研究による結論は、このモデルで特定されたレント・シーキングの決定因を支持するものであった。

　レント・シーキング、レント保護のモデルにおいて、McChesney (1987) は経済規制論における政治家の役割に注目したが、そこでの政治家とは、Peltzman (1974) のような仲介者としてではなく、規制市場における独立主体としての政治家であった。彼のレント抽出 (rent extraction) モデルは、基礎的なレント・シーキング・アプローチを揺るがすものではなく、むしろ補足するものであった。

　Michaels (1988) は、政治過程を導入することで Tullock ゲームの不確実性に取り組もうとした。彼のモデルでは、政治家がレント・シーキングの競争者として導入されている。このモデルによって、制度構造が組み入れられ、政治投入物や財産を目的とした需要の分析のための理論的構造の確立がなされた。

2.1 規制論、利益集団、シカゴ学派

Olson の文献を基礎として、多くの論文が政府や規制の利益集団理論を分析しているが、そこには2つの領域がある。経済規制論と立法の経済理論である (Stigler, 1971, 1974, 1975, 1976; Peltzman, 1975, 1976; Landes and Posner, 1975; Niskanen, 1971, 1975; Crain, 1977; McCormick and Tollison, 1978, 1981; Becker, 1983, 1985 参照)。

シカゴの伝統では、Stigler らが、規制が産業に差異をもたらすのか、そして実際に規制が公共の利益に奉仕するのかといった問題を問うてきた。否定的な経験的結果にたどり着く前に、彼らは規制が公共の利益への関心から生じたものであるという考えを棄却する理論を展開し、制度の設計の仕方という問題に取り組んだ。その制度とは、規制者・被規制者相互の便益だけのために、規制の増大性を食い止める、あるいは少なくともコントロールする制度である。

シカゴ学派によれば、価格固定や参入規制、補助金、代替財の抑制、補完財の促進といった規制は、政府によって供給されるものである。例えば、Stigler (1971) の経済規制分析は、利益集団が自らの富を増大させるために国家による規制を利用するだろうと主張している。

Stigler は、集団は政府からカルテル力 (cartel powers) を得ようとすると仮定した。法外な情報コストは、多くの個人が情報を持とうとするインセンティブを減退させ、政策に影響力を発揮しようとする。これにより、集団が規制設定者（政党）に対し規制を求める手段を与えることとなる。政党に資源を提供することで、集団は政策に影響力を行使できる。Stigler は集団形成の際のフリー・ライダー問題を認め、凝集度の高い集団なら多くの資源を提供できるだろうと推測した。後に、Stigler (1974) はより特化してフリー・ライダー問題に取り組んだ。

もう1つの理論は「捕虜理論 (capture theory)」である。これは、規制者の利益が被規制者と一致することを仮定している (Posner, 1975)。Posner は政府の規制当局は通常、規制対象（である市民）に囚われることはないと指摘した。したがって、こうした規制当局は特別な利益集団に突き動かされ、ある研究が示唆するような規制対象の企業を利するようなことは決してしない。

Peltzman (1976) は Stigler の理論を一般化し、効率的規制問題、すなわち合理的規制者を目指した主要な政治問題の解決にあたった。このために、彼は

形式化した規制の需要供給モデルを展開した。そして、彼は政治的均衡価格モデルを提示した。この政治的均衡価格において、得票を最大化したい規制者は、規制価格を設定しようとすると、（レント受領者である）生産者に与えるレントと、消費者に課すこととなる費用との間でのトレードオフに直面する。Peltzmanの研究は直接的には所得移転に関するものであるが、彼は中流階級が政府構造を用いて、自らへの基金を富裕層から貧困層へ移転させてきたと主張した。

しかしながら、Stigler も Peltzman も厚生移転の結果という点からは全体的な過程に取り組んだと言えるが、その過程におけるレント・シーキング費用について彼らは議論していない。公共選択の観点から言えば、利益集団は、レント・シーキングだけでなく、政治家・官僚・市民の重要な行動についての独自の観点、方法論的な出発点を与えてくれる。

3　レント・シーキングの新たな進歩

公共選択の研究プログラムにおいて、立法の利益集団理論の時代となり、政治家は富の移転を実現する政治市場での仲介的な機能を果たす存在としてモデル化されている。特に、Tollison (1982) は、政治家・官僚・市民の行動が、規制の利益集団理論に関する Stigler 流のモデルから導かれる最近の研究のもととなっている。必ずしもすべての政治学者、経済学者が Tollison の見解を説得力のあるものだと思っているわけではないが、彼のアプローチは国家公務員の報酬、およびその関係者の収入など多くの領域に光をあてた。この分野では、McCormick and Tollison (1981)、Rowley, Shughart and Tollison (1987)、Shughart and Tollison (1986)、Tullock (1993a)、Austin-Smith (1987)、Congleton (1989)、Becker (1983, 1985) が文献として多大な貢献をしている。

4　レント・シーキングに関する他の重要な理論的・実証的研究

多くの様々な研究者がそれぞれ異なる視座からレント・シーキングを研究してきた。例えば、McCormick, Shughart and Tollison (1984, 1986) や、Cherkes, Friedman and Spivak (1986)、Crew and Rowley (1988) は規制緩和を研究し、Buchanan (1980b)、Katz and Smith (1988)、Anderson and Hill (1983) はレント・シーキングと所有権を研究した。Katz, Nitzan and Rosenberg

(1990) はレント・シーキングにおける公共財供給を研究した。Abbott and Brady (1990) は厚生増大政策とレント・シーキングに注目した。Misiolek (1988) は汚染とレント・シーキング費用を共に検討した。Lee (1985) はレント・シーキング費用の汚染税 (pollution taxes) への影響を研究した。課税の領域では、Goetz (1980) や Lee and Tollison (1988) がレント・シーキングの観点から課税問題を検討した。Cowling and Mueller (1978) は民間におけるレント・シーキングに注目した。レント・シーキングのマクロ経済的影響を測るために、予算支出の変化を測ることによって、Katz and Rosenberg (1989) は政府予算内で生み出されたレント・シーキング浪費を 20 ヶ国の分析から推定した。州予算のクロス・セクション分析により、Wyrick and Arnold (1989) は、特定の活動に対する特定の収益がレント・シーキング活動を減少させる結果となることを発見した（ただし特定化政策の展開におけるレント・シーキングは分析に考慮されていない）。Shughart and Tollison (1985) はレント・シーキングの概念を法律のイノベーションの過程に適用した。Tullock (1993b) も同様に、法律上のレント・シーキングを検討した。Faith, Higgins and Tollison (1984) はレントの性質とレント・シーキング機会を、コース的な企業 (Coasian firm) の内部組織で調査した。

第3節　レント・シーキングへの批評

North (1987) は、新しい制度派経済学の観点からレント・シーキングを批判した。彼のレント・シーキング研究の主な考えとは、不明な政治構造および制度に経済分析を拡大するというものであった。レント・シーキング研究の第1の重要な問題は、「レント・シーキング」という用語が、制度的枠組みというよりも、何か人間のする行動を意味するものであるということにある。そのため、強調するのは人間の行動よりもむしろ制度構造でなければならない。第2の問題は、レント・シーキング研究が、効率性の測定とは何かということを明確にしていないことにある。それゆえ、彼は利益集団の行動の相互作用を理解するに至るにはまだまだ長い道のりがあると結論づけている。しかし、これはレント・シーキング・モデルだけというよりは、政治経済学自体が応じねば

ならない問いかけである。言い換えれば、この問題をより理解するために、われわれはレント・シーキングだけでなく、政治経済学全体を検討しなければならない。

Samuels and Mercuro (1992) によれば、このレント・シーキング研究に対する批判は1980年代から始まり、レント・シーキング活動に伴う浪費に着目したものであった。こうした批判の中心的なポイントは、レント・シーキングへの資源の移転に関する以下の認識についてであった。次善の合法的な経済環境において、レント・シーキングへの資源の移転が社会的な損失を表すわけではなく、むしろ、Bhagwati (1980) や Bhagwati and Srinivasan (1980) のように厚生を増大させる結果となることもあるという認識について批判を受けた。Samuels and Mercuro (1992) は、レント・シーキングが、産出や浪費、法律変更、国家に関しての非常に選抜的な概念であり、とても特定的な仮定であることを理由に批判した。例えば、レント・シーキング論者は生産的産出物(物的な意味での社会資産)に関して浪費という概念を採用する。しかし、この概念は4点問題がある。第1に、財に属する権利や財を明確にする権利を無視していること。第2に、多産性 (productiveness) についての市場による検証を棄却していること。第3に、生産に関してのみで、分配に関しての考慮がなされていないこと。第4に、実物資産の創出に結びつかないからといって法律関連の活動を浪費的と認識していること。浪費や多産性という狭い概念がレント・シーキング理論の唯一の制約ではない。一般に理解されるように、レント・シーキング論者は政府による移転の存在を仮定していることも制約となり得る。

この視点から、Samuels and Mercuro (1992) は、レント・シーキング理論が社会的な意思決定過程の中に、企業と非企業である政府との相互連関を置いていると主張する。その結果、レント・シーキングは実証分析を誤った方向へ導き、それゆえ、こうした活動が許容可能・許容不可能という現実的な基準にもなり得ていない。

最後に、レント・シーキング論者は、移転を求める諸個人の資源浪費的な行動を避けるため法律の変更を提案しているが、その一方で何らの原理・原則を示していない。言い換えれば、レント・シーキング理論はレント・シーキングを検証するものであり、政府が変更の決定権を持つ際に、法律変更の過程がい

かに現れるかを説明するものではないのである。

第4節　レント・シーキングの制限

　レント・シーキングを制限するために、新しい政治経済学に基づいたリベラルな解決策が推奨される。この解決策とは、政府の関与を最小限にし、憲法上の制約を課す（課税権や均衡財政の制限、公的な財供給の減少）ことである。

　『公共選択の理論——合意の経済論理——』において、Buchanan and Tullock（1962）は、レント・シーキングを制限するために憲法上の制約を課すことを主張した。Buchanan and Tullockによれば、レント・シーキングの管理が国家の目的ではないが、レント・シーキングは現行の政治秩序内で行われているため、まさに憲法経済学の問題である（Buchanan, 1980c, 1986）。

　Buchanan（1980c）は、まず、レント・シーキングという概念の、憲法上の集合的な意思決定レベルへの応用性を提示した。1980年の彼の論文で、Buchanan（1986）は、1962～1986年のアメリカでの考えの変遷や制度変更を検討した。この時代は、レント・シーキング社会の増大ならびにアメリカ型の立憲民主主義に対する諸個人の幻滅を促した時代であった。

　公共選択の研究者は先進民主主義国とその憲法上の解決策を検討したが、その理論を途上国に応用する場合の課題は無視してきた。公共選択研究では、研究者はレント・シーキングの概念を、憲法経済学上の観察対象に適用していた。

　対照的に、Bennett and DiLorenzo（1984）は、最適な憲法的制約がレント・シーキング活動の制限への最善の策ではないことを議論した。彼らによれば、レント・シーキング社会は、予算内というよりも予算外のところで拡大し続ける。彼らは、レント・シーキング社会の改革の憲法条項にも制約があることをわれわれが認識しないと、政治家への財政規制の制度化による改革も見通せなくなると結論づけた。

　そうしたレント・シーキング活動の成功を抑えるという文脈で、Koford and Colender（1984）は、レント・シーカー問題を制度構築問題として示すことができると考えた。ここで構築される制度によって、レント・シーキングをプロフィット・シーキングに変えることができるというのである。こうして、

Koford and Colender（1984: 77）は次のような政策を提示する。「レント・シーキング活動が行われている場への情報提供、道徳的姿勢をとる風潮や所有権を調整するようなレント・シーキング過程に反対するイデオロギーの醸成、レント・シーキングにより創出された望ましくない制度的制約が自然と消滅するようなサンセット条項の創造、独占的地位の買い上げ、レント・シーキングを困難にする制度的枠組みへの変更、特定のレント・シーキング活動への課税、レント破壊行動（rent-destroying）や反レント・シーキング行動への補助金」である。そして、Koford と Colender は、レント・シーキング抑制の最初の方策は、社会的にも政府としても、集合的なルールを確立することであると結論づけている。しかし、レント・シーキングを制限する方策を持つ政府形態は、新たなレント・シーキングの可能性を創造することができる。そのため、社会全体として、われわれは制度改革に集中した新たな政策が必要である。

　先進国、途上国ともに、レント・シーキングをコントロールする特別な方策は存在しない。様々な途上国における差異の原因を理解することや、政策変革を制度化する方法などは困難であることは今まで証明されてきた。言えることは、途上国においてホッブズ国家の考え方は、軍事政権や一党独裁による統治の結果であろうということである（Findlay, 1991）。途上国の多くがホッブズの概念で特徴づけられるような前憲法的な（pre-constitutional）状況にある「社会」として定義されている。そうした状況では、「最小国家（minimal government)」からの取引の利益は高く、審判として政府が行動する中で財産権の確立・履行のために設定された憲法による解決は予測可能性が高い。例えば、Wellisz and Findlay（1984）は、途上国において、貿易論や厚生論の観点からは全く非合理的な高レベルの保護主義が、その経済においてはある圧力団体の「合理的な」自己利益の観点からすれば、十分に説明のつくことであると結論づけた。

　Mbaku（1992）によれば、官僚の汚職を最少化する最も効率的な方法は、まず、現状を認めることである。それが道徳的な問題であれば、道徳に関する共通基準を決定することから変革を始めなければならない。しかし、もし官僚の汚職が主として、政府の経済介入に伴うレント・シーキング行動であるならば、その機会を排除すべきである。また、政府規制によってレントが創出されてい

るわけではないのなら、賄賂の供給者がいないということなので、賄賂を需要する機会も受け取る機会もないはずである。おそらく最良の戦略は資源配分から政治を排除することである。規制緩和に従って、市場は政府干渉なしに機能することが認められるべきである。もし生活必需品の人為的な供給不足状態が創出され、官僚にその配分が許されているなら、汚職は不可避的に資源配分システムの一部となってしまうだろう。そこで、仮に制度的・憲法的な改善が行われるなら、こうした変化により、官僚の汚職やレント・シーキングの程度は低くなるだろう。確かに、途上国の多くにおいて経済活動への政府管理の排除は、理論上では完全な排除によってレント・シーキングのインセンティブを取り除き、その結果官僚の効率性を引き出すのだとしても、現実的ではない。しかし、官僚のレント・シーキングの可能性がほとんどないような状態にするために、国家の役割は最小限にしなければならないと考えることは現実的である。

第5節 結 論

　本章でわれわれは、異なる視点からレント・シーキングの政治経済学を批判的に検討した。まず、われわれは規範的・実証的両面からレント・シーキングの概念を定義した。その後、国際貿易におけるレント・シーキングを検討した。こうした検討の主な理由は、次章以降の基礎を与えることにある。

　市場志向型の経済では、政府が経済活動に規制をかけるが、その規制が様々な形態のレントを創出し、そのレントをめぐって人々は競争する。この競争が完全に合法的ならば、レント・シーキング活動は存在しないことになる。不完全競争の場合、レント・シーキングは、賄賂や汚職、密輸、闇市場といった非合法的な形をとる。その結果、レント・シーキングは社会全体での政治的・経済的・道徳的な退化の原因および結果となる。経済学の観点から、レント・シーキングは非効率性や外部性、資源の不適正配分、市場の失敗を引き起こす。政治学的に言えば、ロビイングや賄賂、縁故主義、利益集団の独占化、密輸をもたらす。道徳主義的な観点から言えば、社会的に良いとか真実と期待されている価値は下がり、毀損される。その結果、無価値が支配的な考え方となる。

　Tullock（1967a）は、利益集団のロビイングがなければ政府は関税を導入し

ないと述べた。このゲームでは、投票者、官僚、メディア、利益集団、政治家といった主要なアクターがレント創出者として仮定されている。例えば、富の移転を目指す政治市場において、政治家は仲介者の役割を果たす。特定の利益集団がそうした移転を需要する一方、個人投票者を含む、より一般の集団は移転の供給を行う。最後には、官僚が政治市場における重要な役割を担う。つまり、斡旋された政策を実施するだけでなく、市場の需要サイドに影響力を持つようになるのである。こうしたあらゆる集団が、レント・シーキングの増大および社会的な富の消失に大きく寄与するということは言えるだろう。

　特に、途上国における社会的なレント・シーキング費用はとても大きく、長期的には、道徳的、経済的、政治的観点から修復不能な損害すら与えてしまう。不幸にも、多くのレント・シーキング活動が水面下で行われ、入札の失敗や頓挫した事業、浪費的で脅迫的に押しつけられながらも実施されなかった公共政策などの形であることを考えるならば、こうした結果も大きな問題を呈することとなる。

　こうした問題を解決するために、第1の方策はレント・シーキング費用を計測することである。しかし、計測は非常に難しく、西側経済においてでさえも、理論的・実証的な理由で、今のところ、レント・シーキング費用の適切な計測法は見出せていない。それでも、こうした困難さはあるものの、レント・シーキング計測に適した技法を生み出そうとする試みは数多くなされ、それらは進展している。

第Ⅰ部

規範的レント・シーキング

第3章

レント・シーキングと所有権

> レント・シーキング活動を所有権の制限と解釈する場合、その制約によって生じた資源の移転に対する個人もしくは社会への補償が不充分ならば、伝統的なレント・シーキングは望ましくない。　Patric McNutt（1996: 164）

第1節　イントロダクション

　多くの発展途上国は、低い1人あたりの国民所得や、国民所得の不平等な分配といった低い生活水準、不健康や乏しい教育機会といった貧困、低い生産性水準、高い人口増加率、多くの失業、多くの対外債務、未発達の産業ならびに農業への過度な依存という悪循環に陥っている（Thirlwall, 1991）。これらの共通の特徴に加えて、発展途上国はまた、無保護の所有権、憲法に基づく枠組みの欠如ならびに適切に機能しない未発達な政府を伴っている。

　この章では、われわれはレント・シーキングのいくつかの規範的な側面を考察するために、トルコの事例における所有権の問題を検証する。レント・シーキングの規範理論は、厚生経済学の観点からレント・シーキングを考察する。独占、外部性、公共財、貿易の保護、道徳と法律ならびに社会的慣習などの問題が、レント・シーキングにきわめて重要な役割を果たしている。言い換えれば、「規範理論は、かかる活動が社会にとってどれだけ費用をもたらすかという問題に関わっている」（Tollison, 1982: 579）。われわれの主な目的は、個々人のレントを追求する生来の性向が、社会的に有益であるかそれとも浪費的なものであるか、そしてそれがトルコ社会の道徳的、法的ならびに社会的な制約に依存していることを明らかにするために、レント・シーキングの規範的側面を所有権に関連させて考察することである。

第2節　発展過程におけるレント・シーキングと所有権

　ケインズ派の経済の見方では、政府は一般的に言って、その機能を適切かつ効果的に働かせることにより、経済活動を刺激する上で重要な役割を果たすことが認められている。特に、政府の主な機能としては、先進国においてもまた発展途上国においても、公共サービスを維持し、国民の心構えに影響を及ぼし、経済制度を形成し、所得の分配や資源の使用に影響を及ぼし、貨幣数量を管理し、経済変動を抑制し、完全雇用を確実なものとし、さらに投資水準に影響を及ぼすことが期待されている。

　政府は、われわれを保護し、われわれの権利を侵害から守り、通常の市場過程を通じては容易に供給され得ない公共財を供給する役割を持つため、われわれは皆政府を必要とすることに疑いの余地はない。これらの任務を果たすにあたって、その合法的な権力を独占的に行使するという政府の能力は絶大なものである。しかし、この政府の独占力は他の目的のために行使されるかもしれない。政府は、自分たちの支持者を依怙贔屓(えこひいき)するというような本質的には堕落した理由で、事をなすかもしれない。多くの発展途上国では、国家の経済的役割を政治的、社会的ならびに軍事的役割から分離することが困難であることがわかっているので、政府が持つ経済力の大きさは政治力を上まわることになる。

　政府が賢明に行動するならば、経済成長と政治的安定が達成されるであろう。それにもかかわらず、政府があまり事をなさなかったり、またあまり多くの事をなすと、成長と安定は足留めされる。例えば、多くの発展途上国における保護貿易主義はいまだ支配的国家[1]の主要な機能の1つであるように見える。この点から、Hayek (1944) やその他の多くの自由主義経済学者は次のように論じている。国家による経済への介入の拡大、ならびに国有制の増長という型態は、必然的に全体主義的で抑圧的な政治体制を生んできた。

　実際、多くの発展途上国において、政府は平等を維持することに失敗し、ある階級の他の階級に対する搾取を助長し、公共サービスの供給を無視している。

---

1) 経済的、政治的ならびに社会的に支配的な国家。

同様に、政府は、過度な規制による管理を実施し、過剰な支出を行ってしまう。より重要なことは、レント・シーキングに関する文献の多くが指摘するように、政府が所有権を侵害から護るというよりも、政府はむしろ所有権侵害の道具としてその権力を使用している。よく知られているように、資本形成が経済成長の条件の1つであるならば、所有権に関する法律の存在が資本形成の条件の1つである。ある特定の資源の使用から他の人を除外する法的権利の基底には、所有権の概念がある。このような所有権を確保するために、政府は公的な財産を私的な悪用から護り、私的な財産を公的ならびに私的な悪用から護る必要がある。それにもかかわらず、発展途上国の政府は、しばしば政治的に影響力のある特定の人々が望む特権を公的な出費で提供するために、その政府は権限ならびに財産を没収する権力を行使する (Tullock, 1993a)。言い換えれば、政府がある特権集団を依怙贔屓するために、公衆の所有権を保護することができない、もしくは保護しないとするならば、レント・シーキングは増加する。Tullock (1967a) によれば、望ましくないレント・シーキングは、強制的で補償されない移転が見られる場合に生じる。同じような考えで、McNutt (1996: 164) は次のように強調する。すなわち、「レント・シーキング活動を所有権の制限と解釈する場合、その制約によって生じた資源の移転に対する個人もしくは社会への補償が不十分ならば、伝統的なレント・シーキングは望ましくない」。したがって、所有権が保護されず、厚生損失が補償されない集団が投資家であるとするならば、資本形成はくじかれ、そしてこのことは発展途上国の貧困の悪循環を深刻にする。

　こうした保護されることのない所有権の問題は、主に発展途上国の問題であるように見えるが、程度の相違はあっても、発展途上国にも先進国にも影響を与える問題である。レント・シーキングはその水準に程度の差はあるが、どこにでもあるのは確かに真実である。公共選択のアプローチでは、所有権の理論はきわめて重要な問題であり、完璧な「国家」の理論 (Congleton, 1980, 1984, 1991参照) を必要とすると考えられている。こうした考え方の延長として、所有権、国家の構造ならびにレント・シーキング活動は互いに密接に関係し合っているとも考えられている。こうした理由から、レント・シーキングを縮小させるために、Tullock (1993a) は侵害された所有権を改善する政治改革を次の

ように提案している。すなわち、有資格の多数の人々による投票、多くの国民投票の実施、均衡予算、政府の規模と範囲の限定、ならびにより良い立憲体制をつくりあげることである。

第3節　先進国と発展途上国とのレント・シーキングの比較

1　発展途上国の新しい政治経済学

　第二次世界大戦後に、多くの植民地化された国々は独立を達成し始め、彼らの発展の方針として国家主権主義を選択した。こうした経済発展へのアプローチは、国家管理の役割を強調した。しかし、経済計画は高度に政治的な扱いを受け、かくしてレント・シーキングが強められることになった。不幸にして、これら新しい独立国における新しい立憲体制の多くは、人々のより高い水準の経済と広範な政治への参加の要求、ならびに国内の現実的課題などの解決の枠組みを求める人々の要求に、効果的に応じるように設計されていない。加えて、国々の制度的な枠組みはまた、民衆参加の制度に基づいているものではなく、国家の強制に基づいて展開されているので、国家主権主義の選択は厖大な資源を官僚と軍に委ね、彼らをして彼ら自身の利益になるように政策の結果を操作させている。例えば、貿易に保護を加えるような場合に、その国家による経済の管理は、官僚の腐敗、縁者贔屓（びいき）、政治的な暴力を大いに助長し、これらの国々でのレント・シーキングの水準と範囲を拡大・増加させた（Mbaku, 1992）。

　多くの発展途上国において増加している政治的な暴力と高水準のレント・シーキングは、これらの国々の政治構造を理解しようとする、公共選択の学者の注目を集め、同様にかかる過度なレント・シーキングを停止させる解決策を捜すためにも、公共選択の学者の注目を引いてきた。このようなことから、1970年代中葉に、新しい政治経済学が発展途上国の政治に応用され始めた。公共政策は、特にこれらの国々の資源配分における国家の役割に関連させて、国家管理者と政府の支援を求める利益集団の行動を枠組みに取り入れた、新しい政治経済学の観点から考察されている。こうした支援には、輸入やその他の許可、政府管理の価格で販売される商品、補助金によって建設された住宅、海外での高度な訓練に対する政府の奨学金などの利用が含まれている。周知のよ

うに、この種の措置は、これら高度に統制された経済の利益集団としばしば関連しているので、まさにこれはレント・シーキングである (Mbaku, 1994)。

レント・シーキングの発展途上国への最初の応用は、Krueger (1974) と Bhagwati (1981)[2] によってなされた。Meier (1991) によれば、新しい政治経済学を発展途上国に応用するに際しては、その国家が（自身の目的を持った）自律的なものであるか、それとも（社会の様々な利害もしくは階級の要求に応じるような）たんに受動的なものなのかを知るために、その国家の経済的役割を注意深く分析しなければならない。

Findlay (1991) は発展途上国の国家の型を、伝統的君主制（サウジアラビア、モロッコ、ヨルダンなど）、伝統的独裁制（キューバ、パラグアイ、ハイチなど）、右翼の独裁主義（トルコ、エジプト、ブラジル、アルゼンチンなど）、左翼の独裁主義（中国、ベトナム、北朝鮮など）、スリランカ、ベネズエラ、コスタリカ、ジャマイカなどの民主国家に分類した。Findlayは、ほとんどの発展途上国は今日、軍事政権、あるいは一党独裁主義の政権に統治され、国家が市民社会を支配する傾向にある、と述べている。彼は、新しい政治経済学が発展途上国に応用されるとするならば、われわれは腐敗、貿易制限、輸入代替政策、資源配分ならびに外国資本への依存といったいくつかの最も重要な問題に光をあてることができる、と考えている。

Tullockはまた、世界の人口の大多数が独裁政治によって統治されているとも述べている。さらに彼は、「1914年以来、概して民主主義は政治形態として重要度が低下しており、独裁主義がより一層重要になってきた」(Tullock, 1987: 1) と述べている。ほとんどの独裁体制は発展途上国に見られるので、これらの国々での所有権の問題は重要性を増している。

Grindle (1991: 42) は、「新しい政治経済学の発展途上国の諸状況への適用可能性」を研究した。彼は、「新しい政治経済学は、それが社会重視のアプローチを探る場合には、発展途上国の政策決定の動態には応用され得ない」[3] こと

---

2) 初期のレント・シーキング研究のいくつかは政治の要素を考慮することなしに考察されており、数量制限もしくは関税はたんに外生的に課せられていたものとして分析されていた。
3) 利害の可能性などは、政府へのロビー活動を反映したものであるという仮定に基づいている。

を示唆している。しかし、「この社会重視のアプローチがより一層国家重視の視点に置き換えられる場合には、応用可能性は一層高まる」[4]。このようにして、Grindle は利益集団のロビー活動、政策決定者の行動および官僚の活動を分析した。利己主義的なレント・シーキングを行う官僚と利己主義的なレント・シーキングを行う市民の相互作用は、発展途上国における政策実施という政治の最も重要な側面を説明することはないが、それでもなおこの相互作用が官僚と民間の実業家との間の腐敗、縁者贔屓、賄賂についての重要な情報を提供してくれる、と彼は考えている。

新しい政治経済学の発展途上国の諸状況への応用可能性について、Ranis (1991) もまた分析を行い、次のように結論づけた。彼は、自律国家の存在に関連して、新しい政治経済学を発展途上国に適用させることに対して、きわめて懐疑的である。彼にとって、発展途上国の全構造はまた慣習、伝統的制度、宗教などから構成されており、新しい政治経済学がそれを説明するには、いまだ十分ではないからである。

Bagchi (1993: 1729) は、「われわれは、発展途上国におけるすべての政府介入を無視し、政治の領域を事実上消してしまうために、レント・シーキングの概念とその応用を再定義しなければならない」、と主張した。彼によれば、ほとんどの発展途上国において、レント獲得者の最も大きな集団はいまだなお地主と裕福な農家である。地主制度の効果が考慮に入れられねばならず、発展途上国におけるこの制度のもとでの誘因が考察されなければならない。

Brough and Kimenyi (1986)、Kimenyi (1989, 1987)、Mbaku (1991a, 1991b, 1992, 1994)、Mbaku and Paul (1989)、Anderson (1988) らの多くは、独裁政権と軍とがレント・シーキングの典型となっているアフリカ諸国に主に注目した。歴史的にもまた分析的に見ても非民主国であるこれらの国々を考察することによって、これら著者は公共選択の観点から利益集団とそれらのレント・シーキングの創出を分析しようとした。彼らは次のように結論づけている。これらの国々では、行政官僚と軍官僚とが顕著なレント・シーキング集団であり、そのため、官僚の腐敗と政治的暴力とがまた典型的なレント・シーキング活動その

---

4) これは政治力を極大化することに積極的に取り組んでいる政治エリートもしくはレント・シーキングを行う官僚を前提としている。

ものである。

2　発展途上国におけるレント・シーキングと腐敗

　伝統的には、政府機関ならびに政府職員は公共の利益の守護者と認められており、彼らが職務を遂行する場合、公衆に奉仕するために自分たちの私的な利益を退けると想定されていた。かくして、レント・シーキング活動は当初、公的部門外で考察されていた。Buchanan and Tullock (1962) のような学者による公共選択の文献において、この見解に批判的な疑義が示されて以来、政治の上での行為者はもはや他の行為者とは異なる存在とはみなされなくなった。なんとなれば、政府機関ならびに政府職員もまた、自分たち自身の利益を追求する合理的な経済主体とみなされるようになったからである。官僚への報酬は、国家が支払う給与と職務外の活動から得られる所得（合法もしくは非合法的所得）から成り立っている。官僚が本来の仕事からよりもむしろ、政府からの移転もしくは政府の規制の軽減を求める利益集団からより多くの所得を得ることができるならば、当然、彼らは社会全体へではなく利益集団へ何らかの特典を与えるであろう。Mbaku (1992: 247) は次のように主張している。「公務員は、自分の仕事が与えられた制度のもとで適切に働くように求められるが、経済がかなり強い規制に悩まされている場合、経済主体がこれら法律を回避するのを手助けすることに、公務員の仕事の時間の多くを注ぎ込むことになるかもしれない。企業家が自分たちの企業への負担を小さくしようとする場合、官僚はそれを手助けする代わりに、（非合法ではあるが）追加の報酬の提供を受ける」。

　しかし、政府内でレント・シーキングが上手くいく度合いは、その政治システムのもとで指導者をとりまく制約（制度的枠組み）に依存する。言い換えれば、民主的な先進国における政治家、官僚ならびに軍は、非民主的な発展途上国において政治家が直面する制約とは異なる制約に直面している。かくして、利益集団によって成功裡になされたレント・シーキングもそれぞれ異なるので、それらは政治システム上の制度によって課せられた制度的制約によって説明されるべきである (Kimenyi, 1987)。

　Kimenyi (1987) によれば、（非民主的制度を持つ）発展途上国の（予算編成の権限を行政府に与える）政治家、軍人ならびに官僚の間の調和は、（民主的制度を持つ）

先進国におけるよりも質量ともに強固である。なんとなれば、前者における官僚は、投入物の使用において一層制約が少なく、全予算のうち懐に入る割合を高める機会をより多く持っている。このように、発展途上国の上級官僚はまた、その国の統治連合体のメンバーであり、その国の統治者はその連合体のメンバーの支援を失わないように、その高級官僚を含むメンバーたちを助長させている。しかも、発展途上国では官僚を管理する監視委員会が存在しないか、もしくは監視する権限があまりにも弱い。この状況では、官僚システムにレントを移転する重要な方策は、自由に資金を支出する権限を持つことである。

他方、発展途上国における官僚の効用極大化の動機は、事務局の予算を割り当てる監視委員会の願望とは逆方向へ向いている。その委員会の主たる願望はまた、自身の効用を極大化し、再選されることであるので、上級官僚のある程度の裁量を認めて、選挙人や特別な利益集団からの官僚の活動に関する情報を利用する。これら委員会が官僚の活動に大いなる腐敗を見出すならば、憲法に基づいて行動を起こすかもしれない。

官僚による投入物の使用を監視する民主的な先進国とは違って、発展途上国は、選任された公務員が法で定められた利益集団への利益の移転に関わり、その発展途上国の政府は、自身のスタッフや報酬の規模を拡大させることによって、官僚へ所得の移転を促す。特に、多くの発展途上国は貧困と剥奪の問題へ立ち向かうために、国家管理と経済計画の方針を選択し、莫大な資源を政府官僚の管理下に置くこととなった。このことは、政府からの移転を求める利益集団によって、資源が浪費されることになるので、結果として、その国の経済成長は貧弱になることとなった（Mbaku, 1991a）。ほとんどの発展途上国において、このような国家方針の結果、他の者を犠牲にして官僚と規制者の活動を広く支える大いなる政府規制が存在している。

先進国においても発展途上国においても、利益集団は自身の利益となるようにレントの流れを極大化しようと試みることは明白である。しかし、政治権力を掌握する方法に関して、先進国と発展途上国との間には大きな相違がある。先進的な民主主義的国家では、体制の変革は憲法に記された規制に従ってなされる。発展途上国では、体制の変革は、通常、政治的な暴力を伴う。このような行動様式のゆえに、発展途上国のレント・シーキング行動の型は先進国にお

けるそれとは異なる。先進民主主義国での最も有力な行動が、陳情、賄賂ならびに立法に果たした議員の貢献度である一方で、発展途上国では政治的暴力と官僚の高度の腐敗が、レント・シーキング活動の2つの重要な側面を代表している。例えば、軍事クーデターは最もうまくいったレント・シーキング活動であるとみなされている。高級官僚の腐敗は、しばしば見られるように賄賂を伴う。閉鎖された経済部門への接近手段を得るために、多くの異なる活動の型が、官僚へ影響を及ぼすように計画されており、その結果、あるいくつかの利益集団（実業家）は国家の補助、もしくは政府からの移転を受け取る。それにもかかわらず、これら賄賂は、先進国では利益集団から生じているが、発展途上国では体制を確保すべく支配者が自ら作り出しているのである。

先進諸国では、利益集団は自分たちに望ましいレントを創り出す法律を通過させるために、陳情に投資する。しかし、タダ乗り問題の存在があると、利益集団はレント創出の過程での投資を抑えることになる。個々人がレント創造のプロセスに進んで投資する額は、これら個々人が受け取ると期待しているレントの大きさに主に影響されるであろう。レントを求める人々は、レントが一度創出されると、それらを求めて競争するために追加の資源を支出しなければならないと信じている場合、そもそもレントを創り出す必要がなくなるので、レント創出のための陳情にあまり進んで投資しようとはしないであろう (Mbaku, 1992)。それと対照的に、多くの発展途上国は立法府が存在しない政府か、もしくは立法府が適切に機能しない政府を持っている。例えば、多くのアフリカ諸国は、通常は軍と文民の独裁者である支配者の意に従って奉仕する立法議員を持ち、支配者の命令によって統治されている。特に軍は、文民の官僚とともに政府機関をおさえることによって、あるいは国を統治する文民の独裁者を護ることによって、政治的な資源配分のシステムに関与している。これら支配者は、法律制定やレントについても、命令による独占権を持っており、そのため自分たちに配分する大きな投入物を持っているのである。加えて、政治的に開かれている先進社会における状況とは違い、タダ乗り問題は、レント・シーキングの独裁体制においては、あまり問題とはならない。

Mohammed and Whalley (1984) の分類に従えば、レント・シーキング行動の最も共通の型は、(i) 対外部門の管理、(ii) 財市場の管理、そして (iii) 信

用市場の管理に区分できる。

　MohammedとWhalleyの分類を基礎として、**財市場**の政府管理に関して言えば、低所得国は工業化を指向する傾向が強いために、農産物を低く評価する（工業財に比べ農産物価格を相対的に安価にする）傾向を持つ。この方針は国内の財市場に直接介入する代表的措置であり、このことは農業部門からの富の移転をもたらす結果となる。Mbaku（1991b）はまた、発展途上国の農業部門は、政治的に積極的にレントを求める集団を補助するために政府が用いる資源の大部分の源泉である、と述べている。政府は農業部門から大きな余剰を抜き取り、自身の安全を購入するためにその余剰金を使用する。「この農産物部門からの抜き取りは、近年、政府によって次のように企てられている。(i) 食料品価格を均衡（市場）価格以下に抑え、そのことによって都市住民に大きな利益を得させる価格管理体制の確立、(ii) 農民による農産物の輸出の能力に制限を加えること（農産物の輸出は、その国の財市場において農産物の相対価格を上昇させる傾向を持つので、輸出制限を加えること）、である。農民は、それらの輸出を独占している政府のマーケティング委員会に、商品を販売しなければならない。国家機関は穀物を農民から世界市場価格以下で購入し、それらを海外へ競争価格で販売する。このようにして抜き取られた余剰は、軍や文民官僚が実業家集団や政治家といった自分たちの支持者への移転を提供する目的で利用できる資源の貯えの一部となる」（Mbaku, 1991a: 188）。かくして、農業生産者は、この移転において通常は損失者である。

　対外部門の管理は、経済の外国貿易部門における制限を伴う。これら制限には、輸出促進と組み合わさった輸入免許、関税、輸入割当、外国為替配分の形態がある。政府は貿易赤字をより一層小さくするために規制の数を増やしている（Kimenyi, 1991）。特に、発展途上国は、相手国よりも貿易赤字をより小さくするために、対外部門の一層厳しい管理を実施している。例えば、国家がある商品の輸入を制限するならば、政府によって正常な価格以上で生産物もしくはサービスを生産する許可が与えられている企業家は、正常利潤を上まわる利潤を得るであろう。政府はまた、その規制活動で、人為的に創られた利権を生み出してレント・シーキングへと導く追加の輸出制限を課すことができる。

　レント・シーキング行動が生じる第3の市場は**資本市場**である。発展途上国

の政府は、多くの先進国の市場よりも一層大々的に新興資本市場を管理し保護する。発展途上国のそうした市場は、それが成熟するまでは保護する必要があると考えられている。そのため、企業集団は政府からの移転（保護）を求める活動を追求しているので、厳しく規制された経済における資本市場も当然、競争的ではあり得ない。企業集団の利潤が低下した場合、企業集団は彼らの救済と市場における彼らの分け前の保護を政府に期待することになる。

これらの国々で創出されたレントは、その大多数が政治的な支配集団の一員である官僚によって、集団のメンバーへと向けられる。したがって、発展途上国の競合する利益集団は、レントの創出へは直接的に投資しない。レントは、体制の安全を購入するために必要とされる資源を提供するために、支配者によって創出される。かくして、発展途上国の軍と官僚は、彼らの間に存在する特有の関係ゆえに、支配的な利益集団であるということができる。言い換えると、彼らは、自分たち自身へ向けて利益（レント）を転送するために、所有権の変更によって互いに助け合っている。国家にきわめて強力な憲法の枠組みが存在しないか、もしくはそれが弱いとすれば、その結果、国家の管理は、ほとんど、腐敗、縁者贔屓、搾取および高度のレント・シーキングとなる（Mbaku, 1991b）。

民主化の過程における発展途上国と先進国との類似点と相違点は、次のように要約することができる。

(i) 民主的な体制においても、また非民主的な体制においても、利益集団は効用を極大にしようとする者である。両体制において、公務員（軍、官僚）は彼らの効用を極大にするべくレント・シーキング活動に従事している。しかし、それぞれの体制において、様々な利益集団、レントを求める官僚、軍人、立法府議員等々の行動には相違がある。官僚や軍人は、民主的な体制のもとでは憲法によって管理されている一方、非民主的な国々では、彼らが支配的な利益集団であるために、そうなってはいない。

(ii) 非民主的な体制のもとでは、官僚や軍人は政府の一員であるために、彼らの集団のメンバーに容易にレントを移転させることができる。民主的な体制のもとでは、レントは立法府議員によって創出され、彼らによって立案された規制に従って配分される。官僚が有権者の意思に反して行動するならば、民

主的体制下の立法府議員は、再選を目指す限り、事態を正すべく行動を起こすであろう。

（iii）同様に、民主的な体制のもとでは、創出されたレントは公共財となり、その創出に投資しなかった集団ですら、その獲得をめぐって競争できる。非民主的な体制のもとでは、レントは、それをめぐって競合する支配的な集団の外にいる個人にとって利用しうるものではない。その際、その支配的な集団は、その集団の取り分を守るために、他の者を軍による暴力で排除するかもしれない。

（iv）もう1つのきわめて重要な相違点は、次のようなものである。民主的な体制では、体制の転換が起こる時、それは憲法の定める規則に従ってもたらされる。非民主的な体制のもとでは、体制の変革は最後には政治的暴力で終わり、体制変革を望んでいる人々は、政変の企てが失敗すれば、彼らの投資のみならず命を失うおそれさえある。しかし、民主的な国々で体制変革に投資する人々の費用は、選挙運動への彼らのその時点での投資、すなわち彼らのレントに限定される。

（v）さらに、「民主的な体制では、一度レントが創出されると、レントはその創出に投資していない人々も含めたすべての集団が獲得できる一種の集団消費財となる」（Browning, 1974: 378-381）。かくして、そのようなレントは、立法府議員もしくは立法府によって定められた規則によって配分されるであろう。しかし、非民主的な体制では、一度レントが創出されると、政府は、その立場を確保するために支持者へそれらを配分すべく、その配分に大いに介入するであろう。その政府はこれらレントについて独占力を持っているので、政府はそれらレントのほとんどを官僚もしくは軍人に配分する。こうした理由で、非民主的な国々では、人々は立法府議員や独裁者へのロビー活動を通じた圧力をかけることに投資をしない。その一方、民主的な国々では、人々はそれと異なる行動をとる（Mbaku, 1991a）。

第4節　トルコのレント・シーキング

貿易、マス・メディア、官僚、軍のような様々な分野で、トルコでは、レン

ト・シーキングが絶えず広範に見られる。そのようなレント・シーキング活動の程度を測定しようとするいくつかの試みがあるものの、現時点では総合的に分析された研究はほとんどない。トルコでのレント・シーキング活動を分析するために、われわれはまたトルコ国家の性質と役割を検討しなければならない (Demirbas, 1998a, 1998b, 1999a, 1999b)。その権威主義的構造を理解することなくして、レント・シーキング費用を適切に測定することは不可能である。Findlay (1991) による国家類型の例示に従えば、トルコは右翼の権威主義的国家の1つである。レント・シーキング分析がトルコに適用されるならば、伝統的に支配的な国家構造、利益集団の方針、腐敗、貿易制限および輸入代替政策、資源配分、独占的制限ならびに外国資本への依存といったトルコの最も重要な問題のいくつかに分析の強い光をあてることになる。特に、このことは、伝統的な社会中心のアプローチより国家中心の見方に置き換えるならば、Grindle (1991) が述べているように、一層意味を持つものとなる[5]。

　トルコにおいては、利益集団の陳情、政策決定者の行動ならびに官僚の活動の分析は、レント・シーキングを行う個々の官僚と市民との相互作用がトルコにおける政策実施の政治学の多くの重大な側面を説明しないとしても、政治参加の重要な一側面であり、トルコのレント・シーキングと政治介入の概念を定義しなおすものである。トルコにおいてレント・シーキングを行う主な理由は何であるか。この問題に答えるために、われわれはまず初めにトルコでのレント・シーキングのいくつかの理由を考察しなければならない。

　それらは、政治、経済ならびに社会の3つの範疇に入る。それらはきわめて密接に相互に関連し合っているけれども、別々に考察しよう。

1　政治的現象

　レント・シーキングに関する公共選択の文献から、われわれは、レント・シーキングが政治過程を通じて起こり、それを制限する最善の方法は政府の活動を制限することである、ということを想起する。レント・シーキングは独占と経済規制を促すための国家の市場介入の結果として起こるので、ある産業で

---

5) これは、政治権力を極大化することに積極的に関わっている政治エリートあるいはレント・シーキングを行う官僚に基づくものである。

の独占レントを促す最も効果的な方法は、産出高を制限し、参入を許可制とする法律を成立させることである（Buchanan, 1980a）。

トルコでは、国家は伝統的にきわめて権威主義的である（Heper, 1992a）。国家がそのような強大な権力を持つ場合、1つの産業もしくは1つの企業に有利な法律を成立させること、あるいは産出高を制限すること、また参入を許可制にすることは容易である。そのため、レント・シーキングは容易に創出できる。民主的な制度や過程を持っているにもかかわらず、トルコ国家は、強い伝統の成り行きで、広範にわたる多様な問題を解決するために、直接的に介入しなければならないといまだ考えられている。この意味で、民間の産業部門の代表ですら、この強い伝統の延長ともいうべきものに引きずられている。トルコのすべての利益集団は、当然に、自身の利益を極大化するために、常に国家のイデオロギーを反映する政府の寵愛を求める。したがって、この過程は、政治の腐敗、賄賂、陳情、縁者贔屓、利益集団による独占化、密輸ならびに官僚の機能不全を助長することになる。

例えば、トルコの政治活動では、レント・シーキング経済を増加させる多くの活動が存在している。これらは次のようなものである。すなわち、公共部門の会計における**隠匿性**、ならびに公衆による公的部門の組織の検査を妨げる規制と予算編成の過程におけるブラック・ボックス化などが、それである。その経営が縁者贔屓やいくつかの特権の結果、腐敗している SEE（State Economic Enterprise：国家経済企業）には**非効率と独占化**が蔓延する。これら企業は、これらすべての非効率の結果、やがて赤字で終わる時はいつでも、予算の中で補塡されている。例えば、1983年以降、SEE の予算に占める割合は、2.6％へと増加し、1991年には 2.1％であった。1992年には、SEE の損失合計は 24兆8960億トルコ・ドルで、そのうち8兆1700億トルコ・ドルは補助されている。公的財源から政党への**融資**が行われたり、官僚が自身の利益を極大化できるように**なっている**。そして最後に、きわめて短期の決定を下すことによって政治家の人気を高めるために（政治的景気循環のゆえに）、きわめて高い**インフレを維持すること**が一般的である。

2　経済的現象

　多くの発展途上国では、経済の発展と成長において、また市場機構へ影響力を及ぼすという点で、国家はきわめて重要な役割を演じている。トルコでは、国家は多くの分野へ助成金を払っている。例えば、国家は投資や貿易に巨額の資源を移転させている。1960年代と70年代には輸入代替政策の実施、そして1980年以降は輸出促進政策によって、30年あるいはそれ以上、保護主義的政策が追求されてきた。租税割戻し、関税設定、輸出補助、特別為替レート、輸入許可、輸出信用は、トルコの現状の経済的保護および保存への国家企業の関与を示すものの一部である。

　ほとんどの圧力団体は、国家の保護主義的な性質に加えて、1960年代と1970年代には、輸入代替政策には反対しなかった。それとは対照的に、利益集団、特に企業の利益集団の間に競争的なレント・シーキングが見られた。レント・シーキングの観点からすると、3つの主要な貿易政策の手段が存在していた。すなわち、**割当**と**許可制、関税および保証預かり金、租税および輸入補助**である。その割当と許可は、SEE、SPO（State Planning Organisation：国家計画機構）および中央銀行のような官僚にとって、中心的な関心事であった。この種の保護は企業集団にインサイダー情報の利用、依怙贔屓および賄賂の機会を提供した。レント・シーキングは、その型態を変化させながら、一時的な現象であるどころか、存続しつづけるか、もしくは1980年以降のトルコでは新しいものに取って代わられている。例えば、自由貿易モデルのもとでのレント・シーキングとレント創出の主要な分野は、**幽霊輸出**としても知られている**架空輸出**を通じての輸出補助の悪用である。**架空輸出**の問題は、輸出奨励金もしくは租税割戻しから利益を得るための過大な送り状ないし虚偽の輸出の形で表れる。こうした便法は、時間の経過とともに輸出主導の成長戦略の短期の成功と長期の可能性について深刻な問題を引き起こした（Esmer, 1991）。

　1980年前後に類似の問題が起った。投資への無計画の補助と奨励金はさらなる**架空投資**を生み出した。これは、実際の投資がないにもかかわらず、トルコ開発銀行から借り入れられたすべての補助金が企業に分配されたことを意味する。これら補助金は投資信用貸しと呼ばれていた。

　トルコのレント・シーキング経済の基盤を提供するもう1つの経済的根拠は、

臨時予算基金である。これは当初は公的部門の計画に融資するために設立され、後に政府にその支出を増加させる異例の特権を与えた。当然、政府のために公的資源を支出するというきわめて大きな特権は、トルコのレント・シーキング経済に別の局面をもたらした。例えば、臨時予算基金（EBF）は 1990 年まで毎年増加し、それ以外にも目に見えない公的部門の予算をも制定した。これら基金は主に取引への課税によって融資され、当局が負担を中央政府の資源から特別基金へと移転させることを好んだので、誤った配分を伴うこととなった。1990 年以降、批判が広まった結果、これら基金が管理されるよう変更された。1984 年には基金の数は 150 であったが、1993 年までに 63 に減少し、1993 年以降それらは予算に含められた。

3 社会的現象

社会の道徳的、法的ならびに社会的な態度はきわめて重要であり、その態度こそがレント・シーキングを社会的に浪費的なものであるのか、それとも社会的に有用なものであるのかを、判断させる。国内に政治的ならびに経済的腐敗が存在するとすれば、それは確かにその国の道徳的ならびに法的構造に影響を及ぼすであろう。他方、政府の権力が憲法によって抑えられているならば、慣習と道徳は個々人の権利を保護し得るし、「悪しき」レント・シーキングは、たとえそれが完全に除去され得なくとも、抑制することができる（Rowley, 1988b）。

トルコの場合、国家の権力は伝統に根ざしており、憲法のみでは抑制することができない。このため、国家がどの規則もしくは政策を決定し適用するとしても、国家は常に比較優位を持っている。管理機構が欠如している中にあって、トルコの政府は、同じように、この状況に対して大いに責任があった。例えば、**賄賂**、**陳情**ならびに**密輸**は 1980 年以降きわめて顕著になってきた。それゆえ、民主的制度、競争的なマス・メディア、政府の分権化、1 人あたりのより高い所得、より公平な所得分配、都市化および教育は、すべて、政府の全般的な腐敗水準の高さからきわめて悪い影響を一貫して受けている。これらの変化は、道徳的価値が、こうした政治と経済の腐敗の結果、いかに変化し得るかを立証している。

4 トルコのレント・シーキング研究

　レント・シーキングのマクロ経済効果を測定するべく、Katz and Rosenberg (1989) は、1970年から1985年の期間、20ヶ国での移転支出を含めた政府の予算配分において、レント・シーキングに浪費された政府支出の割合およびGDPの割合を見積もった。トルコもそれら諸国の中に含まれていた。KatzとRosenbergによれば、予算に占める割合としてのレント・シーキングは、スイスでその割合が最も低く、平均で1.28％、最高で2.68％であった。他方、エジプトではそれらに相当する割合はそれぞれ10.19％と24.08％であった。トルコの場合、予算に占めるレント・シーキングの平均的な割合は7.70％、その最大値は18.55％であった。KatzとRosenbergによれば、これらの結果は、安定した権力構造を持ち、適切に確立している先進国に比べ発展途上国の浪費が大きいことを示している。そうした発展途上国では、圧力団体の相対的な力は、彼らが政治的ならびに社会的なアイデンティティを見出す努力をしているので、時間が経つにつれて変化している。KatzとRosenbergにとっては、エジプト、メキシコ、トルコ、イタリア、イスラエルのような国々は、予算におけるレント・シーキングによる浪費を減少させるべく、思い切った行動を試みるべき国々である。

　輸出への租税割戻し計画において、1980年代に、レント・シーキングの性質が保護手段から補助手段へと変化したと、Yeldan and Roe (1991) は論じている。彼らはまた、レント・シーカーは補助促進の枠組みの形成を目標としているという仮説を設け、自由な開放経済体制においてすら、民間の機関がその活動を企てるので、いまだ誘因が存在しているかもしれないと主張している。加えて、租税割戻し制度は、中央政府予算にとっての高い所得損失の源である以外に、「架空」輸出の出現の原因であるとも思われている。Milanovic (1986) は、そのような架空輸出の額は、1984年にはおよそ10億ドル、もしくはその年の輸出額合計の14％になっていると論じている。

　Altay (1994a, 1994b)、Devrim and Altay (1994)、Aktan (1994) は、彼らの研究で、トルコのレント・シーキング現象を論じている。彼らは実証的な手法をレント・シーキング活動の測定に応用してはいないけれども、その主たる理由を詳しく述べ、制度ならびに憲法の変更を含むいくつかの政策を示唆している。

トルコのレント・シーキング活動を測定するために、Onculer and Croson (1998/1999) は、Tullock (1980b) のレント・シーキング・モデルを危険の多いレントの場合へ拡張し、トルコとアメリカ合衆国について同じタイプの実験的なレント・シーキング・ゲームを分析した。彼らは、レント・シーキング支出は Tullock の予測よりかなり多く、予測された以上の非効率を創り出していることを見出した。彼らはまた、これらのレント・シーキング非効率を引き下げるべく、制度的な取り決めを提案している。

第5節　結　　論

　この章では、われわれはレント・シーキングの観点から先進国と発展途上国の両方における所有権を考察した。われわれの主たる意図は、新しい政治経済学がいくらかの修正を伴って、発展途上国における腐敗、賄賂、貿易の保護といったきわめて重要な問題に強い光をあてるために、適用され得ることを示すことにある。Findlay (1991) の研究と Katz and Rosenberg (1989) の実証的な新しい分析に基づいて、われわれは、国家が伝統的に強権的であるが、民主的な制度を持つ国に変容しつつある発展途上国群の1つとして、トルコを分類した。

　第4章では、われわれはこれら新しい知見をより一層詳細に拡張し、先進国と発展途上国におけるレント・シーキングを一層綿密に研究するために、いくつかの測定手法を応用する。われわれの主たる意図は、発展途上国のレント・シーキングが先進国におけるそれよりもきわめて著しいか、そしてなぜそうなのかを見出すことである。

第4章

先進国と途上国のレント・シーキング
――クロス・セクションと時系列の研究――

> ヒエラルキーが確立している先進国では、低開発国よりも浪費が少なくなる傾向がある。低開発国は、圧力団体の相対的な力を変えることで、政治的・社会的アイデンティティを見出そうとすることが、いまだに多い。
>
> E. Katz and J. Rosenberg (1989: 140)

第1節 イントロダクション

　第2章では、様々な観点からレント・シーキングの政治経済学について考察を行った。そこではまず、重農主義者から始まるレント・シーキングの概念を定義した。次に、レント・シーキングを規範的なレント・シーキングと実証的なレント・シーキングに分類して議論した。そして、レント・シーキングについての展望を行うために、レント・シーキングのタイプや問題点、および、いくつかの実証研究に関するレビューを行った。第3章では、レント・シーキングを規範的な観点から検証するため、先進国と途上国におけるレント・シーキングの現象を所有権の観点から考察した。そうすることで、先進国と途上国の間で、レント・シーキング活動が非常に異なることを論じた。こうした差異は、制度的舞台や民主的伝統が大きく異なることから生じている。

　前章までは、レント・シーキングが先進国よりも途上国で多いことを指摘してきたが、先進国と途上国のレント・シーキングの水準の相違や、その要因を明らかするために、計量手法を用いてはいない。

　本章では、規範的なレント・シーキングの問題を実証的に考察し、Katzと Rosenbergの計量手法を用いて、先進国と途上国におけるレント・シーキング活動の相違を検証する。ここでは、Katzらの研究よりも長い期間（1970～1985年ではなく1970～1994年）を対象とする。

　Katz and Rosenberg (1989) は、20ヶ国を対象に、レント・シーキングを数

量的に計測した。彼らの結論（GNP に占める予算の浪費が、トルコでは 1.78% であるのに対し、スイスでは 0.19% にすぎない）が確かどうかを検証するため、Katz と Rosenberg が対象とした 1970 ～ 1985 年という期間を 1970 ～ 1994 年に延長し、同じ 20 ヶ国のクロス・セクション研究を行う。また、1960 ～ 1994 年のトルコの時系列研究も行う。クロス・セクション研究でも時系列研究でも、レント・シーキングに関する Katz と Rosenberg の手法を用いるが、彼らは、政府の予算配分に対するレント・シーキングの影響を分析する中で、政府支出に占める浪費の割合を捉えている。

Katz and Rosenberg（1989: 140）は、「所有権の確立は、レント・シーキング活動を減少させる」と述べている。第 3 章で議論したように、所有権の問題は、多くの途上国において最も重要な主題の 1 つである。われわれは、所有権に関する実証研究が、多くの途上国、特にトルコのレント・シーキングを理解する上で有用であろうと考えている（Demirbas, 1999b も参照のこと）。

第 2 節　開発の諸問題と予算配分

Katz and Rosenberg（1989）は、政府の移転支出が、必ずしも国民所得会計を変化させるわけではないが[1]、浪費を生み、実質的な国民所得を減少させると考えた[2]。そして、彼らは政府予算をめぐるレント・シーキングによって生じる浪費の計測方法を提示した。その計測方法は、政府**移転**の変化だけでなく、政府の**支出総額**の変化に関連したものである。Katz and Rosenberg（1989: 138）は、次のように述べている。「政府支出が［資本や労働といった］実物資源に費やされるほど、そのカテゴリーの支出総額に占めるレント・シーキングの割合は減少する。しかし、利用可能なデータが限られているため、われわれは、このように仮定せざるを得ない」。したがって、Katz と Rosenberg は、政府**支出**の変化を考察する場合には、レント・シーキングを過大評価してしまう可能性があることを強調している。彼らは、様々な目的を持つ政府支出の配

---

1) 実際、国民所得計算の構成が変化しない場合さえある。
2) 希少資源は、独占的な権力を得ようとする経済的エージェントによって利用され、生産性を増大させるような活動に利用されないため、浪費されるものと考えられる。

分構成の変化を明らかにするために、変数 R_{ij} を用いる。これは、レント・シーキングに関連する総予算を測るものであり、所有権の限界的な変化の総額と等しい。Katz と Rosenberg は、配分構成の変化を捉えるために、予算を 9 つのカテゴリー──［一般公共サービス］、医療、国防、教育、社会保障・福祉、住宅、外交、経済、その他──に分類した。そして、彼らは、9 つの各カテゴリーが、$(t-1)$ 期と t 期の間にどれだけ**変化**したかを、レント・シーキングの代理指標とした。彼らは、この研究において、レント・シーキングのマクロ経済効果を検証することで、既存の研究が取り組んでいない領域を明らかにしようとした。というのも、多くの研究が、主として、ミクロ経済的な政府介入（例えば政府のミクロ経済政策もしくは政府規制）に関するレント・シーキングの効果を扱ってきたからである。

　政府予算をめぐるレント・シーキングに関する Katz と Rosenberg の推計は 2 つの仮定に基づいていた。**1 つ目の仮定**は、政府の予算配分の変化は、すべて、特定の利益集団によるレント・シーキング活動によって生じるというものである。この仮定は、利益集団が政府の役人に働きかけるという考えをベースとしている。政府の役人は、役職にとどまるために、利益集団の要求を満たすよう、彼らに移転する予算を増やそうとする。予算に関する所有権の構造を変えるために、レント・シーキングの争いが限界的に行われ、利益の見返りに政府は働きかけを受ける。したがって、政府総支出における配分構成の変化は、すべて、レント・シーキングによる資源の浪費を示しているものと仮定された。言い換えれば、こうした配分構成の変化は、特定の利益集団が、自らの利益を最大化するための移転支出から生じるものと仮定されたのである。この仮定では、政府支出は、国民の要求に対する利他主義的な対応というよりも、むしろ政府による利己主義的な対応とみなされる。

　Katz と Rosenberg の **2 つ目の仮定**は、こうした特定のレント・シーキングから生じる純便益の合計がゼロであるということである。すなわち、予算配分による限界便益が限界費用と等しくなるまで、資源は費やされる。そのため、レントを追求する特定の利益集団の活動は、国の資源の単なる浪費となる。この点については、以下の事例を考えるとわかりやすい。Katz と Rosenberg は 3 つの部門──農業、工業、サービス部門──によって構成される経済を取り

上げている。初期時点では、政府は、この経済に介入しないものと仮定する。そして、その後、サービス部門の労働者に課税し、その税収を農業部門か工業部門に移転することで、政府が経済に介入するケースを考察した。こうした課税や移転による代替効果が存在しない場合、農業部門か工業部門のいずれか（両部門ではない）が、こうした便益を獲得するものと考えられる。こうした便益は、実際には、サービス部門からの税収である。レント・シーキングの観点から見れば、農業部門および工業部門は、当然、こうした資金を自分たちのものにしようと政府に働きかけるインセンティブを持つであろう。KatzとRosenbergは、いずれかの部門に与えられた金額がレント・シーキング活動の金額と等しくなり、資源を無駄にしてしまうだけで、国のパイを増やすわけではないと述べている。特に、こうした政府移転は浪費を生み出すため、国民所得会計を減少させることはないものの、国民所得の生産性を低下させる（例：輸出インセンティブや租税還付金）。したがって、こうしたレント・シーキング活動は社会全体にとって社会的費用と考えられる。もう1つの事例として、トルコを取り上げてみよう。1980年代に、政府が、輸出を増やす企業に対して税制上のインセンティブを与えると発表した際、こうした税制上のインセンティブ（租税還付金や輸出信用等）による便益を享受するために、多くの企業が設立された。こうした税制上のインセンティブは、予算から支出される一方、こうした企業は、資源を浪費し、架空の輸出を試みた。こうした国の資源は、生産的な分野では使われずに、非生産的な分野で浪費されたため、国民会計は変化しなかったが、生産性の水準は低下した。

次項では、こうした仮定を考慮した上で、KatzとRosenbergの手法を解説し、特定のタイプの政府移転および政府支出によって生じるレント・シーキングの浪費の水準を彼らがどのように推計したかを明らかにする。

1 KatzとRosenbergのモデルと20ヶ国

KatzとRosenbergは、様々な目的で行われる政府支出の配分構成における変化の全体を捉えようとした。彼らは2つの仮定を置いている。(i) 圧力団体によるレント・シーキング活動は、実物資源を消費する、(ii) レント・シーキングの合計額は、様々な目的で行われる予算配分の割合の変化を合計した額と

等しい。彼らは、こうした仮定に基づき、政府の総支出に占める割合として、変数 R_{tj} を、予算配分のためのレント・シーキングと定義する。R_{tj} は、次式のように、各予算項目に配分される割合が、$t-1$ 年と t 年の間にどれだけ変化したかの絶対値に基づいている。

$$R_{tj} = \frac{1}{2} \sum_{i=1}^{n} | S(t)_{ij} - S(t-1)_{ij} | \quad (4.1)$$

ここで $S(t)_{ij}$ および $S(t-1)_{ij}$ は、それぞれ t 年と $t-1$ 年における目的 i の予算の割合であり、n は予算のカテゴリー数に等しい。そして二重計上を避けるために、2 で割っている。j は国の番号で $j = 1, 2, 3, \cdots, 20$ である。Katz と Rosenberg の論文では、予算を 9 つの目的（国防、医療、教育など）に分類し、20 ヶ国について、1970 年から 1985 年までの各年の R_{tj} の値[3] を算出している。1970 年から 1985 年の 20 ヶ国の R_{tj} の平均値は次のように算出される。

$$R_{cj} = \sum_{t=1}^{T} R_{tj} / T \quad (4.2)$$

ここで、T は年数で、R_{cj} は j 国におけるレント・シーキングの平均値とみなすことができる。

また、レント・シーキングによる浪費は、W_{cj} でも示される。これは、R_{cj} と（G/GNP）に依存する。（G/GNP）は、GNP に占める政府支出の割合で、政府がその支出によって［市場から］収奪したものである。R_{cj} は政府支出の非効率性を物語っているが、政府部門の大きさはほとんど重要ではないかもしれない。そのため、レント・シーキングの社会的費用について判断を行う場合、W_{cj} の計測が重要となる。この浪費についての計算は次のように行われる。

$$W_{cj} = R_{cj} \cdot \left(\frac{G_{cj}}{GNP_{cj}} \right) \quad (4.3)$$

ここで、G_{cj} は政府の平均支出であり、GNP_{cj} はそれぞれの国の平均国民所得である。ここでも、$0 < W_{cj} < 1$ と仮定する。

本書の目的は、Katz と Rosenberg の研究を、同じ手法とサンプル（20 ヶ国）

---

3) 実際には、彼らは、ほとんどのレント・シーキングが、より下層の部門間や目的間で生じると仮定した。それゆえ、こうした集計データは、レント・シーキングの規模を過小評価する傾向がある。

を用いて、より長い期間（1970〜1994年）に延長することである。その際、延長分のデータはIMFの政府金融統計から補った。

2　1970〜1994年のクロス・セクション研究の結果

表4.1では、比較しやすいように、KatzとRosenbergの結果を第3列と第4列、本書の研究結果を第5列と第6列に表示した。政府支出1ドルあたりのセント数、すなわち政府支出に占めるパーセンテージでレント・シーキングを示すために、R_{cj}とW_{cj}に100をかけている。
ここで、R_{cj}とW_{cj}は、以下の通りである。

表4.1　各国のクロス・セクションにおけるレント・シーキングの推計

No.	国名	Katz and Rosenberg: 1970〜1985		Demirbas: 1970〜1994	
		$R_{cj} \times 100$	$W_{cj} \times 100$	$R_{cj} \times 100$	$W_{cj} \times 100$
1	オーストラリア	2.87	0.81	4.03	1.24
2	ベルギー	2.13	0.73	2.91	1.48
3	カナダ	2.61	0.59	3.26	0.74
4	フランス	1.28	0.51	2.61	1.10
5	ドイツ	1.38	0.20	2.02	0.61
6	ギリシャ	5.28	1.25	6.58	1.15
7	イタリア	7.31	2.65	5.55	2.26
8	スペイン	2.92	0.66	5.23	1.76
9	スウェーデン	2.59	0.92	3.26	1.49
10	スイス	2.10	0.19	1.77	0.17
11	イギリス	2.55	0.89	3.12	1.21
12	アメリカ合衆国	2.80	0.62	2.40	0.57
13	チリ	5.32	1.99	10.22	2.33
14	エジプト	10.19	5.19	8.22	3.49
15	インドネシア	7.85	1.80	6.47	1.72
16	イスラエル	7.58	5.43	9.51	4.63
17	ケニア	3.97	0.99	5.48	4.48
18	韓国	6.08	0.99	4.51	0.66
19	メキシコ	10.16	1.75	11.10	2.55
20	トルコ	7.70	1.78	9.73	1.86

R_{cj}：期間内の R_{tj} の平均値（政府支出1ドルあたりのセント数でレント・シーキングの浪費を示すため100をかけている）

W_{cj}：予算配分のためのレント・シーキングによる浪費を、GNPに占める割合として計測した値（政府支出1ドルあたりのセント数でレント・シーキングの浪費を示すため100をかけている）

分析の期間を15年から25年へと延長した時に、有意な差異があるかどうかを検証するため、表4.2で、Demirbasの結果と、KatzとRosenbergの結果とを比較する。大きな変化はほとんどないが、多くの国々が、途上国もしくは先進国というそれぞれのグループに留まっている一方で、順位が1つ、ないし2つ程度変動している。例えば、韓国の W_{cj} の順位は、KatzとRosenbergの研究では12位であったが、Demirbasの研究では4位に上昇した。これは、韓国のレント・シーキングが減少傾向にあることを意味する。これは、GNPに占めるレント・シーキングの浪費を削減するか、もしくはGNPに占める政府の割合を削減するかのいずれかによって成し遂げられる。一方、先進国では、スペインが6位から13位へと順位を落とした。このことはレント・シーキング活動が1985年から1994年までの間に大きく増加したことを示している。

トルコの予算に関するレント・シーキングはDemirbasの研究では若干の減少を示していた。W_{cj} の順位は、KatzとRosenbergの研究では15位であったが、Demirbasの結果では14位に上昇した。

表4.2で順位相関を示す前に、KatzとRosenbergの研究と、Demirbasの研究との間の R_{cj} と W_{cj} の順位相関係数を算出しよう。ここでは、Spearmanの順位相関係数（Spearman's Coefficient of Correlation by Ranks）の統計値を用いる。結果は次の通りである。

2.1　Spearmanの順位相関係数

Spearman係数を算出する基本的な考え方は、KatzとRosenbergの研究と、Demirbasの研究との間の、R_{cj} および W_{cj} という変数の順位の関係である。該当する順位を各データに割り当て、最も低いレント・シーキングの値を第1位、2番目に低い値を第2位などとし、以下のSpearmanの式（Spearman's formula）

表 4.2 Demirbas の結果と Katz と Rosenberg〔KR〕の結果との順位相関

\multicolumn{3}{c	}{Demirbas and KR}	\multicolumn{3}{c}{Demirbas and KR}
国名	Demirbas の R_{cj} の順位	KR の R_{cj} の順位	国名	Demirbas の W_{cj} の順位	KR の W_{cj} の順位
フランス	2.61（4）	1.28（1）	スイス	0.17（1）	0.19（1）
ドイツ	2.02（2）	1.38（2）	ドイツ	0.61（3）	0.20（2）
スイス	1.77（1）	2.10（3）	フランス	1.10（6）	0.51（3）
ベルギー	2.91（5）	2.13（4）	カナダ	0.74（5）	0.59（4）
イギリス	3.12（6）	2.55（5）	アメリカ合衆国	0.57（2）	0.62（5）
スウェーデン	3.26（8）	2.59（6）	スペイン	1.76（11）	0.66（6）
カナダ	3.26（7）	2.61（7）	ベルギー	1.48（10）	0.73（7）
アメリカ合衆国	2.40（3）	2.80（8）	オーストラリア	1.24（2）	0.81（8）
オーストラリア	4.03（9）	2.87（9）	イギリス	1.21（9）	0.89（9）
スペイン	5.23（11）	2.92（10）	スウェーデン	1.49（13）	0.92（10）
ケニア	5.48（12）	3.97（11）	ケニア	4.48（19）	0.99（11）
ギリシャ	6.58（15）	5.28（12）	韓国	0.66（4）	0.99（12）
チリ	10.22（19）	5.32（13）	ギリシャ	1.15（7）	1.25（13）
韓国	4.51（10）	6.08（14）	メキシコ	2.55（16）	1.75（14）
イタリア	5.55（13）	7.31（15）	トルコ	1.86（14）	1.78（15）
イスラエル	9.51（17）	7.58（16）	インドネシア	1.72（12）	1.80（16）
トルコ	9.73（18）	7.70（17）	チリ	2.33（15）	1.99（17）
インドネシア	6.47（14）	7.85（18）	イタリア	2.26（17）	2.65（18）
メキシコ	11.10（20）	10.16（19）	エジプト	3.49（18）	5.19（19）
エジプト	8.22（16）	10.19（20）	イスラエル	4.63（20）	5.43（20）

に代入した。

$$r = 1 - \frac{6 * \Sigma d^2}{n * (n^2 - 1)} \quad (4.4)$$

R_{cj} については、$\Sigma d^2 = 58.73$、$n = 20$ であるから、Spearman の式に代入すると、

$$r = 1 - \frac{6 * 58.73}{20 * (20^2 - 1)} = + 0.96 \quad (4.5)$$

を得る。また、W_{cj} については、$\Sigma d^2 = 19.70$、$n = 20$ であるから、Spearman の式に代入すると、

$$r = 1 - \frac{6 * 19.70}{20 * (20^2 - 1)} = + 0.98 \quad (4.6)$$

となる。

これらの結果が示しているように、KatzとRosenbergのR_{cj}、DemirbasのR_{cj}との順位相関係数は+0.96であり、KatzとRosenbergのW_{cj}と、DemirbasのW_{cj}との順位相関係数は+0.98である。つまり、これら2つの研究結果には高い相関関係が存在する。

また、Demirbasの研究における先進国と途上国との差異は、図4.1に示されている。

1人あたりGNP（$GNPC$）を代理指標とする発展水準と、R_{cj}との関係は、図4.1の散布図で示されている。この図からわかるように、途上国と先進国の差異が、依然として存在する。すなわち、1人あたりGNPが高い先進国では相対的にレント・シーキングが少なく、1人あたりGNPが低い途上国ではレント・シーキングが多い。イギリスのような先進諸国では、トルコを初めとする多くの途上国に比べ、浪費を示す証拠が少ないことは明らかである。また、図

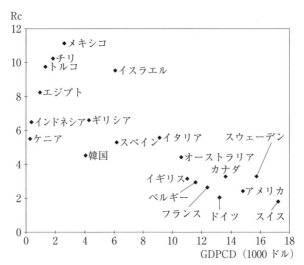

図4.1　1970年から1994年のレント・シーキングと1人あたりGNPとの関係

72　第Ⅰ部　規範的レント・シーキング

表 4.3 Demirbas の研究に基づくレント・シーキングの平均値と標準偏差

国	平均値		標準偏差	
	R_{cj}	W_{cj}	R_{cj}	W_{cj}
先進国	2.73	0.89	0.84	0.48
途上国	7.71	2.46	2.34	1.34

を見てわかるように、途上国は散布図の左上に集まり、先進国は右下に位置する傾向がある。

こうした違いをより強調するため、われわれは1つのシンプルな分析を行った。Demirbas の研究をベースに、レント・シーキングの平均値および標準偏差を算出することで、途上国では、いかに浪費が多いかを明らかにする。オーストラリア、カナダ、ベルギー、フランス、ドイツ、スペイン、イタリア、スウェーデン、スイス、イギリス、アメリカ合衆国といった先進国と、チリ、エジプト、インドネシア、イスラエル、ケニア、韓国、メキシコ、ギリシャ、トルコといった途上国を比較することで、次のことがわかる。

われわれは、途上国と先進国の母集団平均が等しいという帰無仮説を検証することができる。この検証を行うために、12ヶ国の先進国と8ヶ国の途上国をサンプルとした。サンプル規模が小さく（30未満）、いずれの母集団も正規分布に従うと仮定する場合、検定統計量は近似的に t 分布に従う。

表 4.3 で示した平均値および標準偏差を用いると、検定統計値は -6.82 となる。この値は、確率変数の実現値で、自由度 18 で t 分布に近似的に従う。

自由度 18 の t 分布について $\alpha = 0.05$ での片側検定の棄却値は -1.73 である。それゆえ、われわれは2つの母集団の平均値が等しいという帰無仮説を棄却した。言い換えれば、途上国の平均値は先進国よりも高い。

2.2　20ヶ国に関する2つのクロス・セクション研究

Katz と Rosenberg の議論を用いることで、先進国と途上国双方のレント・シーキングを検討することができる。われわれが検討しようとしているのは、様々な国が支出構成を決める際に圧力団体に応じる「性向」の数量的指標と、

1人あたり GNP との間に何らかの関係があるかどうかである。ここでの仮説は、発展水準の代理指標としての1人あたり国民所得が高くなるほど、レント・シーキングが少なくなるだろう、というものである。このことが意味するのは、政府の最適な移転支出、制度の発展、そして十分に保障された所有権が、レント・シーキング活動を減少させるということである。この仮説を検証するため、Katz と Rosenberg の20ヶ国についての分析手法を用いるが、今回は期間を1970年から1994年とする。その際、次のような回帰式を推計した。

$$R_{cj} = \alpha + \beta GNPC_{cj} + \varepsilon_{cj} \quad (4.7)$$

Katz と Rosenberg は、20ヶ国の予算に占める浪費の割合 (R_{cj}) と、1人あたり GNP ($GNPC_{cj}$) の線形回帰式を推定し、次のような結果を得た。

$$\hat{R}_{cj} = 7.65 - 0.44 GNPC_{cj} \quad R^2 = 0.61 \quad (4.8)$$
$$\phantom{\hat{R}_{cj} = }(11.24) \quad (5.35)$$

括弧内の数値は t 値である。Katz と Rosenberg が示したのは、$GNPC_{cj}$ 1単位の増加がレント・シーキング 0.44 単位の減少となるということであった。この符号は予期された通りであり、係数は統計的に有意である。

このアプローチを1970年から1994年の期間にも適用する。

$$\hat{R}_{cj} = 8.72 - 0.31 GNPC_{cj} \quad R^2 = 0.44 \quad (4.9)$$
$$\phantom{\hat{R}_{cj} = }(12.48) \quad (-3.76)$$

ここでも上と同様に、括弧内の数値は t 値である。ここからわかるのは、$GNPC_{cj}$ 1単位の増加が、予算に占めるレント・シーキングという浪費の割合を 0.31 単位減少させるということである。図4.2 では、先進国と途上国双方における、(4.9) 式の関係を見ることができる。菱形は実績値、正方形は予測値である。

このグラフからわかるように、2つの変数は負の関係にある。言い換えれば、$GNPC$ の増加は、R（レント・シーキング）活動の減少をもたらす。

いま、われわれは (4.8) 式および (4.9) 式の傾きを表すパラメータについて有意検定を行う。われわれの帰無仮説は、両式の傾きの値に有意な差はないというものである。サンプル数が 30 未満 ($n = 20$) のため、有意検定を行えば、t 値として -5.21 が得られるだろう。

算出された検定統計値は $t = -5.21$ であり、これは棄却値 -2.02 よりも（絶

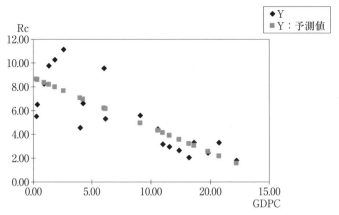

図 4.2 Demirbas の研究における 20 ヶ国の R_{cj} と $GNPC_{cj}$ の関係

対値で言えば) 大きく、標準誤差は両式とも 0.08 であるので、(4.8) 式および (4.9) 式の傾きの値に有意差があるという帰無仮説は棄却される。

先進国、途上国それぞれについて同じ回帰式をあてはめると、

先進国 (1970〜1994 年) については、次の通りとなる。

$$\hat{R}_{cj} = 9.29 - 0.42 GNPC_{cj} \quad (4.10)$$
$$\quad\quad (3.88) \quad (-2.17)$$
$$R^2 = 0.62、\bar{R}^2 = 0.55$$

括弧内の値は t 値である。有意水準 5％で、t 値の棄却値は $-/+ 2.23$ である。われわれの結論では、有意水準 5％では変数間に有意な関係は存在しないという帰無仮説を棄却することはできないが、有意水準 10％では有意な関係が存在する。係数の符号については予期した通りである。

途上国 (1970〜1994 年) については、次の通りとなる。

$$\hat{R}_{cj} = 7.10 + 0.69 GNPC_{cj} \quad (4.11)$$
$$\quad\quad (4.65) \quad (1.27)$$
$$R^2 = 0.61、\bar{R}^2 = 0.58$$

括弧内の値は t 値である。有意水準 5％では、t 値の棄却値は -2.09 である。

よって、変数間に関連がないという帰無仮説は棄却できないだろう。有意水準10%でも有意な関係は存在しない。

以上の分析からわかるように、20ヶ国の場合にはレント・シーキングと1人あたりGNPとの間に有意な関係が存在するが、先進国と途上国に分けた場合には同じ回帰式が有効ではないのである。

次に、(4.10)式の傾きの値（−0.42）と（4.11）式の傾きの値（0.69）について有意検定を行い、2つの値の間に有意差があるかを検証する。帰無仮説は、傾きの値に有意な関係が存在しないというものである。こうした仮説では、サンプル数が小さいので（$n = 20$）、検定統計値は、自由度18で、−6.9となる。(4.10)式の傾きは−0.42、(4.11)式の傾きは0.69、標準誤差はそれぞれ0.19と0.54となるため、検定統計値は$t = -6.9$となり、これはt分布について$\alpha = 0.05$の両側検定での−1.73という棄却値よりも小さい。それゆえ、(4.10)式および(4.11)式の傾きの値には有意な差があるという帰無仮説は棄却される。

われわれは、1人あたりGNPと、予算に占める浪費の割合に関するKatzとRosenbergの線形回帰式を、クロス・セクション研究に関する彼らの研究結果と矛盾しないようにあてはめたにすぎない。彼らの論文で示された変数（p. 143）には、利益集団の数（農業団体や、産業団体、官僚の数、政治的安定度や民主化プロセスに関する数値）など、より多くの変数を加えることができる。

本研究の拡張を考える際、先進国と途上国の間に違いが存在する場合には、クロス・セクション研究が、レント・シーキングを計測する最良の方法ではない可能性があることも考慮している。こうしたクロス・セクション研究の短所を軽減するため、より多くの説明変数を持つ時系列研究をトルコに適用しよう。時系列分析の手法を適用するため、この研究の方法論をごく簡潔に説明しておく必要がある。

第3節　トルコの時系列研究

前節では、クロス・セクション分析を適用し、20ヶ国のレント・シーキングとGNPの関係を検討した。そして結論づけたのが、1人あたりGNPを代理

指標とする発展水準の上昇に伴い、レント・シーキングは減少するということであった。クロス・セクション分析はいくつかの興味深い結果を示しているが、まだ包括的かつ分析的なものとは言いがたい。クロス・セクション分析では、全20ヶ国が、先進国か途上国かを問わず、同じような政治制度であると仮定した。実際には、それぞれの国は異なる制度的背景および制度的構造を有している。制度設計が異なればレント・シーキングの水準も異なるため、政治的エージェントの裁量権の変化がもたらす現実的な結果は、時系列アプローチで検討されるべきであろう。レント・シーキングという文脈で、トルコの制度問題を検討するために、本節では時系列分析を行う。時系列分析を行う際には、諸変数間の長期的な関係を取り扱うため、共和分分析を検討すべきである。共和分分析は、回帰関係が見せかけではないような条件を特定することで、見せかけの回帰の問題に対処する。見せかけの回帰の問題は、ほとんどの経済的な時系列データが非定常的であるために生じる。確率的プロセスが定常的となるのは、系列の平均、分散および共分散が、時間を通じて一定にとどまる場合である。この条件が1つでも満たされなければ、この確率的プロセスは非定常となる（Charemza and Deadman, 1997）。

1　和分次数の共和分検定と単位根検定

共和分の概念は最初にGrangerが1981年に用いた。共和分の統計的な意味は、経済変数間に長期的な関係が存在するということである（Thomas, 1993）。共和分の背景となる主な考え方は、2つ以上の系列が長期的に密接な関係にある場合には、その系列自体が何らかのトレンドを持っていたとしても、諸系列の階差は一定というものである。諸系列の階差が定常的な場合、これら諸系列は長期均衡関係にあるものとみなすことができる（Hall and Henry, 1989）。

Charemza and Deadman（1997: 144）は共和分を次のように定義した。

もし、

　　1. 2つの系列がd次の和分であり[4]、

---

[4] 和分は過去の出来事（shock）を集計したプロセスを表している。d回微分した時に、そのプロセスが定常的（$I(0)$と記す）である場合、そのプロセスはd次の和分と言われる（$I(d)$と記す）。

2. これら変数の一次結合、例えば $\alpha_1 x_t + \alpha_2 y_t$ が、$(d - b)$ 次の和分であるなら、

時系列 x_t と y_t は、(d, b) 次の共和分であると言われる。ここで、$d \geq b \geq 0$ であり、次のように記される。

$$x_t, \; y_t \sim CI(d,b)$$

この定義に基づいて、$[\alpha_1, \; \alpha_2]$ は共和分ベクトルと呼ばれる。共和分ベクトルを構成する共和分係数は、諸変数間の長期的関係のパラメータとみなされる。共和分の場合、こうした諸変数が共和分であれば、お互いに大きく乖離することはない。対照的に、共和分でない場合には、それら諸変数の間に長期的関係が存在しないことを示している (Dickey et al., 1991)。

諸変数の和分次数は、共和分に関する1つの非常に重要なトピックである。文献では、共和分の理論の大半は、すべての系列が1次の和分である場合、すなわち $I(1)$ の場合について展開されてきた。強調しなければならないことは、長期的な関係にある諸変数が異なる和分次数を持ち、また従属変数の和分次数が説明変数の和分次数の最高値よりも低い場合、誤差項の定常性の必要条件が満たされるなら、少なくとも2つの説明変数が、この和分次数の最高値を持つはずである。

ここで共和分の背景にある3つの概念について言及しておくべきであろう。すなわち、見せかけの相関、定常的な時系列データ[5]、そして ECM の3つである。Granger and Newbold (1974) によれば、見せかけの回帰は一般に、非常に低いダービン=ワトソン（DW）統計量[6]によって特徴づけられる。2変数間に高い相関があっても、それが自動的に当該変数間の因果関係の存在を意味するわけではない (Holden and Thomson, 1992)。例えば、R^2 値が高くても、相関の傾向を示しているだけで、純粋な経済的関係を表していない可能性もある

---

5) ある系列が定常的であるということは、その時系列データの実現値のグラフが、等間隔の2つの期間で、同じような統計的性質を示すということである。定常的な系列は、ランダムなショックがあっても、元の値に戻る傾向がある。また、そうした系列の平均および分散は、時間の経過とともに変化することはない。

6) 「調整済み R^2 値がダービン=ワトソン統計量よりも高い場合、見せかけの回帰の問題が現れる場合がある。このような場合、その係数の推計は問題をはらんでいる」(Dickey et al., 1991: 72)。

(Miller, 1991)。こうした問題を改善するため、共和分の手法および ECM が推奨されている (Bahmani-Oskooee and Alse, 1993)。

最も一般に用いられる共和分の手法は、Engle-Granger の共和分と ECM であり、そこでは2つの段階がある。**第1段階**はそれぞれの変数の和分次数を決定することである。すなわち、定常的な系列が現れるまで、繰り返し各系列の階差をとり、最小二乗法や、同じ和分次数の変数を用いることで、共和分回帰分析の推計を試みる。**第2段階**は変数間に共和分関係がある場合、モデルの誤差修正表現を構築することである。

標準的な回帰分析はデータ系列が定常的である必要があるので、第1段階として、各変数の和分次数を特定する。そのため、われわれは単位根検定を用いる。時系列データの単位根の存在については、いくつかの検定があるが、時系列データの和分次数を決定する標準的な検定手続は、拡張 Dicky-Fuller (ADF) 検定である (Dickey and Fuller, 1979, 1981)。階差を取らない場合、および1階階差をとる場合についての ADF 検定の一般形は次のように記される。

$$\Delta y_T = \alpha + \delta y_{T-1} + \sum_{i=1}^{m} \beta_i \Delta y_{T-i} + \varphi T + \varepsilon_T \quad (0\text{階階差}) \quad (4.12)$$
$$\Delta \Delta y_T = \alpha + \delta \Delta y_{T-1} + \sum_{i=1}^{m} \beta_i \Delta \Delta y_{T-i} + \varphi T + \varepsilon_T \quad (1\text{階階差}) \quad (4.13)$$

ここで、Δy_T は系列の1階階差、m はラグ数、t は時間である。δ という推計係数についての t 統計量は、以下の帰無仮説および対立仮説の検定に用いられる。ADF 検定では、「帰無仮説は対象の変数が単位根を持つというものであり、対立仮説は単位根をもたないというものである。検定統計量が著しくマイナスの値であれば、帰無仮説は棄却される」(Dickey et al., 1991: 72)。

$$\begin{aligned} &H_0: \delta = 0 \quad (\text{すなわち、階差を取らない場合で単位根が存在する}) \\ &H_1: \delta < 0 \end{aligned} \quad (4.14)$$

われわれの目的は、階差を取らない場合に単位根が存在するという帰無仮説と、その対立仮説を検証することである。単位根が存在するという帰無仮説が棄却されない場合、階差をとって単位根の存在を検定することとなろう。もしその単位根が上記のように設定され、棄却されないのであれば、y_t は定常的とはなり得ず、$I(1)$ もしくは $I(2)$、あるいはより高い和分次数となるかもしれない (より詳しくは、Engle and Yoo (1987)、Cheramza and Deadman (1997) 参照)。

定常的となる真の次数が不明のため、赤池情報量基準 (AIC) や Schwarz の

ベイズ流基準（SBC）のようなモデル選択基準を用いて、ADF 回帰式の次数を選択することができる。その際、われわれは3つのラグを選択し、そのうちのどれを採用するかを決めるために、最も高い AIC を選択する。

　検討中の変数が単位根を持つという帰無仮説と、単位根を持たないという対立仮説を検証し、それら変数が定常的であることを明らかにした後、共和分分析を用いて、変数間に長期的な関係があるかどうかを分析する。変数間の共和分関係を確立する第1段階として、まずは、共和分が存在しないという帰無仮説を検証する。共和分が存在しないという仮説が棄却されるのであれば、提示された関係が確かに共和分ベクトルであり、予算に関するレント・シーキングと諸変数に関する回帰分析は、見せかけではないということになる。共和分が存在するということは、予算に関するレント・シーキングと他の諸変数が、同様の傾向を見せることを意味する。最近の研究に従って、共和分と誤差修正の関係は、2段階の手順で検証される（Engle and Granger, 1987）。第1段階は単に静学的な共和分（OLS：最小二乗法）回帰式の推計である。そして第2段階は、ECM の推計である。推計方程式は以下で提示する。

2　1960〜1994年の時系列研究の結果

　トルコの事例をより詳細に分析するために、時系列分析を行い、その中で政府の規模およびいくつかのダミー変数を式に加えることにする。ここでの仮説は以下の通りである。政府の規模が小さく1人あたり GNP が高いほど（つまり、資源が、職員の増員や利益集団の活動よりも、生産的な分野に向けられるほど）、その経済におけるレント・シーキングは減少するだろう。というのも、小規模な政府ほど資源の浪費が少なく、厚生を高めるような活動に資源を投資する可能性が高いためである。トルコは、制度派経済学（an institutional economy）の観点からみて非常に興味深い国である。トルコという国家は「強力な国家（strong state）」と分類できよう。ここで、強力な国家とは「様々な圧力に同時に対抗しつつ、公共政策の主導権を生み出すことができる」（Caporaso and Levine, 1992: 183）国家である。一方で、トルコの利益集団は十分に組織化されておらず、保護を追求する。そして、政府予算は国家（文民官僚および軍人官僚）の政策の優先度を表すと考えられる。

政府規模とレント・シーキングとの関係はTullock（1965）やDowns（1957）、Niskanen（1971）によって考察されてきた。主流派の公共選択論の研究では、強力な利益集団が政府規模を決定するという重要な見解をBuchanan and Tullock（1962）が展開する一方、Niskanen（1971）は、過剰供給仮説を用いて、官僚制度が政府規模に影響を与えると論じた。レント・シーキングが政府規模に影響を受けるのであれば、政府規模をレント・シーキング活動の説明変数として用いることができる。確かに、「官僚制度の拡大やレント・シーキングは政府の失敗を表しているが、その一方で、官僚は、再選という制約を受けた政治家によるレント・シーキングを扇動する可能性があるのだ」（McNutt, 1996: 136）。それゆえ、われわれはレント・シーキング（R_t）と政府規模（GY_t）との間に正の関係があると考える。

　一方で、1人あたり所得が高まるほど、政府の移転支出への圧力が低下する。単純に言えば、所得水準が高いほど、利益集団の競争による利益は、市場競争を通じた利益と等しくなりやすい。しかし、所得が低い場合には、市場で得られる所得よりも、移転を通じた政治的配分によって所得が高まる。言い換えれば、利益集団は、希少な資源を収益の低い市場に投資するよりも、政府の政策に影響を与えるように投資する方が利潤を得られる。そのため、富の移転手段を支配しようとする競争は、高所得の国よりも低所得の国で活発となりやすい。要するに、1人あたり所得が低いほど、政治的に不安定となる。そして、連立与党は常に法律の供給（the supply of legislation）を独占しようとし、その移転支出を支持集団のメンバーにばらまこうとするため、政治的競争の度合いは低下する。したがって、1人あたり所得水準とレント・シーキングの間には負の関係があると考えられる。こうした関係を捉えるために、われわれは2つのモデルを検討する。モデル1ではダミー変数を用いないが、モデル2ではダミー変数を加える。また、Lnは自然対数を表し、ダミー変数はトルコの特別な出来事を捉えるために付け加えられる。

モデル1

$$LnR_t = α + βLnGNPC_t + φLnGY_t + ε_t \quad (4.15)$$

表 4.4　和分次数の ADF 検定

	0 階階差		1 階階差		
変数	ADF	CV	ADF	CV	和分次数
LnR_t	−0.60 (0)	−2.95	−7.32 (0)	−2.95	$I(1)$
$LnGNPC_t$	−0.68 (0)	−2.95	−6.66 (0)	−2.95	$I(1)$
$LnGY_t$	−0.10 (1)	−3.56	−6.73 (0)	−3.56	$I(1)$

モデル 2

$$LnR_t = \alpha + \beta LnGNPC_t + \phi LnGY_t + \chi Dum80 + \delta Dum71 + \gamma Dum74 + \varepsilon_t \quad (4.16)$$

ここで、

LnR_t：予算に関わるレント・シーキングの自然対数（1960〜1994 年の予算関連データ（基準年価格：1986 年 = 100）：Government Financial Statistic Yearbook, 1960-1994）

$LnGNPC_t$：1 人あたり GNP の自然対数（1960〜1994 年データ（基準年価格）：Government Financial Statistic Yearbook, 1960-1994）

$LnGY_t$：政府規模（G/GNP　G：政府支出、GNP：国民総生産）の自然対数（Government Financial Statistic Yearbook, 1960-1994）

$Dum80$：1980 年の軍事介入を表すダミー変数

$Dum74$：1974 年のキプロス紛争を表すダミー変数

$Dum71$：1971 年の軍事介入を表すダミー変数

和分次数の ADF 検定の結果は表 4.4 に示される。

表 4.4 の結果が示すのは、全変数が 1 階階差において定常的で、同じ和分次数を持つということであり、系列間の長期的関係の存在、すなわち共和分関係の存在が検証可能ということである。次に、以上の情報をもとに、Engle-Granger 共和分検定の第 1 段階の推定を行う。

2.1　トルコに関する Engle-Granger の第 1 段階の推定

本節では、2 つのモデルの推定を行い、変数間の長期的関係を見出す。表 4.5 はその結果を示している。

表4.5からわかるように、ダミー変数を伴ったモデル2の方が、モデル1よりも説明力がある。R^2および$\bar{R}^2$はモデル2のほうが高く、全変数の符号は期待通りである。モデル2では、DW統計量もより高い値をとっている。

ADF値は棄却値よりも低いため、変数間には共和分関係がある。これはつまり、予算関連のレント・シーキング（R_t）、1人あたりGNP（$GNPC_t$）、および政府規模（GY_t）に長期的関係が存在するということを意味する。そこで、

表4.5 共和分回帰分析

従属変数はLnR_t

回帰分析	モデル1	モデル2
α	− 1.60 (− 2.50)	− 0.76 (− 1.86)
$LnGNPC_t$	− 1.29 (− 2.02)	− 0.47 (− 2.19)
$LnGY_t$	0.88 (10.01)	0.77 (8.67)
$Dum80$	……	1.22 (1.74)
$Dum74$	……	1.21 (1.72)
$Dum71$	……	1.95 (2.91)
R^2	0.91	0.94
$\bar{R}^2$	0.90	0.93
DW	1.43	1.72
F	162.82	92.08
SC	1.68	0.04
FF	2.96	2.19
N	1.01	0.27
H	0.00	0.16
ADF ADF C.V. 95%	− 4.83 − 4.00	− 5.59 − 5.22

注：括弧はt値である。5%有意水準を示している。$\bar{R}^2$は自由度修正済み決定係数である。DWはダービン＝ワトソン統計量、FはF統計比率、SCは時系列相関、FFは関数形、Nは規定度、そしてHは不均一分散である。ADF C.V.は有意水準を5%としたCharemza and Deadman（1997）より。

われわれは Engle-Granger 推定の第2段階、すなわち ECM モデルに移ることにする。

2.2 ECM

Engle and Granger (1987) によれば、変数間に共和分関係が存在する場合、変数間には長期的な関係が存在する。さらに、短期的な変動は ECM によって説明され得る。これは Granger 表現定理として知られている。

「もし、$x_t \sim I(1)$、$y_t \sim I(1)$ で、誤差修正項である $ECM = y_t - \beta x_t$ が $I(0)$ であるなら、x と y は共和分関係にあると言われる」(Maddala, 1992: 597)。Granger 表現定理が意味するのは、こうした状況のもとでは、x_t および y_t は、次式で示される ECM によって導出されるかもしれないということである。

$$\Delta y_t = \beta ECM_{t-1} + \delta \Delta x_t + \varepsilon_t \quad (4.17)$$

ここで、β は非ゼロ、ε_t はホワイト・ノイズである。一連の変数が共和分であると確認されれば、短期的な変動を説明するために、ECM を適用することができる。Engle-Granger が議論したように、独立変数の ECM を推定し、誤差修正項の統計的有意性を検定するための簡単な方法は、伝統的な t 検定を用いることである。β ($|\beta|<1$) が負かつ有意な値の場合には、長期的関係が回復するように調整が行われる。次の式は、短期的な調整が長期的な均衡によって導かれるかどうか、また両者が矛盾しないかどうかを推定するためのものである。ここでは、レント・シーキングが、政府規模や、1人あたり所得、およびいくつかのダミー変数（1980年と1971年の軍事介入や1974年のキプロス紛争の影響を表す変数）と関連しているようなケースを考察する。

モデルは以下の通りである。

モデル1
$$\Delta LnR_t = \beta ECM_{t-1} + \delta Ln\Delta GNPC_t + \phi Ln\Delta GY_t + \varepsilon_t \quad (4.18)$$
モデル2
$$\Delta LnR_t = \beta ECM_{t-1} + \delta Ln\Delta GNPC_t + \phi Ln\Delta GY_t + \chi \Delta Dum80$$
$$+ \delta \Delta Dum74 + \gamma \Delta Dum71 + \varepsilon t \quad (4.19)$$

ECMの結果は表4.6および表4.7に示されている。

すでに言及したように、Engle-Grangerによれば、伝統的なt検定を用いることで、従属変数のECMを推定し、誤差修正項の統計的有意性を検定することができる。β（|β|＜1）が負かつ有意な値の場合は、長期的関係を回復させるように調整が行われることを意味する。われわれの結果が示しているように、ECT（誤差修正項）は1より小さく、符号は負で、統計的に有意である。つまり、長期的関係が回復するように調整が行われる。誤差修正項だけでなく、政府規模および1人あたりGNPも統計的に有意である。このケースでは、切片だけは有意な値ではない。分析結果によると、トルコでは、1人あたりGNPの1単位の増加が、1.16単位の予算関連のレント・シーキングの減少をもたらし、政府規模の1単位の増大が、0.28単位の予算関連のレント・シーキングの増大

表4.6 モデル1のECM

従属変数はΔLnR_t		
1961〜1990年の推計に用いられた34の観測値		
独立変数	係数	t値
$\Delta LnGNPC_t$	−1.16	−1.79
$\Delta LnGY_t$	0.28	1.87
$ECM(-1)$	−0.80	−4.02
$R^2 = 0.36$, $\bar{R}^2 = 0.30$, $DW = 1.71$, $F-Stat. = 5.60$ $SC = 3.92$, $FF = 1.32$, $N = 0.76$, $H = 0.08$		

表4.7 モデル2のECM

従属変数はΔLnR_t		
1961〜1990年の推計に用いられた34の観測値		
独立変数	係数	t値
$\Delta LnGNPC_t$	−1.02	−1.95
$\Delta LnGY_t$	0.16	1.79
$ECM(-1)$	−0.91	−4.25
$\Delta Dum80$	0.75	1.79
$\Delta Dum74$	1.52	3.68
$\Delta Dum71$	1.33	3.05
$R^2 = 0.60$, $\bar{R}^2 = 0.50$, $DW = 1.60$, $F-Stat. = 6.57$ $SC = 3.76$, $FF = 0.69$, $N = 0.67$, $H = 0.65$		

をもたらす。

1階階差では、全変数が統計的に有意であり、符号は予期した通りである。表 4.7 はモデル 2 の ECM の結果を示している[7]。

モデル 2 の ECM の係数も負かつ有意である。これは、長期的関係のために調整がなされたことを意味する。さらに、全変数が統計的に有意である。このモデルでは、1 人あたり GNP の 1 単位の増加がレント・シーキング 1.02 単位の下落をもたらす。また、政府規模 1 単位の増大は、レント・シーキング 0.16 単位の増大をもたらす。

第 4 節　結　　論

本章では、Katz と Rosenberg の提示した手法に従い、政府の予算配分から生じるレント・シーキングの浪費について分析を行った。また時系列の枠組みでトルコの検討を行い、途上国のレント・シーキング構造の理解を深めた。われわれの研究によると、第 1 に、先進国と途上国の差異に関する Katz と Rosenberg の分析結果が正しいことが確認された。先進国の政府も、途上国の政府も、レント・シーキングを誘発し、社会全体から少数の特権的利益集団へと資源を移転させるのだが、途上国のレント・シーキングは先進国よりもはるかに多い。Scully (1991) らは、Katz と Rosenberg の手法が、政府支出関連のレント・シーキングを概念的に誤って評価していると批判した。Schnytzer (1994) は、予算配分結果に関するレント・シーキングの計測手法が、制度的背景の異なる 20 ヶ国に一様にあてはめられたという点で、Katz and Rosenberg (1989, 1990) の手法を批判した。しかし、われわれは、Katz と Rosenberg がレント・シーキングに関する最善の代理指標を見出せていなかったとしても、彼らの研究は今後の研究の基盤を与え、レント・シーキング問題の理解を深めさ

---

[7] このモデルでは、2 つの軍事介入とキプロス紛争がレント・シーキングの変数に与えた影響を捉えるために、3 つのダミー変数がつけ加えられた。これらのダミー変数を加えた後でも、誤差修正項に関して、負の符号および有意な値が得られた。これは、レント・シーキングのプロセスを通じて、長期的関係を回復させるような調整が行われたということを意味する。

せてくれたと考えている。

　第2に、トルコに関する研究では、モデル1、およびダミー変数を用いたモデル2を用いて、予算に占めるレント・シーキングの割合（R_t）と政府規模（GY_t）、そして1人あたりGNP（$GNPC_t$）との間に共和分関係があることを明らかにした。われわれは、いくつかの独立変数が、1960〜1994年のトルコにおけるレント・シーキングの浪費を説明するのに役立つことを見出した。こうした共和分関係に加え、レント・シーキングと諸変数との間の長期的関係が回復するように調整が行われたことも明らかにした。

第 II 部

実証的レント・シーキング

第5章

国家・利益集団の理論とトルコ

> 代議制の決定的な害悪と危険は、他のあらゆる政府の形態と同様に、2つの項目にまとめることができる。第1は、統制機関内での一般的な無知と無能力、あるいはもっと控えめにいえば精神的資質の不十分さであり、第2は、政府が、社会の全般的福利に一致しない利益の影響下にあるという危険である。
> John Stuart Mill (1962: 21)

第1節　イントロダクション

　国家と社会の関係を理解することは、政治学者・経済学者両者の主要な関心事の1つとなっている。利益集団の研究は、多くの新しいアプローチによって、こうした国家と社会との関係について光をあてるものである。Weberのような、国家を非常に狭い枠組みで分析した伝統的な政治経済学者とは対照的に、新たな視座は、国家を、受動的に、圧力団体の影響を受けて行動することはないようなエージェントとみなす。実際のところ、国家は圧力団体の嗜好や制約に影響を与えることができる。国家の政策は、競争状態にある利益集団によって内生的に決定されるといってよい。その結果として、国家は現在、基本機能の提供者以上の存在であるとみなしてもよい。

　また、国家構造は、その国が先進国か途上国かによっても異なる。先進国では、国家が、官僚やテクノクラートからの政治的支持を求める多数のエージェントや政治家から構成されるが、途上国では、国家は権威主義的な役割を担っている。第3、4章で議論したように、国家の政治的・経済的構造が異なれば、先進国、途上国それぞれにおけるレント・シーキング活動は大きく異なる。さらにもう一段階踏み込むなら、次のことが見えてくるだろう。それは、トルコのような半民主国家は、こうした先進国と途上国の中間に位置しており、レント・シーキングの観点から、国家と利益集団の関係についての興味深い事例を示してくれるということである。

　国家と利益集団の関係を明らかにするため、本章では国家一元論と利益集団

の形成を、半民主的なトルコにおいて検討しよう。特に、トルコの貿易政策が本章のケース・スタディとなる。この検証によって、われわれはトルコの実証的な枠組みを作り上げることができるが、この枠組みについては第6章で議論する。国家一元論的な国家・利益集団関係という観点からトルコの貿易政策を検討する前に、まず国家と利益集団の相互作用とこれに関連した政治学・経済学の理論を検討する。

第2節　国家論への経済学的アプローチ

1　伝統的な政治経済学と国家

　古典派経済学の理論では、国家の基本機能は、法秩序の提供、国防、そして財産権の保護にある。その意味で、国家は経済外の領域を構築する秩序という枠組みを提供し、さらに、市場の不完全性、情報の不完全性、取引コスト、そして不完全競争を理由に、経済発展を促進する役割を潜在的に担い得る（Weber, 1947; Hayek, 1944 参照）。Weber（1947）によれば、「国家はある一定の領域内で、正当な強制力行使の独占権を持っている。それゆえに望ましい制度革新を妨げることがある」。

　新しい政治経済学者は、たとえ、国家の主要な役割が、発展を促進し、制度の変更を促すことだとしても、現実には、国家の影響する領域は最小国家のそれをはるかに越え、きわめて干渉主義的となると考えている。例えば、1950年代、経済における政府介入が容認された。もちろんケインズ革命がこの容認の主要な理由の1つであった。そして、財政政策のような広範で多岐にわたる国家介入の形態や、公的所有の拡大は、至極一般的なものとなった。

　しかしながら、1970年代には、インフレ圧力や世界経済の減速、一部国有企業での非効率性・不採算性が明るみに出たことなどが、すべて政府の失敗とみなされた。1980年代には、経済学における自由主義や最小国家の概念が主流となり、国家行動の制限が再び議論されることとなった（Gray, 1989 参照）。

2　経済学的アプローチと国家

　Helm（1989）や Grindle（1991）、Grindle and Thomas（1991）など、国家の意

思決定過程を説明する経済学的アプローチがいくつか存在する。そのうちの、Grindle and Thomas（1991）によれば、次のようなアプローチが存在する。

　1つ目のアプローチは、国家を**人格化された有機体**（a personalised organic entity）とみなすものである。国家はこれを構成する個人とは独立した、独自の価値観、モチベーション、目的を持つ。国家という統合された細胞の1つとして、個人はアイデンティティを失い、国家は自らの厚生や効用を最大化しようと行動する。

　2つ目のアプローチは、国家は**多数のエージェント**（a multitude of agents）の構成体であるとするものである。政治家は、官僚やテクノクラート、さらには企業集団のような様々な利益集団からの政治的支持を求める。それぞれのエージェントは自身の利害を持ち、国家は集合行為を成し遂げる手段としてみなされる。国家は一連のプロセス、つまり諸個人が利益を部分的にでも満たすことのできる装置のようなものと考えられる。国家の政策は、様々な利益集団の権力競争によって内生的に決定される。

　3つ目のアプローチは、マルキストを含め幅広い社会学者によって提唱されたものであり、2つ目のアプローチと類似する。つまり、国家が、**特定の集団、もしくは階層の代理人**（agency）であるという考え方である。マルキストにとっては、国家の機能とは、民衆に法的権力、制度的権力、イデオロギー的権力を押し付けることである。そうすることで、国家は所有権を制度化し、歳入を最大化するのである。

　4つ目のアプローチは、Downs（1957）によって提示された、国家は**単一の政党**（もしくは1組の政治的エリート）によって統治されるというものである。単一政党は合法的手段によって統治権を掌握しようとする多人数からなるチームである。そのメンバーは、あらゆる目標に合意すると想定されるので、この政党は、一貫した選好序列を持つ1人の人間とみなすことができる。

　これらのアプローチには多くの賛否両論があるが、国家の意思決定過程を明らかにする際の主流であり続けている。

3　途上国における主要な国家論

　上述した1つ目と2つ目のアプローチを非常に興味深く混ぜ合わせると、途

上国の国家構造は、先進国よりも、制度的取り決め (institutional arrangements) についての多様性を示している。Findlay (1991) の分類によれば、アジア、アフリカ、ラテンアメリカの途上国国家は、**伝統的君主制**から、**伝統的独裁制**、**右翼・左翼的な権威主義国家**、そして最終的に**民主主義国家**に至るまで様々である。それぞれの段階には、独自のアイデンティティや政治組織が存在する。しかしながら、すべての途上国国家は、市民社会を支配し、政策形成における相当な自立性を持つ傾向にある。

Findlay (1991) は、途上国の国家行動は、多層的なプリンシパル・エージェント関係の枠組みで検討されるべきとしている。この枠組みは2つの段階で構成される。**第1段階**では、支配者は、Locke や Rousseau の言うところの人民の、もしくはマルクス主義的なイデオロギーで言うところの支配階級の代理人として、扱うことができる。また、支配者（国王、独裁者、大統領、首相）は、1人の合理的人間として想定される。このような枠組みの中で、主な問題となるのは、支配者が暗黙の社会契約を遵守しているかどうかを見極めるため、支配者の活動を監視することである。通常のプリンシパル・エージェント問題は、支配者が自らの正当性や社会の法的伝統を求めたり、文化的資産 (cultural endowment) に手を加えたりする際に、相当な自立性を持っているという事実により一層悪化する。

プリンシパル・エージェント問題の**第2段階**では、支配者はエージェントとしての官僚を利用し、法規則の実施や税金の徴収、懲罰、国民主権の保障、そして他のサービスを供給する際の支援をさせる。そのため、支配者は報酬制度を用意し、支配者への忠誠を高め、支配者に実直で無私な献身を促すイデオロギーを奨励する。官僚も合理的個人であり、彼らの利益が支配者のそれと一致する必要はないので、官僚は支配者によって与えられた権限から利益を受ける。一度彼らが協力し合うと、一緒になってレント・シーキング活動に力を注ぎ始める。

レント・シーキングという意味での支配者と官僚の協力の他に、Lin and Nugent (1995) によれば、「官僚とそれ以外の企業集団との間の共謀が存在し、国家歳入を収賄やレント・シーキングによって分け合う」。例えば、国内生産を奨励する最もコストのかからない方法は、直接的な生産助成金の導入である

が、実際には、政府はしばしば輸入関税や数量割当を政策として選択する。この主な理由は、助成金は様々な生産者間で紛争を引き起こす可能性があり、また官僚が、輸入関税や数量割当の実施が比較的容易であると知っているからである。また、輸入関税や輸入割当は、政府で働く者にとっては収賄の機会を生み出し得ると考えることもできる。

　もちろん支配者の意思決定と官僚の裁量に対する制約は国家の性質によっても異なる。こうした制約は、国家の性質が、伝統的君主制から伝統的独裁制、権威主義国家、そして民主主義国家へと移るにつれてより厳しくなる。こうした圧力が国家の介入権限を抑制させるならば、権威主義国家は、韓国、台湾、チリのように次第に民主国家へと変容していくだろう。

第3節　政治経済学における利益団体

1　利益集団の定義

　現代の政治学者は、政策形成における利益集団の重要な役割を強調している。新しい政治経済学の枠組みの中で利益集団を研究する経済学者は、1970年代から80年代の戦略的選択、政策の結果および、それらの経済的帰結に基づいた高度な理論モデルを組み立てた。

　利益集団アプローチをより理解するために、まず、政治学者の視座を検討する。次に、合理的選択の枠組みの中で、Olsonの貢献について議論する。しかしながら、政治学的・経済学的な視座の両面から利益集団アプローチを再検討する前に、利益集団の概念について定義する必要がある。

　利益集団研究の最も基本的な問題は定義の問題である。利益集団という用語を特定するため、Richardson (1993: 1) は、以下のように主張する。本質的に同じ現象であるものに対し20以上の用語が存在する。例えば、「政治団体や、ロビー集団、政治利益団体、特殊利益団体、組織的集団、任意団体、圧力団体、保護団体、防衛団体、経済団体、制度的団体、結社集団、非結社集団、形式的集団、排他団体」などである。

　Wilson (1990) は、利益集団を「政府とは分けられた存在であるが、政府としばしば密接な関係になり、公共政策を左右しようとする組織」と定義する。

Wilson によれば、「利益集団は、政府・国家・社会の大多数である民衆との間の制度的連結を提供する」。

Richardson（1993: 1）は、「圧力集団とは、どのシステムまたは、どの下位システムならば権威的配分ができるかを明確にする集団としてみなされる」と主張する。Richardson の定義から理解できるように、利益集団は、権威的配分の延長として考えられる国家の意思決定過程に、多大な影響力を持つ活動をする集団なのである。

合理的選択論者は、利益集団の形成、維持、影響力の研究に集中している。著名な合理的選択論者の1人である、Olson（1965: 74）は利益集団を以下のように定義する。「共通の利害を持った諸個人からなる集団であり、彼らは、自己利益や合理的行動の結果、単一の個人として、共通の利益のために行動するのである」。

2 多元論、コーポラティズム、および国家一元論における利益集団

利益集団研究は、政治理論において提起された多様なイシューによって、より豊かなものとなった。Rousseau の伝統では、利益集団が、多数派の利益や意見を封殺し、少数派の権利を主張することで公共政策に影響を与えるために存在すると想定されている。この伝統によれば、もし市民それぞれが自らの意見を表そうとすれば、国家内に副次的集団（subsidiary groups）の必要はないだろう。しかし、もしこうした副次的集団の設立を抑えられないのなら、その数や権力は可能な限り限定的にするべきだろう。今日でも、利益集団に関するこのような見方には、政治学者の中で多くの支持者がいる。

その一方、Tocqueville は、「多数者の暴政」の可能性を検討したのち、利益集団は優れた政治参加の形態を提供するので、民主主義を確立する上で必要であると主張する。こうした組織を用い、少数派は自らの利益を増大させることができる。Tocqueville の伝統において、古典的理論家は以下のように主張する。利益集団が国家と市民の間に位置し、それぞれの相違を解決し、国家の介入権から市民を守っているのである。また、古典的理論家は、国家は強力であり、個人は弱いという非対称性は自由を崩壊させ得るので、個人は、利益集団を組織することで、国家の破壊的権力から自らを守ることができると考えた。

その結果、民主的な価値観は、利益集団の参加によって守られることになろう。

2.1 多元論と利益集団

Tocqueville の伝統において、現代、Dahl や Key、Lowl、Truman、Wilson のような、多くの多元論者も、現代の民主主義国家の政策形成における、利益集団の重要な役割を強調した。この古典的なイデオロギーを基に、1950 年代、60 年代には、多元論は政策過程の持つ開放的な性質、競争的な性質、脱集合的な性質、そして本質的に民主的な性質を明らかにした。

一般に、多元論者は、社会の全セクションが利益集団によって代表されるべきであり、権力も集団間に平等に分配されるべきだと主張している。

多元論者は次のように考える。政府の最も主要な役割は法秩序の提供であるので、市民の自由は、多数の利益集団が存在することでしか、国家の独占的権力から守ることはできず、このような利益集団が個々のメンバーと国家の間の懸け橋となる。言い換えれば、多元論者は、政策の作成が、国家と利益集団間の多くの政治利害の相互作用の結果であるとして捉えている。

2.2 コーポラティズム・ネオコーポラティズムと利益集団

経済的利益の重要性を強調することで、利益集団が代表するというコーポラティストの体系は、従来の多元論者政治学に対する一種のパラダイム革命としてみなされる。コーポラティストからすれば、経済政策は、主要な経済利益集団に受け入れられない限りうまく実施できない。というのも、労働者と資本の生産を支配するそれら集団が最も強大な力を持つからである。

Schmitter (1970) は、コーポラティズムを「単一性、義務的加入、非競争性、階統的秩序といった属性を持つ一定数のカテゴリーに組織された構成単位」であると定義した。つまり、「コーポラティズムとは、国家によって認可、承認、奨励された単一の利益集団が、時折、政策の形成と実行の際、社会の自らのセクターを代表し、政府と協同して活動する権利を享受する体制」を意味する (Wilson, 1990)。

この合意を保障するため政府には、経済的利益集団が、確立した階層的ネットワークによって組織されている必要があり、それにより、政府は主要な労働

者・経営者団体の代表者と取引することができる。

多元論者・コーポラティストという分類の他にも、多元論者・非多元論者両者のアプローチは同時に共存し得ると考える学者も存在する。Jardon（1993）によれば、「コーポラティズムについての既存文献を無視していたこの十年は有益ではなかった。これら文献は、現代社会研究の基礎として以外にも、注目に値するからである」。

したがって、政治学における利益集団分析には、多くのアプローチが存在すると言ってもよい。多元論とコーポラティズムは、利益集団分析という文脈において、最も有名なアプローチである。従来のネオコーポラティストと多元論者との間には大論争があったにもかかわらず、多くの現代政治学者がネオコーポラティストと多元論者の両アプローチの共存を無視すべきでないと考えている。その代わり、どのようなアプローチでも、共通の土台を見つけようとする意図を持って利益集団分析という文脈で分析されるべきである。

コーポラティズムと多元論に加え、われわれは国家一元論の概念を導入する。

2.3 国家一元論と利益集団

一部の学者によると、西洋社会での利益集団研究が、国家と市民社会との重大な結びつきを明らかにしたにもかかわらず、多元論者とコーポラティストの研究は、国家の概念を見落とし社会中心のままである。言い換えれば、両者ともに国家を方程式に組み込むことができていないのである。多元論者は、国家論にほとんど注意を払わず、主に代議政治論に力を注ぎ、その一方、コーポラティズムでは、全体としての一般的利益と国家についての理論が重大なミッシングリンクのままであった。仮に、利益集団政治という形態が、強力な国家に支配された政治形態において見られるなら、国家一元論はトルコの事例に対応する概念だろう。

Cox（1988）によれば、「国家一元論は、国家コーポラティズム、ネオコーポラティズム、多元論とは全く異なる。実際、国家一元論は国家コーポラティズムと多元論との間で揺らいでいる。国家一元論では、国家の程度と利益集団政治の形態との間には1対1の関係が存在する」。

Heper（1992a: 17）にとっては、「トルコでは、国家の程度がフランスなど他

の欧州諸国よりも大きいので、トルコの利益集団政治は、国家一元論のグループとみなすことができる」。

CoxやHeperの定義を基に、本章では、国家一元論の観点からトルコの利益集団政治を検討する。多元論、コーポラティズム、国家一元論の他にも、利益集団形成過程に多大な貢献をした、Olsonのイデオロギーにも言及することにする。さらに言えば、Olsonの理論は合理的で自己利益的な個人を動員する基本理由を決定するものである。

3　経済理論における利益集団——合理的選択論とOlson——

1970年代、公共選択の枠組み内で活動する経済学者は、政策過程における利益集団の政治的役割に関心を寄せていた。彼らは、新しい政治経済学の名のもとに、政治学・経済学の両研究を結びつけることの重要性を明らかにすると主張した（Mitchell and Munger (1991)、Moe (1986) 参照）。新しい政治経済学および公共選択の最も重要な理論の1つが**合理的選択論**であり、その最も有名な旗手が**Mancur Olson**であった。

合理的選択論は、例えば、「いかに政治的利益集団が経済的な政策作成に影響するのか」「誰の利益が圧力団体の活動において反映されるのか」「ある利益集団は政策作成により大きな影響力を持つため、他の利益集団よりも強力に主張するのだろうか」というようないくつかの重要な問題について検証しようとするものである。すでに強調したように、伝統的な政治学の見解の主な研究結果は、利益集団の存在は自然なものであり、その形成には関心を持たないというものであった。しかしながら、合理的選択における利益集団論は、各利益集団のロビー活動による産業保護を説明する試みであった。政治家は、こうした集団が政治的支援および／または金銭的報酬を提供できる限り、集団の諸利益のために活動する。一方、利益集団はメンバーの選好如何で、保護主義に賛成するまたは反対する場合がある。

Olsonの貢献

『集合行為論』での研究によれば、Olson (1965) は、個人が合理的な自己利益的行為をすると仮定した合理的選択のパラダイムに基づいて解釈を展開した。

そして、アクターによって起こされた行為だけでなく、それら行為の背景となる動機までも強調した。Olson (1965) は、次のように論ずる。「共通の利益のために個人を行為させる強制もしくは他の特別の工夫がないならば、合理的で利己的個人は、その共通の利益あるいは集団の利益を目指して行為しないであろう」。また、Olson は**選択的誘因**を次のように説明した。集団のメンバーには提供できるが、非メンバーには事実上与えられない便益であり、また、特定の報酬を提供し帰属費用を相殺する便益として説明した。例えば、Olson にとっては、労働組合は、労働者階級全体に対し、あるいは、ある特定産業の労働者に対して、その利点を説明することで何かを得られるわけでなく、集合的行為の一部分として選択的誘因を与えることでその目的は果たされるのである。

しかしながら、大規模集団に属する諸個人は、何らかの義務がなければ、彼らの所属する組織に資金や時間を提供することはない。つまり、ここで、**フリー・ライダー**問題が発生する。フリー・ライダーとは、一度ある集団が集合財から便益を得てしまえば、その便益は集団に属するあらゆる企業や個人はそれを自動的に得られる、というものである。大規模集団に属する諸個人が、集合的便益を得るためのロビー活動に組織される誘因を持たなければ、集団の参加理由は利他主義によって説明されることとなろう。

しかし、比較的小規模な集団では、諸個人は提供される選択的誘因の結果、大規模集団に比べ、容易に組織され、フリー・ライダー問題は解消する。クラブのようないくつかの組織も、メンバーのみの優待割引の保険契約や団体航空料金、その他私的財、統計的・技術的な出版物、法律相談、社交クラブ、講習会、そして他の集会の利用などという形で選択的誘因を提供する。小規模集団では、諸個人は自らの選択が他者の行動に影響することを考慮して戦略的に行動し、フリー・ライダー問題の囚人のジレンマが回避できる。例えば、フリー・ライダーを解消するために、小集団組織は議員に圧力をかけ、集団が非メンバーを集合的選択から除外することができるようにする。Olson はそのような小集団を**特権集団**と呼ぶ。特権集団は、おそらく、政治市場での成功にバラツキがあることで、政治結果を中位投票者から、特定政策へ強い選好を持つ決定的な少数者に有利なものへと変化させるだろう。

Olsonの利益集団理論への批判

Olsonはこれまで多く批判されてきた。

Stigler (1974) は、Olsonの選択的誘因の副産物理論を疑問視した[1]。Stiglerによれば、ある利益集団が、集合行為提供への追加負担を求めれば、このサービスのライバル的な提供者である別の利益集団が、集合行為を必要としないことを約束し、より安い負担で提供するだろう。競争市場で競合するあるライバル集団は、さらに費用を下げることで、利益集団の数を減らすこともできる。

Kimber (1993) もOlsonの見解に反対し、彼の基本的な議論は間違いだと主張した。Kimberにとっては、利益集団のメンバーシップが、個人の合理的かつ利己的な選択ではなく、集団への強制的な帰属による場合にのみ、集合財が提供されると仮定するのが間違いであった。Olsonのモデルに対する、また別の重要な批判はNorth (1981) が行った。Northからすれば、Olsonは、利益集団分析に国家を含めていなかった。Olsonは純粋な需要現象を考察し、政府の強力な役割については無視している。Northは国家論の展開に努め、その中で、所有のルールと所有権の点で政府に傑出した役割を与えた。

レント・シーキングの観点から、Tullockは、特に、次のように主張した。「Olsonは利益集団行動の理論を展開したが、彼はロビー活動の競争に伴う潜在的な多くの資源喪失には注目していない」(Tullock, 1993a: 50)。つまり、Olsonはレント・シーキングを議論していなかった。Tullockによれば、レント・シーキングもフリー・ライダー問題に直面する。「集団が大きければ、レント・シーカーはメンバーに選択的誘因を提供することで集合行為を強要できるので、レント・シーカーは、一般に不均等な政治影響力を発揮することとなる。一方、仮に、集団が小規模で、社会的な凝集力があれば、彼らは戦略的バーゲニングによってフリー・ライダー問題を克服する」(Tullock, 1993a: 51)。

公共選択論者は、特定集団の利己的な諸活動は一般に、メンバーを大きくしようとすることと均衡が保てなくなると主張する。保護主義的な関税を求める集団は、関税に反対の別の集団とは折り合おうとは思わない。それどころか、その反対集団は自らの立場から何らかの保護を受ける傾向にあるので、状況は

---

1) 利益集団は、私的財として流用できるサービスの場合、提供されたサービス費用以上の費用を請求することができるだろう。

改善するというより悪化するのである。

利益集団、ロビー活動そしてレント・シーキング

Olson（1982）は、ロビー活動のような一種の公共財が提供され得る3つの状況を明らかにしている。**第1に**、フリー・ライダー問題を、少なくとも部分的には克服し得る小規模な集団の場合である。この場合、政府は、小規模集団に有利な所得再分配ができる。例えば、傾斜産業（a concentrated industry）の企業を保護する関税は、しばしばロビー活動の結果として見ることができる。しかしながら、小規模集団の場合、ロビー活動の規模が、集団全体の利益を最大化させ得る規模よりも少なくなる傾向にある。いずれにせよ、政府による再分配の大半はおそらく、小規模集団から生まれるものではないだろう。

第2に、諸個人をロビー活動支持に強制できる組織の場合である。強制はおそらく、Tullockの例、すなわち、深い港を作るため、連邦政府に川を掘削させたタルサ（Tulsa）市民のロビー活動によって説明できよう。タルサ市民はこの運動に自発的に金銭的貢献をしようとはしなかったが、タルサの地方政府当局は、徴税権を行使して、連邦政府に対するロビー活動に資金を調達することができた。それでも、こうしたロビー活動の試みは、多くの地方政府の存在や、地域内での意見の多様性、そして地方政府間の人の移動などによって制約を受けるだろう。

第3に、本来私的財であるものを販売し、売り上げの一部をロビー活動の資金調達に使うことで資金を融通する組織の場合である。これがOlsonの圧力団体の「副産物」理論である。ロビー活動は、組織にとっての副産物であり、ロビー活動とは異なる別のサービスを提供する。労働組合やアメリカ医師会はこうして組織されたロビー集団の例である。

政治市場においてレントを求める最も重要なアクターは、政治家と有権者である。特に、公共選択の調査研究では、議員は政治市場で富の移転の仲介機能を提供する者としてモデル化されている。有権者は情報を持たず、時として無知なものとされている。

前節では、利益集団研究が、国家と社会の関係性を明らかにするものだと主張してきた。この議論を進展させるため、利益集団と国家の現象について、途

上国の国家構造を考察した政治学・経済学両面から検討した。特に、強力な国家という概念に支配された政治体制にある利益集団政治の形態は、トルコの国家一元論の概念に調和した。それにより、トルコでの利益集団形成ならびにロビー活動が議論の対象となり、公共選択という視点やレント・シーキングから理解されるようになる。次節では、トルコの貿易政策を検討し、利益集団の裁量的行動を分析することにする。

第4節　トルコの貿易政策における一元論的国家と利益集団の関係

　現代の公共選択理論の皮肉の1つは次のようなものだ。民主主義国家や専制（独裁）国家は公共選択の観点から考察されているが、官僚や軍が強い力を持っている一方で、議会のような主要な民主主義的制度が掌握しているような半民主主義的な国家についてはほとんど注目されなかった。公共選択理論は国家を中心とする公共選択の観点から、レントの創設や配分についての内生的な主体として、そして政治プロセスとして、国家それ自体を考慮することができなかった。

　公共選択のアプローチは、社会を中心とするアプローチをとる時、半民主主義のシステムにおける政策決定の力学に適用できないといえる。社会を中心とする枠組みから国家を中心とするアプローチに置き換えることができないならば、公共選択のアプローチは適切なものとはならないだろう。国家を中心とするアプローチによってのみ、半民主主義的な社会やその社会におけるレント・シーキング、利益集団、官僚、有権者、規制について研究することは意味を持つことになるだろう。習慣や文化などがそれらの国の政治システムや経済システムに影響を与えるので、国家と利益集団との相互作用もまたかなり異なってくる。

　さらに、われわれは次のように考える。先進民主主義国に関する社会を中心とする公共選択アプローチは、国家を中心とする公共選択アプローチという名称となって、発展途上の半民主主義国に関する分析の場合、修正されるだろう。Olsonの利益集団形成仮説やCoxの一元論的国家と利益集団とのアプローチの助けを借りて、この修正が行われるだろう。経済生活や政治生活の両方にお

いて合理的な個人として行動するというOlsonの基本的な仮定は、半民主主義国家の利益集団の形成を強調するために国家を中心とするアプローチと組み合わせることができるだろう。

　一国の民主主義を確立するために、国家と市民社会との間の調和のとれた関係をうまく築き上げなければならない。強力な国家の場合、多くの障害があるので、この調和のとれた関係を容易に手に入れることはできない。公務員は彼ら自身のために考案された移転を獲得しようと競い合うため、ロビー活動、贈収賄、官僚の汚職や金銭的な寄付はごくあたり前のものとなっている（Fischer, 1992参照）。そのことは、一国において政府の権限の大きさが、その社会で創り出されそして頻繁に行われているこのレント・シーキング活動に、かなりの影響を持つ理由となる。トルコは強力な国家の伝統があるため、民主主義を強固なものにすることに対して問題を持っていたし、依然として持っている。経済的集団や政治的集団に関して明らかにされていないならば、トルコにおける国家についての一元論的アプローチは、問題を引き延ばし深刻にすることになるだろう。

　われわれの目的は、レント・シーキングの観点からトルコの一元論的国家の構造と貿易政策の力学について理解するため、国家を中心とする公共選択アプローチをトルコのケースに適用することである。強力な国家と脆弱なビジネスグループとの関係を綿密に考察した後、憲法上制約するというBrennan and Buchanan（1980）の解決策について考察する。彼らはすべての政府は独占者のように行動すると仮定している。彼らによれば、政治の競争は政府の拡大しようとする欲望を制限することはできないが、（負債や税収の財源などに関する）憲法上の制約はこれを十分にうまく制限することができる。彼らはまた、軍や官僚が立法府よりもさらに強力であったとして、憲法は依然として国家権力を制限することができると述べている。

1　トルコにおける一元論的国家と利益集団との政治

　利益集団が国家を必要とすると多元論者は信じており、他方で、コーポラティストが強調していることは、国家は利益集団を、伝達のチャンネルとして利用するだけでなく、公共政策やその公共政策の実施に対する責任を形づくる

手段として利用することである。実際には、多くの民主主義国において、国家は利益を求めて争う戦いの場を提供するだけでなく、それらの利益を形づくる構造を提供する、多元主義的特徴とコーポラティックな特徴の両方を持っている。言い換えると、利益集団と国家は程度は異なるがお互いに影響を及ぼす。その結果、国家一元論は先進民主主義国ばかりではなく、半民主主義国にとってもいくらかの正当性を手に入れる。

民主主義のシステムと半民主主義のシステムの両方を考察する時、トルコは民主主義の範疇にも非民主主義の範疇にも属さないことがわかった。したがって、多くの場合、トルコは両方の範疇に多くの類似点を持っているが、その中間に位置している。利益集団と強力な国家との間に1対1の関係を持つオスマン帝国以降の長い伝統のため、利益集団の政治とレント・シーキングのプロセスの分析は国家一元論の観点から容易に理解することができる。この伝統はオスマン帝国から引き継いだ後、共和国の時代もまたこの強力な国家の伝統を築き上げた。この節では、オスマン帝国から共和国の時代を通して続いているトルコの国家の伝統について考察する。特に、トルコの貿易会社は1980年代からレント・シーキング活動の良い事例となるだろう。次の節で、国家一元論の観点からトルコの貿易政策について考察する。

オスマン帝国からトルコ共和国におけるトルコの一元論的な強力な国家と脆弱なビジネスグループとの伝統とその事例

オスマン帝国とトルコ共和国の時代、国家は伝統的に非常に強力であったし依然として強力なため、利益集団は経済の政策決定にほとんど影響力を持っていなかった。オスマン帝国の末期、民主主義はトルコ皇帝からのエリート官僚の自由として考えられていたが、トルコ共和国の時代には、民主主義は多数派の専制政治からの知的エリート官僚の自由としてみなされ、そのためエリート官僚はトルコにとって最善のことを決定することができた (Heper, 1991a)。

1299年から1918年の間、オスマン帝国の軍事指導者はより大きな権限を手に入れ、非常に強力な官僚を中心とするシステムを作り上げた。軍はオスマン帝国の樹立に主要な役割を演じたため、強力な国家の伝統はオスマン帝国の時代に植えつけられた (Heper, 1992a; Keyder, 1987)。その後、軍と文民官僚はトル

コ共和国の時代に中心的な役割を演じ続けた（Heper, 1992b, 1990a, 1990b, 1980, 1977, 1976）。Brown（1989: 399）によると、「軍と文民官僚は住民の少数派を代表していた時でさえ、彼らは政治システムならびに国家の後見人の職務を委ねられていた」。

1918年以降でさえも、後見人の職務の伝統を持つ**軍**は、さらに、文民支配の政権を容認している時にも直接の介入を行うために常に背後に隠れている（Heper, 1989）。エリート官僚は法の支配よりもむしろ軍の命令に従う人たちである。**政治家**もそしてまたすべての事柄においてとても無力であった。リベラルで民主的なエリートの大部分にとって、国家はドグマであり、議論することさえタブーなままであったことを知ることは非常に興味深い。彼らの多くは文書において権威主義には反対しているけれども、議論の中で、「しかし、トルコのケースは異なる」と述べることによって一元論的国家を結局は擁護することになる。やはり、**ビジネスグループ**もまたこの伝統に従っていたし、国家との関係において、彼らは「内部のグループ」というよりむしろ「部外者」のままであった（Heper, 1991b）。このような状況のもと、トルコのケースでは、軍や官僚ばかりでなく政治的エリートやビジネスグループまでもが私的利益を追求する合理的な個人によって成り立っていたと言うことができる。

1930年代における国家社会主義者の政策の採用後、ビジネスと専門職のメンバーが政治において新しいグループとして台頭した。その後、この新しいエリート集団は政治的官職に現れ、権力を簡単に譲ろうとしなかったので、文民官僚の中にかなりの敵意が醸成されていった。十分に発達していないビジネスグループと伝統的に強力なエリート官僚との間の対立の結果、この争いは1960年の軍事クーデターで終わった。しかしながら、1960年代に、この2つのグループの対話が進んでいったようで、官僚は新しい政治的エリートの正当性を受け入れた。この両者の関係は進展していたが、1971年に軍は再び政治的プロセスに介入した。この介入は間接的であった。そして、軍は実際に政府を乗っ取ることはなかったが、閣僚の組閣や政策の決定を綿密に操った。

経済活動では、軍と文民官僚は工業化の過程でビジネスグループが重要な役割を持つよう立案したので、輸入代替政策が1960年代と1970年代に受け入れられた。軍と文民官僚は国からの補助金やインセンティブに明白な影響力を

持った。しかしながら、軍と文民官僚は、資本形成に直接的に関与することによって、あるいは市場メカニズムの機能に間接的に干渉することによって、工業化の推進において中心的な役割を成し遂げ続けた。例えば、直接的な介入として、公共部門はその期間において固定資本形成の半分を超えており、最も重要なことに、国営企業は工業生産において大きな貢献をしていた。間接的な介入として、「重い保護関税、貿易に対する量的規制、インフレが加速化している状況下での固定為替相場、農産品のための価格支持制度や国営企業の製品に対する価格の上限設定」があった（Onis, 1992: 87）。

　国家が経済を統制したため、民間部門は当然経済発展につながるよう、自らの力で成長することも成熟期を迎えることもできなかった。特に、実業家やその代表者は、円滑な関係を進展させるため政府の高級官僚と直接的な関係を築くことで、しばしば利益集団を無視した（Bugra, 1991）。実業家たちは、軍や官僚によって選択された特定の政策が、リスクやストライキなどを減らすように彼らの利益に対して大きなプラスの効果を持つことを知っていた。

　1980年代には、たとえ国家の中心的な役割が官僚と軍から政治家やビジネスグループに次第にシフトしていったとしても、輸出促進政策の時期に、軍や官僚の姿勢によって古い伝統がすぐに呼び起こされた。この姿勢となる主な理由は、まず第1に、権力や威信に基づいていた軍と官僚との間の政治的安定である。彼らにとって、たとえ民主主義の名のもとでも、これらの特権を放棄することはばかげたことであった。第2に、民間部門において政府の役人との個人的関係は依然として重要であった。そのため「利益集団」という言葉が十分に理解されていなかった。

トルコにおけるレント・シーキングの創設

　産業ビジネスグループは、単一の、非競争的な、義務的な、階層的に規定されそして機能的に区分された一定数の範疇の中に組織されているので、民間産業部門の代表者でさえこの強力な国家の伝統の一部であると主張され、なぜそのシステムが機能するかを理解することは難しいことではない（Demirbas, 1998a, 1998b を参照）。

　民間ビジネスは強い政府の保護のもとで発展し、長期的な存立可能性のため

に国家の補助金に大きく依存していたので、この依存性が後に依存型の民間部門を創り出した。その結果、2つのことが明らかになった。「**第1に**、市場の機能に対する広範囲にわたる規制の枠組みや直接的なコントロールが存在すること。それは、『レント・シーキング』の広がりを促す。**第2に**、トルコの経済発展の将来の道筋に関する長期的な見通しの欠如。それは、民間ビジネスが次第に近視眼的なアプローチを採用することを助長し、あからさまな短期的バイアスを持つ投資に集中することを助長した」(Onis, 1992: 88)。

当然、この歴史的な伝統が広がることによって、ビジネスグループは国家に対してより理解のある態度を見せるようになった。ビジネスグループは強力な国家の存在に気づいていたし、見解を求められた時、実業家が何か非合法なことをしていない時でさえも、国家がそれを選択するならば実業家を押しつぶすかもしれないという考えを、トルコ商工業者組合（Turkish Businessmen's and Industrialists' Association）は表明した。

したがって、われわれが利益集団の形成の議論に戻る時、たとえトルコの工業部門の利益集団の活動がコーポラティストのモデルと多元主義のモデルの両方に似ているとしても、トルコの状況はこれら両方の形態とは異なっており、しかし国家一元論であることを、トルコの強力な国家の伝統から今もなお知ることになる。

1980年代は特に重要であった。なぜなら、国家社会主義から自由経済への転換が試みられたからである。輸入代替戦略から輸出指向戦略に代わり、その結果、経済の国際化が進展している（Rustow, 1985）。現実には、1980年代の間、トルコにおいて国家と利益集団の関係は、多元主義とコーポラティズムの両方が欠如する中で、国家一元論を示し続けてきた。そして、政府は対外貿易企業のようなある利益集団と密接な関係があるように思えた。

対外貿易企業（FTC）は、トルコにおける利益集団の実態がどのように理解されているか、そして官僚や軍人との繋がりは何であったのかを示す実例である。特に、対外貿易企業は国家一元論のトルコ版としての良い実例である。

実例：1980年代における対外貿易企業

トルコにおけるレント・シーキングの活動が貿易にほとんど集中し、そのた

め貿易政策はいくつかの特定の利益集団を保護するための道具として使われていたと言える。

　1980年代において、トルコでは、広範な一連の自由主義の政策改革が社会的そして政治的統一を成し遂げるために国家のエリートによって立案された結果、輸入代替戦略から輸出指向政策へ方針の転換があった。1980年代には、国家と利益集団との関係は国家一元論の伝統に従い続け、国家は利益集団に対してより多くの自由裁量権を持つようになった。例えば、1983年に、Turgut Ozal首相と彼のチームは経済において自由なイデオロギーに従おうとしたが、最も重要な経済的決定は文民官僚、議会、政党や特に他の利益集団に意見を求めることなしに行われた。ある特種なケースでは、権力を握る政府は自由主義の時代をスタートすることを意図し、1つの利益集団、対外貿易企業の創設に手を貸した。

　実際、対外貿易企業の設立は、強力な国家の伝統と利益集団との国家一元論的関係の証であった。新しい法律の明らかなねらいは、かなり輸出に集約した部門を作り出すことであった。その輸出部門は特に市場取引において規模の経済を利用する立場にあり、したがって、国際市場で成功を収めることができる一定数の大規模な企業に基盤をおいていた（Ilkin, 1991）。対外貿易企業に対するトルコ政府の法律に述べられていたことは、これらの企業が、例えば輸出戻し税、そして為替相場の連続的な減価、輸出信用に補助金を与える権利の入手、輸出に必要な投入物を輸入する際の免税といった輸出促進策への適格者になるということであった（Milanovic, 1986）。しかしながら、東アジアの経験が対外貿易企業の設立に関する法律に非常に影響を及ぼしていたけれども、特にトルコのケースでは、これらの対外貿易企業は国家に依存し続けたままであった。1981～87年の総輸出に占める対外貿易企業のシェアは表5.1の通りである。

　特別のインセンティブの結果として、約25～30の企業が主に国内市場に照準を合わせた大規模な持ち株会社と固有の結びつきをもち続けた。さらに、これらの企業は着実にトルコの輸出におけるシェアを伸ばし、1980年代の後半にはトルコの輸出のほぼ50％を占めた（Arslan et al., 1990; Akder, 1987; Harrison et al., 1993参照）。

表5.1 総輸出に占める対外貿易企業の
シェア―1981～1987年―

年	対外貿易企業のシェア（％）
1981	13.6
1982	18.4
1983	28.6
1984	45.7
1985	49.7
1986	44.1
1987	26.3

出所：トルコ貿易協会（Turkish Foreign Trade Association）

レント・シーキングとしての過剰な送り状の作成

しかしながら、対外貿易企業に基盤を置く輸出指向工業化のモデルは自由経済を創設するという目標とは明らかに矛盾している。対外貿易企業は輸出戻し税の追加を競っていたので、対外貿易企業の創設はレント・シーキングの最も明白な形態を表している、いわゆる「架空の輸出」[2]を促進した（Onis, 1991）。特に、1980年代後半には、「過剰な送り状の作成」あるいは「架空の輸出」が深刻な問題として明らかになり、輸出主導成長戦略の短期的成功と長期的な実行可能性の両方に関する深刻な疑念が生じた。送り状を過剰に作成することが著しい頻度で行われていたことはおおむね1987年に明らかになったが、この年は輸出戻し税が再開されたことによって特徴づけられる。トルコ政府は規制が強く介入主義の特徴を持つにもかかわらず、対外貿易企業を統制することはほとんどなかったこともまた興味深い。過剰な送り状の作成がどのくらい行われたかについて、表5.2に示している。

要するに、両方の政策レジーム、輸入代替工業化（1960～1979年）と輸出促進政策（1980年以降）のもとでのレント・シーキングの存在が、トルコのパラドックスを説明する。つまり、トルコ政府には補助金の供与の見返りに民間企業を統制する能力が欠けていたことである。1960～1990年には、トルコ政府

---

2) 架空の輸出は、会社が実際には行っていなかった船積み書類に基づく輸出に対する戻し税を請求することを意味する。

表5.2　OECD諸国へのトルコの輸出と過剰な送り状の規模
—1980〜1987年（10億トルコ・リラ、%）—

年	トルコのデータ （10億トルコ・リラ）	OECDのデータ （10億トルコ・リラ）	過剰な送り状 の規模（%）
1980	1,634	1,789	− 8.0
1981	2,282	2,239	1.9
1982	2,576	2,328	10.7
1983	2,771	2,461	12.6
1984	3,172	2,903	27.9
1985	4,084	3,773	8.3
1986	4,311	4,578	− 5.8
1987	2,349	1,535	53.0

出所：Rodrik（1988）。OECD Monthly Bulletin of Foreign Trade Statistics and Devlet Istatistik Enstitusu Aylik Dis Ticaret Istatistikléri Bulteni（Cesitli Sayilar）による。

は輸入代替や輸出指向の制度のもとで民間部門にかなりのインセンティブを与えていた（Onis, 1991）。自由経済の時代に必然的に生じた利権の大きさは、1980年以前のものより大きいと主張することさえできる。

2　トルコの貿易政策の簡潔な歴史

　貿易政策に関して、トルコは過去40年間に3つの主要な構造調整プログラムを、つまり、1960年、1970年、そして1980年に実施した。これらのプログラムはトルコの経済および政治の歴史的転換点である。1950年代の初期、農産品を基本とする輸出指向の方向へかなりのバイアスがあった。1960年代の初めになると、輸出指向政策から第1次輸入代替政策に替わった。しかしながら、この政策は1970年代までしか続かなかった。軍、官僚やビジネスグループが輸入代替を選択して以降、内向き指向の政策が次の10年の間より精力的に行われるようになったことを強調することもまた興味深い。1970〜1980年にかけて、第2次輸入代替が実施された。またもやこの輸入代替政策は1980年に終わった。その年は政府が輸入自由化プログラムを実行することを決定した年であった。それ以降、貿易政策はより外向き指向となったが、レント・シーキング活動は決してなくならなかった。

1960年、1970年そして1980年の構造調整プログラムもまた、政治体制の大きな転換とつながりがあったし、そして、これらのプログラムの実行は軍事クーデターと時を同じくして起こった。さらに、国家社会主義者の政策は、1960～1980年の間の輸入代替政策とともに、トルコの保護貿易主義の伝統を強めた。したがって、トルコの保護政策の構造は、レント・シーカーとしてみなすことができる大きな特権を持つ企業・産業の経済的特徴と国家の保護との間の関係を立証することによって説明される。この結論もまた、強力な組織力と政治力を持つと思われる非常にまとまった産業はまとまりが少ない産業よりもより保護されているというOlsonの仮説を立証する（Amelung, 1991）。

　本節において、主に2つの期間、(i) 1960～1980年の3つの利益集団からなる輸入代替政策、(ii) 1980年以降の国家を中心とする公共選択の視点からの輸出自由化政策について考察する。トルコの国家の構造は伝統的に非常に強力なものであり国家一元論的なものであるが、1980年以降の自由化の試みと輸出促進政策についてかなり修正された国家を中心とするアプローチを用いて、公共選択の視点から考察することができると依然として考えられる。

　利益集団は、レント・シーキングに対してだけでなく政治家、軍、ビジネスクラス、官僚、そして国民の重要な活動に対する実質的な見通しを与え、方法論的な発展をもたらした。レント・シーキング、国家を中心とする公共選択アプローチを貿易政策の実行に関わるトルコの圧力集団、そして輸入代替から貿易自由化への推移に適用する時、次のことがわかるだろう。軍、官僚、政治家、ビジネスグループや外国の債権者のような利益集団はトルコでのレント・シーキングを創設する場合に権限と責任を持っている。

1960～1980年——輸入代替政策と主要なレント・シーキング利益集団——

　この節でトルコの3つの主要な利益集団とその利益集団がレント・シーキングの創設に及ぼした影響について考察する。強力な利益集団として受け入れられている官僚と軍、そして脆弱な利益集団として認識されているビジネスグループがある。

官　僚

　トルコにおいて、官僚は3つの部門からなる。中央官僚、地方の行政官と国家経済企業（SEEs）の管理者である。1950年以前、官僚は共和人民党（RPP）と軍によって圧倒的な力を持っていた。1950年代では民主党（DP）がより自由主義の政策を適用しようと試みたが、その結果は公共部門の（実質的な）給料の減少に終わった。もちろん、この力の低下は官僚や軍には理解されていなかった。1960年の軍事クーデターによって、共和人民党、軍と官僚との間の旧式な連合は、以前のようにかつての自由裁量権を復活させた。より重要なことに、官僚の中心的な役割は憲法によって定められていた。加えて、国家計画機構（SPO）が創設され、投資の決定に多くの自由裁量権が与えられていた。要するに、中央官僚は割当や所得分配の決定に影響を与える立場にあった。

　特に、官僚は輸入代替政策を支持した。その理由は、輸入代替政策が政策立案における官僚の重要な立場を強調したからである。加えて、この輸入代替政策はまた官僚によって運営される国有企業の設立のための新しい機会を作り出した。官僚は輸入代替工業化に次の3つの理由から賛成であった。(i) 国家経済企業への多くの金融資本の割当、(ii) 官僚の給料の増加、(iii) 計画や政策立案における中央官僚の政治的な自由裁量権の保証。例えば、1971年の軍事介入以降、軍人はテクノクラート、国家経済企業の管理者や官僚からなる暫定政府を設立した。その結果、官僚は開発戦略の作成に積極的に参加した。重工業が優先されて以降、それは重工業が国家によって保有されている部門だったからであるが、輸入代替工業化の拡大は、国家経済企業の責任と各々を計画した官僚の責任の拡大を意味した。したがって、官僚は第2次輸入代替を支持するロビー活動を展開した。

軍

　トルコにおいて軍は1960年、1971年と1980年に次の2つの理由で政治システムや経済システムに介入した。それは、政治プロセスにおいて彼らの独立性を守ることと軍の経済的福祉を守ることであった。国家社会主義者の時代には軍と官僚は強力な連合を形成した。しかしながら、民主党が1950年代に権力を握った時、より自由主義の資本家が出現した結果として、この軍と官僚と

の連合は力を失い始めた。民主党が高級官僚の福祉を増加させるのではなく実業家（そして貿易業者）に優遇措置を与えた時、軍は1960年に介入した。軍事クーデターがビジネスグループや官僚のような小さな集団を強化したので、内向き指向の政策の方向への動きが強くなった。

1961年に軍人共済基金（OYAK）が設立された。軍人共済基金の目的の1つは、経済的地位を確保することであった。この組織は役人のための住宅融資、厚生施設、年金に資金を供給する年金基金として当初立案された。その資金は役人の給与に10%課金することから得られた。その後、この制度とその機能は輸入代替工業化の傘のもとで保護され、そして機械、輸送機器、化学製品の生産や観光事業を特色とする大規模産業に移っていった。その結果、軍人は輸入代替政策の促進に間接的に関わっていた。

1960年代の終わり頃、トルコにおいて輸入代替政策のための軍と官僚の広範な連合はその輸入代替政策を続けた。しかしながら、トルコは外貨不足や深刻なストライキのため経済成長が減速した。1971年には、ストライキの数を減らし外貨不足をなくすといったいくつかの経済問題を解決するために、既存の政党システムや議会がそのままの状態で維持されていたにもかかわらず、軍は再び権力を握った。その結果、大規模なグループ、特に労働組合はこのクーデターによってそれほど深刻な影響を受けなかったが、重要な政府機能は高級官僚が引き継ぐこととなった。

他方で、軍人共済基金は拡大し、そして輸出指向産業より輸入代替を優先することで大規模な持ち株会社になった。経済と政治の両方において強力な力を持っていたので、1971年のクーデターは軍人の地位を守り、輸入代替政策を維持するための軍の企てとして部分的に説明することができる。

ビジネスグループ

1950年から1970年の間、民間ビジネスの主な広報担当者はトルコ商工会議所（UCT）だった。異なる政府の財源から引き出された積立金からなる出資金によって、トルコ商工会議所は予算の50%を賄っていた。実は、この非常に中央集権化された組織はオスマン帝国の時代に起源を持つ。

第二次世界大戦の間、過度な規制と闇市場が機能していた結果、民間部門は

経済力を手に入れ始めた。1950年代の終わりに、国内のビジネスグループを発展させる意図を持って輸入代替政策が用いられた。当初、ビジネスグループは満足していなかったとしても、内向き指向の政策への大きな反対はなかった (Amelung, 1991)。立案された輸入代替が実施された後、輸入割当は次第に限定的となっていった。加えて、資本財や投入財を輸入するために外国為替が利用できることに関心のあったビジネスグループは、第2次輸入代替に向かう動きを支援した。この間、この動きは1971年に介入した軍によって支持された。これらの企業は資本財や投入財の生産を実現し、貿易障壁を通じて各輸入品を削減することを支持するロビー活動に成功した。その結果、小規模な企業、労働組合や官僚は、第2次輸入代替政策のためのロビー活動を順調に続けた。その輸入代替政策は1971年以降実施された。1973年に、経済危機が政治的不安定に付随して起こるやいなや、政府と官僚の両方が経済をコントロールできなくなった。その結果、スタグフレーション、倒産や失業が経済の中心的な問題となった。いくつかの大規模産業は次第に輸入代替を見限り、経済自由化政策を目論んだ。しかしながら、この経済自由化は軍が政権を握った1980年に終わった。軍事クーデターの前まで、民主的な政府は外国の債権者によって提唱された貿易自由化計画を実行することができなかった。クーデターのため、労働組合のような大きなグループと小さなビジネスグループの両方が、議会の代表者に由来する権力を失った。その結果、貿易自由化の支持者は比較的強くなっていった。そのような貿易自由化プログラムの実行もまた外国の債権者によって取り入れられた新たな戦略によるものであった。

1980年以降──輸出促進政策──

　政治的エリートと官僚エリートとの間の関係、およびビジネスグループとの彼らエリートの結びつきは、政策決定の点からある種の安定をそのシステムの中に常にもたらした。自由化政策はレント創出やレント・シーキングの行為を完全に取り除くことはなかった。これらの3つのグループは1980年の自由化政策以降でさえも特有の国家一元論的な関係を継続させた。

官　僚

　1980年代の主要な特徴は、官僚の持つ経済的な影響力の低下であり、その時代は経済システムを再構築する重要なプロセスが進行中であった。

　官僚の大部分は輸入代替工業化を支持していたが、ごく少数のテクノクラートは輸出指向戦略を支持した。実際、テクノクラートのほとんどが官僚から政権の中へと入っていった。言い換えると、政治の世界には彼らにとって政治的に前途有望な出世の機会があった。加えて、彼らの運命は貿易自由化を支持する外国の債権者によって決定されていた。さらに、テクノクラートのほとんどはTurgut Ozal首相によって直接任命された。ようやく、1970年代の終わりごろ、官僚は経済システムに直接関与するようになった。高級官僚はすでに公務員互助協会（MEYAK）と呼ばれる年金基金を設立しており、それは大規模な持ち株会社に信用貸付を行った。その結果、テクノクラートは当初、貿易自由化の方向へ行動した。

　1980年代には、政府の中のテクノクラートが一連の輸出促進策を導入した。輸出収益を増大させるため、輸出業者が純輸出収益の50％を保持できる外貨保有スキームと、間接税の埋め合わせをするための輸出戻し税が拡張されることになっていた（Milanovic, 1986）。

　奨励・実施局（TUB）はその輸出促進策の実施とモニタリングを支援した。輸出促進策に関して、データがTUBに集まらなかった唯一の分野は、中央銀行によって払われた輸出業者に対する戻し税に関連する。ただし、輸出戻し税の権利はTUBによって発効された証明書によって与えられていた。輸出インセンティブを供与することは輸出インセンティブ証明書の発行と結びついていた。輸出業者は輸出をした後、証明書をTUBに申請するように言われており、それに基づいて、優先的な信用貸付、（投入財の輸入のための）外貨の割当や輸出戻し税を受け取った。

軍

　1970年代では、軍と政党の結びつきは必ずしも強いものではなかった。しかしながら、1980年代に、自らの利益を追求するグループとして活動する軍は2つの理由で輸入補助金を政府に働きかけ始めた。**第1**の理由は、国の軍

需産業の開発を促進しようとする企てであり、**第2**は、トルコの2番目に大きな産業の持ち株会社である軍人共済基金の存在を通して、経済的な立場を獲得しようとする企てであった。

1980年の政治的不安定性を理由として、軍は再び政権を握った。1971年と同様に、1980年の軍事クーデターは法と秩序を回復するためだけではなく、軍の経済的そして社会的名声を守るための企てと結びつけられた。民族自決のほかにだけでなく、経済政策に関して言うと、軍はまたストライキを禁止しテロ行為を阻止した。軍が所有する会社が輸入代替の生産にかなり従事していたため、軍自体は貿易自由化に非常に大きな関心を持っていたことは明らかだった（Amelung, 1991）。

ビジネスグループ

前に述べたように、1980年代初期のトルコの重要な制度的革新は対外貿易企業の設立であった。あらかじめ指定された輸出目標を超えた企業が輸出戻し税の資格を有することを、対外貿易企業法は明確に述べていた。実際、輸出戻し税は1989年の初めに結局は廃止されるまで、輸出促進のための重要な手段として設けられたものであった（Togan, 1993; Somersan, 1989; Uysal, 1989; Onis, 1992 参照）。

Onis（1992）によると、トルコの貿易政策は、補助金、輸出戻し税や他の輸出促進策に関連する政令を頻繁に変更することによって、エリート官僚によって立案され実行された。ビジネス部門はまた非常に分裂した組織でもあった。さらに、民間ビジネスと官僚の関係が、首尾一貫した長期的戦略を立案したり実行することを妨げた。

第5節 結　　論

本章において、トルコの利益集団の政治とそれに付随するレント・シーキングの過程を国家一元論の観点から考察した[3]。国家一元論とみなすことによっ

---

3) この主題に対していくつかの批判がある。例えば、政治学者であるBianchi（1984）はトルコの制度的構造はコーポラティズムに基礎を置いていたと主張している。

て、トルコが発展途上国にとって、国家を中心とする公共選択の見解を展開するための、非常によい実例となることを示唆している。ここで主張してきたことは、社会を中心とする公共選択は国家を中心とする公共選択とは異なることであった。その結果、両者のグループのレント・シーキングも同様に異なってくるだろう。前者は、民主的な政府と強力な利益集団を持つ国々にあてはめることができるが、後者は、国家が支配的であり経済生活や政治生活の両方を取りまとめる政府の役割が継続している、半民主主義的な国家あるいは非民主主義国家に用いることができる。国家についてのBrennanとBuchananのモデルでは、政府は独裁者のように行動し有権者は"合理的に無知"であるため、国民は国家に対してほとんどすべてをコントロールすることができない。多くの発展途上国において、国家は権力をもち国民はそれを変える機会をほとんど持っていないこともまた事実である。Brennan and Buchanan（1980）はLeviathanの政府モデルの中で、次のように主張した。政府の拡大を制限するための唯一の解決策は憲法上の制約を課すことである。なぜなら、貨幣の創造や債務のようないくつかの政策手段が政府の掌中にあると、極度に危険になるからである。権力の乱用をコントロールするために、憲法は発展途上国の国民にセーフガードを提供する。言い換えると、たとえ有権者が合理的に無知であるとしても、憲法で規定された手段によって、発達した多元的社会において政府をコントロールすることが可能かもしれない。しかし、社会が多元的な利益集団と政府との関係という伝統に基礎を置くのではなく、むしろ半民主主義的な国の非常に強力な国家の伝統に基礎を置いているならば、国家をコントロールすることはどのくらい可能性があるのだろうか。あるいは、国家が憲法で規定されたシステムをコントロールするならば、そのメカニズムを制御する手段を考案することがどのくらい可能なのだろうか。

第6章

立法の利益集団理論とトルコの貿易政策

> 富の移転を『供給』する人は、その富の喪失を阻止するのに、どれほどのコストがかかるかをわからない者たちである。　　R. D. Tollison（1990: 18）

第1節　イントロダクション

　第5章では、トルコの通商法の制定化について説明するために、民主的社会と半民主的社会の国家と、利益集団の関係を理論的に論じた。そこで、次に、本章では、立法化の経済理論の規範的な側面ではなく実証的な側面に焦点をあてたい。言い換えれば、ここで検討される問題は、所与の法律が「良い」か「悪い」かではなく、その法律がなぜ成立したかである。利益集団の富の移転を求めるロビー活動を検証可能な経済モデルで明らかにするために、法律の制定される数に強い影響を与える「需要と供給」の諸要素について考察する。

　立法の利益集団理論は、いまだ深化並びに拡張している分野である。この分野で発表されたほとんどすべての研究は、アメリカの立法制度に基づいているが、それはヨーロッパや発展途上国の立法制度とは全く異なっている。半民主主義国家の1つのトルコ国家は一元的な構造をしている。それゆえ、トルコの立法制度下の、「供給関数と需要関数」は、アメリカのそれとも非民主主義国のそれとも異なるであろう。Tullock（1993a）によると、アメリカの立法制度に基づいて展開された立法の利益集団理論は、わずかな修正を加えるだけで、世界中の民主主義国に応用することができる。彼はさらに踏み込んで、このような修正が時にはアメリカを分析する上でも必要となると主張している。アメリカは、この分野で実証的な研究をする上で、とりわけ便利な地域である。なぜなら、アメリカは自国をさらに50の州に分割することができ、そのうちの48州が互いに隣接しているからである。各州の立法機関は、かなり類似しているが、全く同じではない。われわれの目的は、Tullockに続いて、立法の利

益集団理論を半民主主義国に応用することである。そのために、われわれはまず、代議制民主主義における立法の利益集団理論を考察し、先行研究を簡単に検討する。その過程で、代議制民主主義における政府の利益集団理論から導かれる立法の「需要・供給」モデルを明らかにする。続いて、立法の利益集団理論を発展途上国、とりわけ半民主主義国家としてのトルコに適用する。われわれは、トルコの民主主義制度の事例が、たとえアメリカと著しく異なっているとしても、立法の利益集団理論がトルコの数多くの重大な問題に光をあて得ることを明らかにする。

第2節　代議制民主主義における立法の利益集団理論

　政治学者は、長年、立法府が民主主義社会の重要な機関であると認識してきたが、経済学者は、1960年代の初めまで、ほとんどこの問題を無視してきた。しかし、今や、立法の利益集団理論は、経済学者に立法過程の重要性を気づかせたことの象徴であると広く認識されている。公共選択論の文献においては、Arrow の『社会的選択と個人的評価』(1962年)、Downs の『民主主義の経済理論』(1957年)、Riker の『政治的連携の理論』(1962年)、Niskanen の『官僚制と代議政治』(1971年)が立法の利益集団理論への基礎的な文献と考えられている。

　公共選択論の研究者から見ると、規制の厳しい経済においては、利益集団、すなわち政府による富の移転を求める人々の活動が、公共政策の結果に強い影響を与える。富の移転獲得競争における利益集団の行動は、政府の行動に多種の経験的予測を与えてくれる。こうした競争は、ほとんどの場合、ある種の政治的「均衡」に帰結する。そして、その競争では、社会の一部の集団が他者の負担で利益を得て、他方で、規制当局や立法府の議員が自らに対する政治的な支持を最大化するというモデルに帰着する。したがって、立法の利益集団理論は、立法制度の起源や富の移転計画における議員の役割と関連するのである (Tollison, 1982)。立法の利益集団理論は、経済レントを内生的に決定されるものと捉えて、利益集団の行動について検証可能な解釈を数多く導き出している。多くの研究において、規制当局、立法府の議員および企業はレント・シーカー

とみなされており、レント自体は内生的に決定されるものとされている。これまでにも、立法の利益集団理論を扱う論文は数多く著されてきた。最もよく知られたものに、Stigler (1971, 1976)、Peltzman (1976)、Crain and Tollison (1976)、Crain (1977)、McCormick and Tollison (1978)、Shughart et al. (1986)、Appelbaum and Katz (1987) などがある。

特に、Stigler (1976) は、政治参加者を種々の制度的制約に直面する効用最大化主体と捉え、利益集団の要求に応じて立法府の大きさが決まるモデルを構築した。Crain (1977) は、代議制政治のカルテル的な側面を強調したモデルを用いて、選挙による政治家の交代を分析した。McCormick and Tollison(1978) は、立法府の議員の報酬について研究した。彼らの分析では、議員報酬の額の大きさは、それを決めるのが議員たち自身なのか、それとも有権者なのかに依存すると仮定された。McCormick and Tollison (1981) は、Stiglerの研究を利用して、利益集団が求める立法サービスのモデルを展開した。彼らは、レント・シーキングを、弱い利益集団から立法府の議員や規制当局への資源の移転と定義した。さらに彼らは、立法が富の移転と同義であり、政治家は富の移転の仲介者であるという原理に基づいて立法行為の理論を考察した。その結果、彼らは、立法府の大きさが利益集団のレント獲得能力を左右することを見出した上で、立法サービスの供給サイドの分析に焦点を移した。

Rowley, Shughart and Tollison (1987) も同様に、特定の利益集団が自分たちへの富の移転を「需要」すると主張した。有権者は、経済的な組織化が効果的にできないため、そのような富の移転を「供給」することになるのである。政治家は、その需要と供給の政治市場を均衡させるが、その時、彼らは、自分たちの限界的な便益と限界的な費用とを一致させつつ、期待される富と期待される票とで、様々にウェイトづけされた自分たちの個人的な効用を最大化しているのである。

政府の規模が拡大していく状況の中で、Shughart and Tollison (1986) は、市民が自分たちの富を増やす政府という機関を用いる上での、その便益と費用とが、政府の立法の産出量と政府の規模の伸びを決めることになると考えた。このモデルでは、各議員は自分の選挙区を精査し、富の移転の本物の需要者である集団と本物の供給者である集団を割り出し、自分を支援してくれる政治的

多数派を最大化するような立法議案（富の移転の程度とパターン）を作り上げるのである。彼らは、立法府の大きさが、意思決定の費用に強い影響を及ぼすため重要であることを強調した。同様の影響は、二院制からも生じるかもしれない。立法府の制度的特性は、立法行為を説明する上で決定的に重要である。Austin-Smith（1987）やCongleton（1989）は、同じように、特定の利益集団の政治献金が、選挙結果やひいては政策に与え得る影響を形式化した。その上で、選挙運動のメッセージに説得力があり、かつ潜在的な資金提供者が不均質に分布しているような場合には、候補者には、献金を増やす手段として、政治方針を変えるインセンティブが働くことを説明した。

Becker（1983, 1985）は、同じように、政治的影響力を求めて競い合う圧力団体に関するモデルを展開した。彼は、税として徴収される金額と補助金として利用できる金額とが一致するモデルを想定した。それは、競い合う政治的な影響力が全体としては相殺されゼロとなることを意味している。そして、各集団は、クールノー＝ナッシュ的な行動を通じてその成員の所得を最大化する。政治的均衡は、各団体の政治的な圧力形成の効率性、課税される集団に対する圧力団体の大きさ、および税と補助金の社会的費用の関数とみなされた。効率性を高める諸政策は一般的に支持を得る可能性が高い。これらすべての研究の土台となっているのは、富の移転（規制、立法、およびその他の移転）に対する需要とその供給が互いに一致するという、「市場」的現象である。

次項では、代議制民主主義の立法市場について、より詳細に分析する。

1　立法に対する需要と供給

Tollison（1990: 17）によると、**立法に対する需要**は基本的な原理によって決まる。すなわち、「立法を通じて1ドルの便益を得るために1ドル未満の費用で団体を組織することのできる集団が法律の有効な需要者となるのである」。この原理が、集団形成と集団行動のダイナミズムに関する新たな議論の端緒となった。それは集団行動の副産物としての「集合行為論」である。Olson（1965）の『集合行為論』では、選択的誘因とフリー・ライダーとの問題が集団形成のダイナミズムを決定する。利益集団は独占的なやり方でサービスの価格づけを行って、ロビー活動の資金を集めることができる。Stiglerもまた以下

のように示唆している。「ある『産業』において、企業の規模、生産物および利益が多様であることが、その産業での集団行為をより効果的なものにする傾向がある」(Stigler, 1974: 359)。実際、どのような理由で集団の組織化が企図されるにせよ、ある特定の法律に対するロビー活動は、その活動の副産物として、相対的に安価な費用で集団の組織化を生み出すことになる。それゆえ、企業は、ロビー活動の目的に利用され得る組織の一例といえる。したがって、「利益集団」という用語は、法案の賛否を求めるロビー活動をするどのような組織形態であっても、それを用いる組織に関わる。

　立法に対する需要とは対照的に、立法の供給は政府の利益集団理論において、需要曲線の裏返しである。立法の供給も同様に、ある原理に基づき、次のようなものである。すなわち、「富の移転を『供給』する人は、その富の喪失を阻止するのに、どれほどのコストがかかるかをわからない者たちである」(Tollison, 1990: 18)。言い換えると、1ドルの収奪を阻止するのに、彼らは1ドル以上の費用負担になるということである。この立法の供給の説明は、個人への政治的な活動の費用が潜在的な利益を上回ることを示唆している。立法の供給者は、それゆえ、社会において、組織化されていない、あるいは相対的に組織化の程度が低い人々とされる。

　政治家、官僚、および他の政治アクターは立法の**需給過程を動かす**当事者たちである。したがって彼らは、立法の需要者と供給者を結びつける仲介者とみなすことができる。つまり、彼らは、法律ないし富の移転を最も強く求めている人々を、それに最も抵抗しない人々と結びつけようとするのである。とりわけ、仲介者は、高度に組織化され団結した集団の利益となる法案の調整に注力する。このような集団の成員に案分される利益は大きいが、それを負担しているのは組織化せずばらばらに存在する人々である。彼ら費用負担者は、富の移転や立法行為の資金を賄うために、幾ばくか課税されるのである。均衡では、政治的仲介者は立法の需要者と供給者を効率的に結びつける。法案が「過剰に」成立すれば、一部の有権者は、集団を組織し、次の選挙で自分たちの利益とならない仲介者を落選させることが費用効率的であると認識するであろう。法案が「過少に」しか成立しなければ、彼ら仲介者はロビー集団から十分な支持や献金を受けることができず、再選されないであろう。それゆえ、政治的仲

介者は立法研究の中心となるのである。政治的仲介者によって決定される立法の生産関数は、法案成立率に対して一定の影響力を持つ。こうした理由から、この生産関数は、それ自体が立法の供給に関する研究の不可欠な一部なのである。他方、立法行為の理論は、立法に対する需要の理論を一般化して、なぜ法律が長い期間にわたって存続するのかを説明する。ここで強調されなければならないのは、仲介者によるこうした富の移転が、一定の情報コストと取引コストの存在のもとで考察されなければならない。このようなコストがなければ、個人が積極的に富を手放すことは決してないであろう。正の情報コストと取引コストが存在する時には、一部の集団は、組織化することで、他よりも低いコストで情報を獲得し得るであろう。そして、各集団の間にあるこうした違いが、富の再分配の需要と供給を生み出すであろう。この市場では、誰が勝者であるかは容易にわかるが、それに対して敗者は機会費用の意味においてのみ損失を被っている可能性がある。例えば、彼らは、規制緩和の利益を予測するのが難しいことに気づくことで、コストをかけて規制緩和を実現しようとはしないかもしれないのである。

2 立法行為の均衡

本項では、われわれはまず代議制民主主義の「市場」についてより詳細に議論し、のちにここでの議論をトルコのケースに合わせて修正する。

McCormick and Tollison (1981) のモデルでは、富の移転「市場」が定義されている。そうすることで、彼らは「市場」的現象について詳細に説明しようとした。市場において、富の移転の供給と需要（規制、立法、およびその他の移転）は、利益集団による圧力を受けて、立法府の議員によって互いに結びつけられる。このようにして、あり得べき政治的均衡が実現し得るのである。彼らの着想に続いて、立法の利益集団理論を検証するため、より確かな証拠を得ようとする試みが数多くなされてきた。

3 いくつかの実証的証拠

政府の利益集団理論に関する文献では、法律の「生産」は誘導型アプローチで検証される。いくつかの研究では、立法の需給を取り巻く諸問題を説明する

ために「誘導型」が用いられている（Crain, 1977; McCormick and Tollison, 1981; Shughart and Tollison, 1986; Tollison, 1990 などを参照せよ）。

　Tollison（1990: 22）によると、誘導型は次のようなことを意味する。すなわち、「立法府の議員による生産過程の諸状況、例えば立法府の大きさなどは、立法、富の移転、および規制を供給する基礎となる事実を反映する人口や所得といった政治的・経済的環境の諸状況と同時に考察されるべきである」。さらに、立法の供給曲線の傾きは、有権者が集団を組織する費用に依存するが、他方で、立法の供給曲線の位置は、あらゆる立法過程の技術的表現によって決まる。Tollison（1990）はアメリカの立法制度をモデル化した。周知のように、アメリカは、代議制民主主義の制度によって統治されており、2つの運営単位、すなわち、下院と上院を有する。Tollisonのモデルでは、立法府の大きさ（*SIZE*）、下院議員の多数派（*MAJ*）、および上院議員に対する下院議員の比率（*RATIO*）などの諸状況は、立法の供給の背後にある事実を反映する政治的・経済的環境の諸状況、例えば人口（*POP*）や所得（*INC*）と合わせて考察される。それに対して、同業者団体の数（*ASSOC*）は、立法数を明らかにすることを目的として需要サイドと関連づけられている。

$$L = f(POP, INC, SIZE, ASSOC, RATIO, MAJ) \quad (6.1)$$

ここで、*L* は会期ごとに成立した法案の数である。*POP* は人口、*INC* は実質所得、*ASSOC* は同業者団体の数、*SIZE* は立法府の大きさ、*RATIO* はアメリカにおける上院議員の人数に対する下院議員の人数の比率、そして *MAJ* はアメリカの立法府における多数派の大きさである。実際には、Tollison 以前に、Crain（1977）がすでに理論を提示し、*RATIO* の影響に関する立法の生産関数を推定している。

　1981年に、McCormick と Tollison は、アメリカで州ごとに規制、富の移転、および立法に違いがあることを説明するために、富の交換における需要者と供給者のマッチングにおいて立法府の議員がどのような役割を果たすかを分析した。彼らは、ロビー活動の費用と利益集団の立法活動との関係を明らかにすべく、数多くの法案について詳細に調べた。従属変数として、1973年から1974年の会期中に各州議会が制定した法案の数を用い、*INCOME*、*POPULATION*、*RATIO*、および *SIZE*（符号はマイナス）などのいくつかの変数が、州

ごとの法律制定の結果を説明すると結論づけた。McCormick and Tollison (1981) は以下のモデルを数パターン推定している。

$$BE = f(h/s, MAJ, INC, h + s/COMM, h + s, RTEN, POP, Y/POP)$$
(6.2)

ここで、BE は成立した法案の数、h/s は上院議員の人数に対する下院議員の人数の比率、MAJ は議会の多数派の大きさ、INC は州の歳入、$h + s/COMM$ は下院議員、上院議員および両院合同委員会メンバーの合計に対する下院議員と上院議員の合計の比率、$RTEN$ は下院の任期を上院の任期で割ったもの、POP は人口、Y/POP は州の1人あたり所得である。彼らは h/s について、非常に強い負の効果があることを見出した。彼らは、利益集団が政治過程を利用してレントを獲得し、保持し続けようとする活動は、立法府が小さいほど行われる傾向があるという議論を支持している。

第3節　発展途上国における立法の利益集団理論

多くの研究は西側の先進民主主義諸国に焦点をあててきたが、残念ながら、半民主主義国での制限的な法律の制定がもたらす主要な効果についてはほとんど考察されてこなかった。立法は政治的・官僚的な過程であるから、生産者や他の利益集団が、レント・シーキングにおける自分たちの取り分を拡大するために、規制当局に対して少なからず圧力をかけ得ると仮定するのが賢明であろう。Kimenyi が述べているように、発展途上国においては、「レント・シーキングが政府内部でどの程度成功裏に実施されるかは、おそらくプリンシパル・エージェント関係によって決まるが、それは、政治制度が指導者に課す制約に依存している」(Kimenyi, 1987: 189)。なぜなら、半民主主義社会あるいは非民主主義社会の政治家は、民主主義国の政治家とは異なる制約に直面しているからである。そのため、利益集団に関連するレント・シーキングの本質も、民主主義国においてとは著しく異なるのである。

ここで強調されなければならないのは、極端なケース、とりわけ、官僚的・権威主義的なケースでは、圧力団体アプローチはまったく応用することができないことである。こうした閉鎖的な権威主義的制度においては、官僚的な中央

統制が支配的となり、そのため、公共財の供給水準は、福祉志向的な市民の需要ではなく、供給側である官僚的な政治制度によって決まる。その理由は、「多元的な民主主義国においては、**個々の部局**ごとに予算が最大化されるが、官僚的・権威主義的な国では、**政府全体が大規模な予算を持った1つの部局のように行動する**」(Findlay and Wellisz, 1984: 97) ためである。発展途上国の大部分は、やや権威主義的な半民主主義国だと仮定すれば、若干の修正を加えることで、立法の利益集団理論を発展途上国に応用することができるかもしれない。

よく知られているように、発展途上国の経済政策に共通する特徴は、経済への政府介入の程度が高いことである。「ほとんどの途上国では、政治家、政策立案者、官僚が実質的に経済政策を統制している」(Wellisz and Findlay, 1984: 142)。こうした政策は、所有権を再編成することを通じて、ある集団から別の集団に規制者が利益を移転することを可能にする。とりわけ、発展途上国においては、人口の大多数がほとんど利益を得ていないにもかかわらず、公務員、軍人、および政治家のような小さな集団が、きわめて高い生活水準という利益を享受している。これらの高度に組織化された利益集団の間でレントを分け合うための確立した原理は、これらの利益集団の間に存在する制度上の安定性を維持すると主張されている (Kimenyi and Mbaku, 1993)。その結果として、発展途上国における政府規制の効果が先進諸国のそれとは大きく異なるとしても、高度に組織化された官僚、企業集団、および組織化されていない有権者などを分析するための共通の基盤は、やはりあると考えられる。

こうした国々における政府の経済介入の最も重要な例の1つは、保護主義者の貿易政策が実施されることである。Wellisz and Findlay (1984) は、発展途上国にとっての保護貿易の理論を展開した。大多数の発展途上国において、製造業に対する保護の水準は非常に高い。「大半の発展途上国では、なぜ保護の水準がそのように高いのか」、そして、「保護を得ようとして資源が利用されることが経済全体にもたらす費用とは何なのか」という問いに答えるために、彼らは、ロビー活動の費用と便益の観点からロビー活動の均衡について検討した。

しかしながら、よく知られているように、発展途上国において、保護貿易は主要な慣行であり、利益集団のロビー活動は貿易政策の決定に強い影響力を持

つ。とりわけ、多くの発展途上国では、行政官僚と軍官僚が強いが、政府は「弱い」、つまり利益集団からの圧力を受けやすい。このような理由から、これらの国々の貿易制度は歪められ、「恩恵の追及」が絶えずはびこるのである。

Wellisz and Findlay (1984) は、理論の検討にあたって、容認されているロビー活動 (q) に発展途上国の政府がルール (r) を課した場合に、結果的にもたらされる「贈与」に対する受取り手の評価 (z) を以下のように表した。

$$z = (1 - r)^* q \quad (6.3)$$

ここで、$0 \leq r \leq 1$ である。r の値が大きければ大きいほど、q と z の差は大きくなる。$r = 0$ であれば、贈与は受取り手にとって現金以外のものでも現金でも無差別となる。$r = 1/2$ であれば、受取り手はロビー活動にかかった費用の半分の価値として贈与を評価する。$r = 1$ であり、したがって、すべての q に対して $z = 0$ となる場合には、費用をかけたにもかかわらず、贈与は受取り手にとって無価値となる。

第4節　トルコにおける保護貿易を伴うロビー活動の均衡

トルコは発展途上国に分類されるが、純粋な官僚主義的権威主義国家にも多元的民主主義システムの国にも分類されない。実際、第5章で論じたように、トルコは半民主主義国である。トルコの歴史では、革命による軍事介入によって、官僚的な中央統制が支配する国家が建設された。しかしながら、長い年月をかけて、多くの民主主義的な制度が徐々に発展し始めた。こうして花開いた民主主義的な制度のうち、半民主主義的なトルコの政治市場の安定性さえ、高度にあるいは緩やかに組織化された利益集団によるレント・シーキング活動の結果であると考えられている。しかし、たとえ半民主主義的な構造をした政治制度であっても、幾分かはこれらの利益集団が社会で支配的になるのを防ぐ役割を果たしているのである。利益集団で分け合う取り分に変化が生じた場合、いったん新しい分配の原理が確立すると、新たにレント・シーキングの均衡も実現し、再び安定性がもたらされる。その結果、最も大きなレントを生み出す部門、例えば、国内の製造業者と輸入業者のいずれにもレント・シーキングの機会を提供する外国貿易部門に立法が集中する傾向がある（Kimenyi and Mbaku,

1993)。したがって、これらの特定の部門の利益となる経済法の制定は、(たとえ、こうした法律の制定が経済的効率性を低下させる場合であっても) トルコにおいて、行政官僚・軍官僚および企業集団の間に存在する一意均衡を保つ有効な方法とみなされ得るのである。

トルコの場合、政治市場に3種類の利益集団が存在する。本節の目的は、トルコにおける政治的競争の影響について、制限的な通商法の観点から研究することである。このような通商法の制定を通じて、軍官僚・行政官僚および政治家は、給与外所得やその他の特権の形で様々な利益を獲得する。また、同じように、企業集団（製造業者と輸入業者）は、立法を求めるロビー活動を行って、このような通商法から種々の利益を獲得するのである。貿易制度は、国家、企業集団、および政治家が連携して決定していく。立法府の議員と官僚の「生産関数」は、彼ら自身の「選好」を反映しているが、その選好は、イデオロギー、支配的な集団の自己利益、国際的な義務などからなる。このような理由から、ロビー活動に対する支出が独立変数として生産関数に含められ、有権者の選好が生産関数に反映されると仮定するのである。

トルコの貿易制度のもとで、たとえ保護主義がこれまで重要な手段であった、あるいは現在でも重要な手段であるとしても、トルコの半民主主義的構造の帰結として通商法の「市場」を見出すことはできるであろう。立法の利益集団理論に基づけば、貿易に関連する一企業あるいは一部門に長期間にわたって利益をもたらす法律、政令および行政決議の制定は、通商法に対する需要とその供給に影響を及ぼす諸要素に依存する。企業集団は、制限的な通商法の制定から利益を得ることからロビー集団といえる。企業集団は、政府や官僚に対してロビー活動を行う。彼らは潜在的な勝者である。なぜなら、ロビー活動の結果獲得した富の移転によって自分たちの利益を増やす機会をより多く持つことになるからである。彼らはフリー・ライダー問題を克服する可能性が高いため、法律の制定による保護を需要する。企業集団は政治家と官僚から手厚く保護されている。政治家や官僚は伝統的に重要な役割を果たしているのである（一元的国家の伝統の結果として）。こうした理由から、企業集団は市場に保護の需要者として参加するが、他方で有権者は自由貿易を支持する。多くの半民主主義国と同様に、トルコでは、自由貿易志向のロビーを形成し、その政策化する費用は、

保護志向のロビーを形成し、その政策化する費用を優に上回る。Olson（1965）が主張するように、他の条件を一定とすると、ロビーを形成する費用はその構成員の人数の増加関数である。その集団が大きければ大きいほど、そのコミュニケーションの費用は大きくなる。その上、集団の規模が大きくなるにつれて、フリー・ライダー問題はより深刻になる。ここで言う、大きく、かつ組織化されていない集団の成員とは有権者や立法の供給者のことである。他方、政治家と官僚は富の仲介者として行動し、弱い集団から高度に組織された集団へと富を移転するのである。

均衡において、有権者、政治家・官僚および企業集団によるそれぞれの選択の結果は、互いに調和している。この状況で、官僚は自分たちの予算を最大化することに関心を持つ。そして、政治家に圧力をかけ、大きな予算がより多くの票につながると説得することで、より多くの予算を獲得しようとする。他方、有権者は、自分たちの所得に間接・直接の影響を及ぼすような問題でなければ、自分たちが投票している問題についてよくわかっていないものである。それゆえ、彼らは自分たちの厚生水準を保証する政治家に投票する。企業集団は、市場の需要サイドで、立法に対するロビー活動（政治的運動）を通じて、自分たちの要望を表明する。政治家・官僚が富の仲介者として行動し、弱い集団から高度に組織された集団へと富を移転するため、貿易政策におけるレント・シーキングの均衡は制限的な通商法の制定を通じて確立する。この通商法は、一部の特定産業を規制するために政府が作った機関によって運用される諸規則からなっている。こうした関係は、Appelbaum and Katz（1986）の影響を受けたモデルにおいて、よりはっきりと見ることができる。

彼らのモデルには3つの集団が存在する。すなわち、有権者、企業集団、および仲介者（官僚・立法府議員の集団）の3つである。

1　モデルの理論的背景

有　権　者

立法府の議員に対する有権者の支持は、議員の政策が生み出す有権者の厚生、w の変化に基づいている。議員に対する有権者の支持は、支持確率関数 β の形で表される。トルコの場合、自由貿易は有権者の厚生を増加させるが、それ

に対して政治家と官僚によって実施される保護主義的政策は企業集団の利益を高めると考えられる。それゆえ、ロビー活動の結果として保護主義的政策が実現し、それが企業集団の厚生を高めることになるのである。

$$\beta = \hat{\beta}(w), \quad \hat{\beta}'(w) \geq 0 \qquad (6.4)$$

ここで、w は政治家による政策の結果生じた有権者の厚生の変化の金銭的評価である。政治家の決定は、有権者への富の移転（$w > 0$）という結果になるかもしれないし、あるいは有権者からの富の移転（$w < 0$）という結果になるかもしれない。有権者の集団は、非常に多くの個人で構成されていると仮定する。組織化の費用が高く、かつフリー・ライダー問題が存在するため、彼らは容易には集団を組織することができず、政治家に影響を及ぼす積極的な役割を果たすことがないのである。

企業集団

政治家・官僚の貿易政策の結果、分割不可能なレント S が生み出されると仮定しよう。このレントを企業は競って追求するであろう。分析を単純化するため、われわれはこのレントが企業の他の活動から独立しており、他の市場に影響を及ぼさないと仮定する。このレントを手にするために、各企業は資源を費やして自らがレントを勝ち取る可能性を高めようとする。

まず、以下のように仮定しよう。すなわち、企業がレント・シーキングに費やした単位支出の一定の比率（$1 - \alpha$）は、社会的な意味で浪費される（例えば、広告、ロビー活動など）。ここで、$0 \leq \alpha \leq 1$ である。また、この支出の一部である浪費 α は様々な形で政治家・官僚に届けられるであろう（これらの中には、政治献金、恩恵を受ける企業や産業における将来的な雇用、現金および現金以外の形での直接的な支払い、財務上の助言や情報提供などが含まれるであろう）。

したがって、企業がレント・シーキングに費やした金額を x_i とすると、$(1 - \alpha) x_i$ が社会的浪費となる。それに対して、αx_i は立法府の議員に対する富の移転を意味する。議員の行動に影響を及ぼすのは、（社会的に浪費される部分も含めた）総レントではなく、議員に移転される実際の金額に限られる。それゆえ、企業 i がレントを勝ち取る確率 P_i は、企業 i から立法府議員に届けられる金額（αx_i）の増加関数であり、同時に、他のすべての企業から立法府議員に

届けられる金額（$\alpha \bar{x}$）の減少関数とみなされる。そのため、$P_i = P_i(\alpha x_1, \alpha x_2, \cdots \alpha x_n)$ となる。ここで、n は企業数を表す。具体的には、Tullock（1980a）に従えば、その確率は以下のように与えられる。

$$P_i = \frac{\alpha x_i}{[(n-1)\alpha \bar{x} + \alpha x_i]} = \frac{x_i}{(n-1)\bar{x} + x_i} \quad (6.5)$$

ただし、$\bar{x}$ は他のすべての企業がレント・シーキングに費やす金額の平均である。ここで、企業はレントを所与の報酬とみなすと仮定する。したがって、クールノー＝ナッシュ的な行動と期待利潤の最大化を仮定すると、各企業は以下の問題を解くことになる。

$$Max \pi_i = P_i(S - x_i) + (1 - P_i)(- x_i) \quad (6.6)$$

これは、式（6.5）を用いて以下のように表すことができる。

$$Max \frac{S x_i}{(n-1)\bar{x} + x_i} - x_i \quad (6.7)$$

この式の1階の条件は以下の通りである。

$$\frac{\partial \pi_i}{\partial x_i} = \frac{S(n-1)\bar{x}}{[(n-1)\bar{x} + x_i]^2} - 1 = 0 \quad (6.8)$$

対称性の仮定より、すべての企業が同じように行動するため、均衡においては $x_i = \bar{x} = x$ がすべての i について成り立つ。この対称性条件を式（6.8）に代入し、x について解くと、以下の式を求めることができる。

$$x = \frac{S(n-1)}{n^2} \quad (6.9)$$

それゆえ、企業数を所与とすると、企業によってロビー活動に費やされる金額の総額は以下のようになる。

$$R = nx = \frac{S(n-1)}{n} \quad (6.10)$$

そのうち $(1-\alpha)\dfrac{S(n-1)}{n}$ は社会的に浪費され、$\alpha S(n-1)/n$ が立法府の議員への総移転額となる。この総移転額の決定に企業集団の数と輸入量は非常に重要な役割を果たしている。企業集団の数が増えると、各企業への総移転額は、企業間の激しい競争の結果、小さくなるであろう。同じように、輸入に占める各企業のシェアが高まると、貿易制限的な通商法がより多く制定される

ようになり、企業はその恩恵を受けるであろう。こうした富の移転の結果、官僚と政治家の所得は高まるであろう。言い換えれば、$\alpha S(n-1)/n = f(I)$ となるのである。

仲介者（政治家と官僚）

仲介者の目的は自らの利益を最大化することである。それゆえ、彼らの行動は、企業集団の行動と同じように、善意ではなく利己心に動機づけられると考えることができる。

仲介者の給与を $BWSB$ とし、他の職業で得られる給与の機会費用を B としよう。この時、リスク中立性を仮定すると、彼らの期待効用は以下のように表される。

$$E(U) = \hat{\beta}(w)(BWSB + \alpha R) + [1 - \hat{\beta}(w)]B \quad (6.11)$$

ここで、R は式（6.10）で与えられ、$\hat{\beta}(w)$ は有権者の厚生関数、そして、S は消費者からレント・シーキング競争を制した企業に移転されたレントである。それゆえ、

$$w = -S < 0 \quad (6.12)$$

これは、有権者の行動が、確率関数（6.5）によって表されるような政治的な支持を通じて立法府の議員と官僚の期待効用に影響を及ぼすこと、そして、企業の行動もまた、富の移転 αR を通じて直接的に $E(U)$ に影響を及ぼすことを示している。われわれは $BWSB - B + \alpha R \geq 0$ と仮定している。そうしないと、$E(U) < B$ となり、したがって、議員・官僚であることの機会費用が高くなってしまうからである。このような条件があるため、議員であることが選好されるのである。

自らの期待効用を最大化するために、仲介者はレント S によって与えられる政策を選ぶ。それによって、制約条件（6.4）、（6.10）および（6.12）のもとで式（6.11）が最大化される。言い換えれば、仲介者は、先導者として振る舞い、有権者と企業の反応関数を考慮に入れて、最適な政策 S を選択するのである。

仲介者が期待効用を最大化すると仮定すると、クーン=タッカー条件は以下のようになる。

$$\frac{\partial E(U)}{\partial S} = \beta'(s)[BWSB - B + \alpha\frac{(n-1)}{n}S] + \beta(S)\alpha\frac{(n-1)}{n} \leq 0 \leq S \quad (6.13)$$

ここで、

$$\frac{\partial E(U)}{\partial S} \leq 0 \leq S \quad (6.14)$$

は以下のことを意味する。

$$\frac{\partial E(U)}{\partial S} \leq 0, \ S \geq 0, \ \text{or} \ \frac{\partial E(U)}{\partial S}, \ S = 0 \quad (6.15)$$

さらに、われわれは次のように定義する。

$$\beta(S) = \hat{\beta}(w), \ (\hat{\beta} < 0) \quad (6.16)$$

式 (6.13) の第1項は、S の限界費用を表し、政治的支持の低下による規制当局の期待所得の減少を意味する。第2項は S の限界便益を表し、企業のレント・シーキング活動の活発化による仲介者の期待所得の増加を意味する。仲介者が選択する最適な政策によって、この2つの効果は等しくなる。

確率関数の弾力性が以下のように定義されると、

$$\delta = \frac{\partial \beta S}{\partial S \beta} > 0 \ \text{if} \ S > 0 \quad (6.17)$$

1階の条件は次のように表すことができる。

$$\frac{\alpha(n-1)}{n} - \delta[BWSB - B + \frac{\alpha(n-1)S}{n}] \leq 0 \leq S \quad (6.18)$$

弾力性 β が可変的であれば、立法府の議員は、β 関数の弾力的な部分ないし非弾力的な部分に基づいて、政策 S を選ぶであろう。このモデルから、$BWSB$ の増加がレントを減少させる一方で、B の増加はレントを増加させることがわかる。$BWSB - B > 0$ であれば、最適解は確率関数の非弾力的な部分に基づいて決まるはずだが、他方、$BWSB - B < 0$ であれば、弾力的な部分に基づいて決まるであろう。このことは、β 関数がどの部分においても弾力的で、$BWSB > B$ であれば、政治家・官僚にとって最適なのは $S = 0$ となる場合であることを意味する。この場合、合理的であるとは次のようなことをいう。すなわち、有権者が自分たちから富が移転されることに対して非常に強く

反応するのであれば、そして、立法府の議員であることによって、そうでない場合よりも高い給料が得られるのであれば、議員たちは自分の職を危険にさらすようなまねはしないであろう、ということである。

2 モデルの実証への応用

　われわれはこれから、Appelbaum and Katz（1986）の誘導型アプローチに修正を加えたものをトルコの通商法立法制度に応用して、単純なモデルの推定を行う。このモデルでは、有権者は供給サイドに、企業集団は需要サイドにおり、立法府の議員がこれらの供給者と需要者を結びつけると考えられている。したがって、トルコの立法府議員の**生産過程**（政府の規模（GY）や官僚・政治家の給与（$BWSB$）など）は、（人口（POP）や有権者数（VOT/POP）といった）**政治的・経済的環境**を浮かび上がらせるであろう。なぜなら、こうした政治的・経済的環境には、トルコの通商法立法制度における**立法の供給**、富の移転、および規制の背後にある事実（例えば、製造業における民間企業数（N）や輸入（I））が反映されているからである。立法の供給曲線の傾きは、有権者が集団を組織する費用によって決まるが、それに対して、立法の供給曲線の位置はあらゆる立法過程の「技術的熟練」に依存する。所与の供給曲線は、技術的熟練の程度に応じてシフトするであろう。いくつかの変数（例えば、輸入（I）や民間企業の数（N））は立法に対する需要をコントロールする制御変数である。

　仲介者の期待効用およびこれらの供給関数と需要関数に基づいて、われわれはこの最も単純な形のモデルについて考察し、誘導型の形で推定することができる。

$$R = f(BWSB, GY, N, I, VOTP, POP) \qquad (6.19)$$

ここで、R は制限的な通商法が制定された数を表す。$BWSB$ は、官僚と政治家の給与が政府予算に占める割合である。GY は政府の規模、N は製造業における民間企業数、I は企業集団による輸入、$VOTP$ は総人口に対する有権者の比率、そして POP は人口である。

第5節 実証分析

1 データ

　モデルを検証するためには、立法に関する内生的な情報が必要となる。われわれが用いたデータは、一企業あるいは一部門の利益のために、貿易制限を作り、維持し、それに修正を加えるような法律、政令、および行政決議が年間で成立した数である。従属変数は1960～1990年の期間に対応している。データは**公式資料**から収集した。データ・セットに含まれている立法数は、その後援者が誰であるか——一般的には企業である——がはっきりと特定されたものである。政府系の非営利組織の利益となるような立法や国際協定の順守を求める外国政府の働きかけによって実現した立法については無視した。以上の他に、確認できる後援者はいないものの、少数の生産物に関連する立法がこの一連のデータ・セットに加えられている。こうした調整を行うと、貿易制限的な立法の数は、研究対象とした1960～1990年の期間ではおよそ3,000であった。

　われわれは、予算に対する官僚の給与（$BWSB$）が、立法数に影響を与えるという意味で、非常に重要な変数であると考える。官僚の給与が増えれば、立法数は減少するとわれわれは予想している。なぜなら、外部所得を得るための機会費用が小さくなるからである。それに対して、彼らの給与が低くなると、立法数は増加するであろう。それは、彼らが自分たちの厚生水準を維持するために、一部の利益集団を利する法律を制定するからである。それゆえ、この基本的な関係は負の符号を示す。

　政府の規模（GY）は制御変数として選択した（Murrell, 1987を参照せよ）。われわれは、政府の規模が大きくなると、高級官僚がより多くの職員を抱えられるようになると予測している。大きな予算を監視することは難しいため、職員の配置のためにより多くの所得が配分されるであろう。これもまた、さらなるレント・シーキング（縁故採用、汚職など）を生むであろう。それに加えて、政府の規模は、利益集団がレントを獲得する能力に影響を及ぼす。もし政府の規模が十分に大きければ、利益集団は、自分たちの希望を叶える機会が増すため、ロビー活動を活発化させるであろう。

製造業における民間企業数（N）は立法に対する需要を決定する。なぜなら、企業数が増えればより多くのレント・シーカーが存在するようになるからである。そして、より多くのレント・シーカーが現れると、それはレントを獲得しようとする各企業のシェアがより小さくなることを意味する（Becker, 1983: 371 を参照せよ）。それゆえ、われわれは、立法数と製造業における民間企業数との間には負の関係があると予想している。

　ここで、輸入を表す変数（I）がレント・シーキング活動の説明変数として用いられているのは、この変数も政府の保護主義的な貿易制度を反映しているからである。政府は輸入割当や関税を用いて民間の製造業を保護した。過去40年の間、トルコは、1960年から1979年にかけては輸入代替政策を経験し、国内の製造業が利用する中間財や資本財をかなりの程度外国に依存していた。それゆえ、数年を除けば、1960年から1990年までの間、トルコは非常に大きな貿易赤字を計上していた。多くの産業が輸入財に依存しており、またレント・シーキング活動の大部分が統制を通じて生み出されているため、輸入が多ければ多いほど、要求される貿易制限の数は多くなるのである。こうした理由から、係数の符号はプラスであると予想される。

　立法の経済理論の観点から見ると、有権者は立法、規制、および富の移転の供給者であると同時に需要者でもある。彼らは組織化される場合もあるし、されない場合もある。有権者は、組織化されなければ、立法の主たる供給者となるであろう。有権者が十分に、あるいはある程度まで組織化され、かつあまりに多くの法案が成立するような場合には、彼らは次の選挙でその政治家たちを選出しないであろう。

　しかしながら、公共選択論の観点から見ると、有権者は近視眼的できわめて無知な集団と分類されている（Olson, 1982）。その結果、彼らは制限的な通商法の主たる供給者となるのである。この観点からは、人口に対する有権者の比率を表す変数（$VOTP$）は、制限的な通商法が制定される数と正の関係を持つことが予想される。有権者が多ければ、それだけ多くの者が、政治家によるさらなるレント・シーキングの創出を支援することになるであろう。なぜなら、利益集団は、自分たちに有利な法案が成立する可能性がより高くなれば、その見返りとして、様々なコストを払って政治家への投票を促すからである。

われわれは変数の中に人口（POP）も含めることによって、人口が多いほど立法等の供給者が多く存在し、富を移転するコストが低くなることを示した。

われわれがこのモデルを用いて行おうとしていることは、レント・シーキングとトルコの主要な利益集団との関係についての検証可能なモデルを示すことである。とりわけ、われわれは、通商法の制定において、蔓延するレント・シーキングの原因を示す証拠が存在するのか否かを検証したいと考えている。われわれの仮説は次のようなものである。すなわち、1980年の輸出促進政策以降でさえ、レント・シーキングは継続して生み出されたが、輸入代替政策を実施していた期間（1960～1979年）には、1979年以降の期間を上回るレント・シーキング活動が行われたというものである。こうしたレント・シーキングの創出は、主に制限的な通商法の制定という形をとった。

推定されるモデルは以下のようになる。

$$R_i = \alpha_0 + \alpha_1 BWSB_t + \alpha_2 GY_t + \alpha_3 N_t + \alpha_4 I_t + \alpha_5 VOTP_t + \alpha_6 POP_t + \varepsilon_t \tag{6.20}$$

変数は企業数、人口、有権者の人数であるから、対数をとる必要はないであろう。

変数の表記は以下の通りである。

α_0：切片。

R：各年に制定された制限的な通商法の数、公式資料、1960～1990より。

$BWSB$：官僚・政治家の給与が予算に占める割合、財政統計年鑑、1960～1990より。

GY：政府の規模（政府支出/GDP）、財政統計年鑑、1960～1990より。

N：製造業者の数（1960～1990年）、SPI（国家計画局）、1960～1990より。

I：輸入、国際金融統計、1960～1990より。

$VOTP$：当該期間において、立法府の議員に対する投票数の対人口比、SPI、1960～1990より。

POP：人口、国際金融統計、1960～1990より。

ε：残差。

2 方法論——共和分分析——

このセクションでは、われわれの仮説、すなわちトルコで1960～1990年の間に行われた制限的な通商法の制定が利益集団の理論によって説明できるとする仮説の検定を行う。時系列分析の方法論とその特性については、すでに第4章で説明したのでここでは繰り返さない。われわれの主な目的は、時系列データを用いて、立法の利益集団理論をトルコに応用し、半民主主義国であるトルコにこの理論があてはまるかどうかを確認することである。この作業は、制限的な通商法が制定される数とその他の諸変数とが共和分関係にないとする帰無仮説を検定することによって行われる。この仮説を検定するために、われわれは最初にEngle-Granger (E-G) の2段階アプローチを用い、その後、ARDLアプローチを利用してE-G 2段階アプローチから得た結論を確認する。

2.1 Engle-Granger

標準的な回帰分析ではデータ系列が定常性を満たすことが求められるため、まず第1段階として、各変数の和分次数を決定しなければならない。そこで、われわれは単位根検定を行う。表6.1はADF検定の結果である。

表6.1 和分次数のADF検定

変数	レベル		1階階差		和分次数
	ADF	CV	ADF	CV	
R_t	−2.20 (0)	−2.97	−6.12 (0)	−2.97	$I(1)$
$BWSB_t$	−2.68 (0)	−2.97	−5.02 (0)	−2.97	$I(1)$
GY_t	−1.70 (0)	−2.97	−9.77 (0)	−2.97	$I(1)$
N_t	−0.26 (0)	−2.97	−5.68 (0)	−2.97	$I(1)$
I_t	−1.52 (0)	−2.97	−9.37 (0)	−2.97	$I(1)$
$VOTP_t$	−0.51 (0)	−2.97	−5.54 (0)	−2.97	$I(1)$
POP_t	−0.30 (1)	−3.56	−4.83 (0)	−3.59	$I(1)$

CVは臨界値を意味する。括弧内はAICによって選択されたラグの数[1]。

---

1) 表6.1は、レベルと1階階差をとった場合において、すべての変数についてのDF/ADFテストから計算されたt値を示している。レベルの場合、データが非定常であるとする帰無仮説はどの系列についても棄却されていない。したがって、すべての系列はレベルにおいて非定常である。

表6.1からわかるように、1階階差をとった場合にすべての変数が定常性を満たしている。それゆえ、われわれは以下のように結論づけた。すなわち、すべての変数は1次で和分されると考えられるため、それらの間に長期関係、言い換えれば共和分関係があるか否かの検定に進むことができるということである。このことを踏まえれば、表6.3に示したように、われわれはいまやEngle-Granger共和分検定の第1段階推計を行うことができるのである。

Engle-Granger 第 1 段階（長期）検定

すべての変数が$I(1)$であるため、われわれはいまやモデルを推定し、長期均衡関係の存在を検定することができる。この関係は各変数が共和分関係にある場合にのみ存在する。

表6.2からわかるように、われわれはすべての変数の符号が予想された通りであることを確認した。レント・シーキングの代理変数である制定された通商法の数は、官僚と政治家の給与、政府の規模、企業集団の数、輸入、有権者の人口比、および人口によって説明される。このモデルでは、政治家と官僚は仲介者である。彼らは自分たちの給与と予算規模を最大化する。それに対して、企業集団は立法を需要する。彼らは自分たちの利潤を最大化する。そして最後に、有権者は立法の供給者である。彼らは自分たちの厚生を最大化しようとする。検定によって、われわれは、$BWSB$とNについては負の符号となること、そして、GY、I、$VOTP$、およびPOPについては正の符号となることを確認した。これらの結果は、トルコにおける立法の利益集団理論を支持している。

表6.2は、また、立法モデルに共和分関係があることも示している。それは、ADF検定のt値が5%の有意水準でとったADFの臨界値よりも絶対値でみて高いことからわかる。このことは次のようなことを意味する。すなわち、誤差項についての残差ベースのADF検定の検定統計量は、5%の有意水準で共和分関係がないとする帰無仮説を棄却し、変数間に共和分関係があるとする対立仮説を確かに支持するのである。

表6.2 トルコの通商法制定

従属変数は R（制限的な通商法制定の数）	
説明変数	係数
α_0	82.18 (0.65)
$BWSB_t$	-204.30 (-2.18)
GY_t	572.63 (2.21)
N_t	-0.01 (-2.14)
I_t	0.01 (1.86)
$VOTP_t$	0.88 (1.72)
POP_t	3.18 (0.84)
R^2	0.57
$\bar{R}^2$	0.45
DW	2.20
F	4.98
SC	0.39
FF	0.05
N	1.41
H	0.70
$ADF\ t\text{-}val.$	-5.85
$ADF\ c.v.$	下臨界値 5.75　上臨界値 5.66

注：括弧内は t 値。アスタリスクは5%で有意であることを示す。$\bar{R}^2$ は自由度調整済決定係数。DW はダービン・ワトソン統計量、F は F 比、SC は系列相関、FF は関数型、N は正規性、そして H は不均一分散を表す。
*ADF 検定の臨界値は Charemza and Deadman (1997) から5%の有意水準でとった。

Engle-Granger 第2段階──ECM──

　一連の変数に共和分関係がある場合には、それらの短期的な関係を記述する上で妥当な、誤差を修正する仕組みが存在する。そこで、われわれは ECM を利用する。ECM 項の負の符号は、長期関係に復帰する方向に調整がなされることを示している。それゆえ、短期的調整は長期均衡関係に導かれて調和する。ECM を方程式（6.20）に代入すると以下のようになる。結果は表6.3 に示されている。

表6.3 トルコの通商法についての ECM の結果

独立変数はΔR_t 1961〜1990年の期間の推定で用いられた30の観測値		
説明変数	係数	T値
ECM_{t-1}	− 0.98	− 4.62
$\Delta BWSB_t$	− 212.25	− 2.96
ΔGY_t	204.53	0.79
ΔN_t	− 0.01	− 1.26
ΔI_t	0.01	1.34
$\Delta VOTP_t$	0.63	1.71
ΔPOP_t	7.10	0.18
$R^2 = 0.61$, $\bar{R}^2 = 0.48$, $DW = 2.00$, $F\text{-}Stat = 4.65$, $SC = 0.04$, $FF = 0.11$, $N = 2.34$, $H = 1.04$		

$$\Delta R_t = \alpha_1 ECM_{t-1} + \alpha_2 \Delta BWSB_t + \alpha_3 \Delta GY_t + \alpha_4 \Delta N_t + \alpha_5 \Delta I_t$$
$$+ \alpha_6 \Delta VOTP_t + \alpha_7 \Delta POP_t + e_t \quad (6.21)$$

われわれが予想した通り、誤差修正項は負であり、統計的に有意でかつ − 1 を下回った。このことは、調整が長期関係に復帰する方向になされること、そしてまた従属変数 R を決定するために諸変数間の短期関係について説明し得ることを意味する。しかしながら、GY、N および I の係数は、統計的に有意ではなく、したがって意味をもたない。この問題に対処するため、われわれは **ARDL アプローチ**を採用する。

2.2 ARDL アプローチ

この項でわれわれは、Pesaran et al.（1996）および Pesaran and Shin（1995）において提示された ARDL のモデル化の手法を用いる。その目的は、諸変数間の関係を検証して、1960〜1990年の年ごとの観測値を用いることが先に述べたわれわれの分析結果を支持するかどうか確認することである。

このアプローチを用いる最も重要な理由は以下の点にある。すなわち、このアプローチは、独立変数が $I(0)$ か $I(1)$ かに関係なく適用できるということ、そして、そのため、推定の戦略が、変数を $I(0)$ ないし $I(1)$ に分類しなければならない標準的な共和分分析が伴う諸問題を回避できるということである。

ARDL の手順には2つの段階がある。

第1段階

分析対象の変数間に長期関係があるかどうかは、F統計量を計算することによって検定される。F統計量とは、基礎となる ARDL モデルの誤差修正型に含まれる変数のラグ水準の有意性を検定することに用いられるものである。しかしながら、この F 統計量の（漸近）分布は、独立変数が $I(0)$ であるか $I(1)$ であるかにかかわらず標準的ではない。Pesaran et al. (1996) は、異なる数の独立変数 (k) に対する適切な臨界値と、ARDL が切片および/あるいはトレンドを含むかどうかについてを一覧にした。これらは2組の臨界値のセットである。1つのセットは ARDL モデルのすべての変数が $I(1)$ であることを仮定し、もう1つのセットはすべての変数が $I(0)$ であることを仮定している。これによって、それぞれの適用に対して、変数が $I(0)$ と $I(1)$、あるいは実数で和分される場合も含めて、可能性のあるすべてのケースを網羅するバンドが与えられる。求められた F 値がこのバンドから外れた場合には、原因となる変数が $I(0)$ あるいは $I(1)$ となるのかどうか、それとも実数で和分されるのかを確認することなく結論を下すことができる。求められた値が臨界バンド幅に収まる場合には、介入の結果は確定的ではなく、原因となる変数が $I(0)$ であるか $I(1)$ であるかによって決まる。求められた値が臨界値よりも大きい場合には、共和分関係があるといえる。

第2段階

第2段階では、長期関係式の係数を推定し、その ECM を見出す。長期関係が見せかけでないことがわかれば、この段階に進まなければならない。前述のアプローチをトルコのデータに適用するために、われわれはまず検定のための方程式を設定する。ARDL モデルの最も単純な誤差修正版は次のように与えられる。

$$\Delta R_t = \alpha_0 + \sum_{t=1}^{N} \alpha_1 \Delta BWSB_t + \sum_{t=1}^{N} \alpha_2 \Delta GY_t + \sum_{t=1}^{N} \alpha_3 \Delta N_t + \sum_{t=1}^{N} \alpha_4 \Delta I_t \\ + \sum_{t=1}^{N} \alpha_5 \Delta VOTP_t + \sum_{t=1}^{N} \alpha_6 \Delta POP_t + \phi_1 BWSB_{t-1} + \phi_2 GY_{t-1} \\ + \phi_3 N_{t-1} + \phi_4 I_{t-1} + \phi_5 VOTP_{t-1} + \phi_6 POP_{t-1} + \varepsilon_t \quad (6.22)$$

方程式（6.22）において、係数 α のついた独立変数は短期変動を説明する。φ は長期変動を説明する。ここで、$\sum_{i=1}^{n} \alpha_i$ は自己回帰ラグ多項式である。そして、ε はホワイト・ノイズと仮定された確率項である。われわれが検定する仮説は、長期関係が存在しないとする帰無仮説であり、以下のように定義される。

$H_0 : \phi_1 = \phi_2 = \phi_3 = \phi_4 = \phi_5 = \phi_6 = 0$

対立仮説は、以下の通りである。 (6.23)

$H_1 : \phi_1 \neq \phi_2 \neq \phi_3 \neq \phi_4 \neq \phi_5 \neq \phi_6 \neq 0$

関連する統計量は ϕ_1, ϕ_2, ϕ_3, ϕ_4, ϕ_5, ϕ_6 が同時に有意であることを検定するための F 値である。すなわち、これらのレベル変数の係数がいずれもゼロになる（言い換えれば、それらの間には長期関係は存在しない）とする帰無仮説を検定するための F 値である。すでに述べたように、$H_0 : \phi_1 = \phi_2 = \phi_3 = \phi_4 = \phi_5 = \phi_6 = 0$ のもとでは、この値の分布はすべての変数が $I(0)$ であるか $I(1)$ であるかにかかわらず標準的ではない。95％水準での臨界値は 2.48 と 3.65 である（Pesaran et al., 1996）。しかしながら、すべての変数が 1 次で和分される（表 6.1 で ADF 検定とともに示されているように）ため、われわれの計算においては臨界値として上限値だけとることにする。

表 6.4 は ARDL 分析における F 値の結果を示している。そこからわかるように、$F(BWSB \mid R, GY, N, I, VOTP, POP)$ のケースを別にすると、すべての F 値は臨界値の上限値である 3.65 を超えている。

変数間に長期関係がないとする帰無仮説は棄却することができるであろう。上に示した検定結果は、変数間に長期関係があることを示唆している。変数 GY、N、I、POP、$VOTP$、および R は互いに長期の強制変数である。われわれは、AIC ないし SBC によって選択された ARDL モデルに基づいて、長期係数の推計値を明示することが可能である。R が従属変数の場合には、4 つのラグまで検定を続けることができる。これらの結果は表 6.5 に示す通りである。

AIC によって選択された ARDL モデルに基づく長期係数もまた、トルコにおける立法の利益集団理論を支持している。このモデルでは、$BWSB$、GY、および N の符号は予想された通りであったが、I、$VOTP$、および POP の符号は、それぞれの最初のラグ以降においてのみ予想通りとなった。それぞれ第

表 6.4　ARDL における F 値の結果

F 値変数	F 値	F 分布表 95%		W 分布表 95%	
		$I(0)$	$I(1)$	$I(0)$	$I(1)$
$F(R|BWSB,GY,N,I,VOTP,POP)$	4.84	2.48	3.65	17.33	25.52
$F(BWSB|R,GY,N,I,VOTP,POP)$	3.11	2.48	3.65	17.33	25.52
$F(GY|R,BWSB,N,I,VOTP,POP)$	4.26	2.48	3.65	17.33	25.52
$F(N|R,BWSB,GY,I,VOTP,POP)$	6.33	2.48	3.65	17.33	25.52
$F(I|R,BWSB,GY,N,VOTP,POP)$	421.81	2.48	3.65	17.33	25.52
$F(VOTP|R,BWSB,GY,N,I,POP)$	292.82	2.48	3.65	17.33	25.52
$F(POP|R,BWSB,GY,N,VOTP,I)$	229.74	2.48	3.65	17.33	25.52

この検定における臨界値は、Pesaran et al.（1996）によって算出され、F 分布表と Microfit 4.0 の付録 C で作動する W 分布表として再現されている。表 F で与えられる臨界値は、この検定を F 値で行った場合の値を示す。表 W は、W 統計量の場合の臨界値を示しているが、この W 統計量は切片あるいはトレンドを含むかどうかに依存する 3 つのケースについてのものである。表 W は Wald 検定を使って計算した。これは、漸近的にカイ二乗分布となり、F 値の代わりに用いることができるものである。

1 段階では、輸入、$VOTP$、および POP のどのような増加も、この年の立法数を減少させたであろう。しかしながら、それぞれ 1 回階差においては、前年の輸入、$VOTP$、POP のどのような増加も、この年のレント・シーキング（制限的な通商法の制定数）を増加させてきたであろう。

表 6.6 からわかるように、ECM については負であり、完全ではないにしろ統計的に有意である。表 6.5 では、SBC における標準誤差が AIC における標準誤差よりもずっと小さいため、選択された ARDL（1, 0, 1, 0, 1, 1, 1）モデルの誤差修正表現は SBC に基づくことになる。

これらの長期推計と関連する ECM を推定して初めて、それが正確な符号を持つかどうか、そして均衡への緩やかな収束を意味するのかどうかが判別し得るのである。ECM の回帰係数が（絶対値で）大きいほど、ショック後の経済の均衡への復帰は速くなる。その上、GY、I、$VOTP$、および POP の係数は改善し、有意な結果を得た。

表6.5 AICないしSBCによって選択された2つのラグを伴うARDLモデルに基づく長期係数

(括弧内は t 値)

長期係数	$AIC\ ARDL\ (1, 0, 1, 0, 1, 1, 1)$ 係数
α_0	$-40.48\ (-0.28)$
R_{t-1}	$-0.25\ (-1.34)$
$BWSB_t$	$-231.88\ (-2.63)$
GY_t	$346.34\ (1.28)$
GY_{t-1}	$467.08\ (1.51)$
N_t	$-0.02\ (-1.52)$
I_t	$-0.03\ (-1.79)$
I_{t-1}	$0.06\ (1.95)$
$VOTP_t$	$-0.91\ (-2.89)$
$VOTP_{t-1}$	$0.13\ (2.28)$
POP_t	$-737.67\ (-2.43)$
POP_{t-1}	$781.72\ (2.46)$
$\bar{R}$	0.75
$\bar{R}^2$	0.73
DW	2.24
F-St	4.52
SC	1.03
FF	1.26
N	3.19
H	0.45

表6.6 選択されたARDLモデルの誤差修正表現

SBCによって選択された $ARDL\ (1, 0, 1, 0, 1, 1, 1)$ 従属変数は ΔR_t		
	係数	T 値
ECM_{t-1}	-0.74	-6.74
$\Delta BWSB_t$	-231.88	-2.63
ΔGY_t	346.34	2.28
ΔN_t	-0.02	-1.53
ΔI_t	0.03	1.79
$\Delta VOTP_t$	0.90	2.89
ΔPOP_t	737.67	2.43
$R^2 = 0.75,\ \bar{R}^2 = 0.60,\ DW = 2.23,\ F$-$Stat = 7.56$		

第6節 結　　論

　立法の利益集団理論に基づくわれわれのアプローチは、単に立法府について研究するにとどまらず、個人的利益に導かれる制度としての立法府について考察したことで、トルコに関する実証的な説明を得ることができた。

　その意味で、この章は、半民主主義国トルコにおいて、行政官僚と軍官僚、および企業集団の間で伝統的に築かれてきた制度的な安定性についての理論的な分析と実証的な証拠を提供した。半民主主義国の官僚は（民主主義国の官僚よりも）投入要素の利用についての制約が小さいため、それら（投入要素）を、効用を得るために用いることができる。強力な国家では、行政官僚と軍官僚は特権的な力を持つだけでなく、立法行為の供給を独占している。しかしながら、トルコでは、国家が強いにもかかわらず、政府は利益集団のロビー活動の影響を受けやすい。企業集団は、政府の役人とレントをやり取りすることで市場競争からの政治的な保護を受けており、官僚もまた自分たち自身を守るために彼らを支援する政治家や企業集団に対して見返りを与える。この見返りは、彼らに利益をもたらすよう公的な資源を利用して予算の増額という形をとる。

　われわれが分析したように、トルコの貿易政策においては、企業集団、官僚、および政治家の間には長期的な関係が見られる。この関係は、これら3つの利益集団の間にレント・シーキングの観点からみて長期的安定性があったことについても説明している。政治家は、立法行為の需要者と供給者を結びつける仲介者の役割を果たすだけでなく、自らの利益を最大化しようとするレント・シーカーとしても行動するのである。それゆえ、どのような形であれ、政府の規模が拡大したり彼らの報酬が増加したりするとレント・シーキングは増大するが、それに対して貿易を行う企業の数が増えると競争が激化する結果、レント・シーキングは減少する。他方、説明変数としての輸入、VOTP、およびPOPはレント・シーキングをより増加させる。

　このモデルの最も重要な示唆の1つは、レント・シーキングや社会的浪費の減少が、政治家・官僚の給与の増加によって実現されることである。このことは、政治家と官僚の給与が高い場合には、レント・シーキング活動の機会費用

がより大きくなることを意味している。それゆえ、立法府の議員により高い給与が与えられれば、消費者（有権者）が自分たちから富が移転されることに対して強く反応しなくても、首尾よくレント・シーキングは減少するのである。トルコのケースは、半民主化の好例であり、そこでは、企業の退出と参入が強い国家によって決められている。その結果、少数の企業集団だけが、国家と協力関係にある場合に、より多くの利益をレント・シーキングから得るのである。競争が激しくなる時には、より多くの企業が参入して、政治家と官僚によって設定された既存のレントのシェアが減少する。実証については、われわれは、以上の結果を得るのにEngle-Granger共和分アプローチとPaseranのARDLアプローチを用いたが、それはこれらが時系列分析において最もよく知られた手法だからである。また、もう1つの理由として、変数間に長期関係が観察されるか否かを確認する目的もあった。

第Ⅲ部

経済成長とレント・シーキング

第7章

経済的パフォーマンス、制度変化、および
レント・シーキング

[経済成長について] 考え始めると、他のことを考えられなくなる。
R. E. Lucas (1988: 3)
制度は、交換や生産の費用に影響を与えることによって、経済的パフォーマンスに影響を及ぼす。また、制度は、用いられる技術とともに、総費用を構成する取引費用や変換(生産)費用の決定要因となる。D. C. North (1995: 6)

第1節 イントロダクション

経済成長は、常に非常に重要なトピックであり、今日でも、マクロ経済研究の中核をなしている。国家間で所得水準が異なっているため、多くの経済学者が、こうした生産性の伸びの相違に関する経済的要因について検証を行ってきた。

最も利用しやすい指標によれば、最も裕福な国々の1人あたり所得は、最も貧しい国々に比べて20倍以上も高く、比較的貧しい国々と豊かな国々との間の1人あたり所得の格差は、時とともに増大している (Olson, 1996)。

こうした国家間の1人あたり所得の大きな格差に関する可能な解釈は、つい最近まで、ほんの1つしかなかった。この解釈によれば、国境が、1人あたり生産資源の稀少性に関する相違を目立たせることになる。言い換えれば、貧しい国々は、——土地や天然資源、人的資本、技術的知識の不足など——資源が不足しているがゆえに貧しい。「資本」や「土地」「労働」「技術水準」の相対的稀少性という考えは、以下の研究、すなわち、(i) 成長会計、(ii) すべての国において同じ水準の技術的知識が外生的に与えられると仮定するソロー型成長論、(iii) 投資や人的資本ストックとともに増大する**外部性**を考慮した内生的成長理論といった研究において、いくつかの認識を促した。

古い成長理論の枠組みによれば、土地や労働、資本の賦存状況の相違や、技術の格差によって、1人あたり所得の大きな格差の大半が説明される。同様に、

新しい（あるいは内生的）成長理論は、1人あたり所得の高い国々が高い成長率を実現できるのは、外部性によるものと解釈する。成長に関する研究が数多く公刊され、その結論が様々な分野で議論されているにもかかわらず、1人あたり所得水準が国家間で大きく異なる理由については、すべての学者が、既存の回答に満足しているわけではない。政治経済学者のあるグループは、その代替的な解釈を行うために、次のような主張を行っている。すなわち、知識が他のあらゆる国々において、ほとんどコストを必要とすることなく利用でき、労働の限界生産性が大規模な移住によって変化する可能性がある場合には、古い成長理論にせよ、新しい成長理論にせよ、土地や労働、資本の収穫逓減が、国家間の大きな所得格差を説明することはできないと主張している。

古い成長理論も新しい成長理論も、この関係を論じないため、North（1984）やOlson（1996）らは、国家間の1人あたり所得格差の主要な要因に関するその他の解釈を追求し始めた。そして、彼らは、**政策の違いや制度の変化**が、こうした格差の主要な要因ではないかと主張している。低所得国が、全体的に見て、高所得国よりも高い成長率を実現できないでいるのは事実である。その理由は、豊かな国ほど、最良の政策と効率的な制度を持ち、その潜在的な所得の多くを実現しているのに対し、その他の国々では、その潜在的な所得のごく一部しか達成できていないためである。結果的に、貧しい国々は、平均的に見て、豊かな国々よりも急速なキャッチアップの機会を持つにもかかわらず、経済政策や制度に問題があるために、豊かな国々よりも高い成長率を実現できていない。

他方、より良い経済政策や制度を採用した貧困国は、韓国やタイのように、急速なキャッチアップ型成長を実現するかもしれない。言い換えれば、こうした国々は、潜在的な所得水準から大きくかけ離れているために、1人あたり所得が増大し得る。これは、最も豊かな国々の成長をもたらすような技術やその他の進歩から恩恵を享受するだけではなく、現実の所得水準と潜在的な所得水準との間の大きな格差を縮めることによってももたらされる（Barro, 1991参照）。しかし、1人あたり所得が最も高い国々は、同様の機会を持っていない。結果的に見ると、最も高い成長率を実現した**一部の低所得国**に研究の焦点があてられる傾向がある。というのも、そうした国々は、より適切な経済政策と制度を

採用する方法を知っているからである。例えば、1970年代、韓国の成長率は、アメリカよりも7倍高かった。それは、韓国が、より適切な政策と効率的な制度を用いることによって、キャッチアップする機会を持っていたからである。

　豊かな国々と貧しい国々の間では、政策や制度の質が異なる。それは、豊かな社会の各個人や各企業のほうが、インセンティブ構造の影響によって、合理的に行動するからである。しかし、貧しい国々には、よりよい発展環境をもたらすようなインセンティブ構造が存在しないことが多い。

　実際、インセンティブ構造は、各期間においてどのような経済政策が採用されるかだけでなく、その制度的環境にも依存する。その制度的環境には、契約を執行し所有権を保護する法制度や、政治的構造、憲法の条項、特定の利益集団のロビー活動やカルテルの程度なども含まれる。したがって、国家間の所得格差の最も重要な要因がその経済政策や制度にあることは、再度強調してもよい。

　こうした仮定に基づいて、1980年代には多くの政治経済学者が、成長に関する理解を深めるための研究を開始した（Olson, 1983; Mueller, 1989; North, 1984; Keefer et al., 1995; Canning et al., 1995 参照）。1990年代には、さらに多くの研究者が、動学的一般均衡フレームワークの中で、制度と成長率の関係を検証し始めた（Barro, 1991; Murphy et al., 1991; Ram, 1986; Grossman and Helpman, 1991; Rama, 1993a, 1993b 参照）。特に、Mankiw et al. (1992)、Torstensson (1994)、Knack and Keefer (1995)、Braconner (1996)、Knight et al. (1993)、Mauro (1995) は、制度が経済成長に対して影響を及ぼすとするクロス・セクション研究に基づいて、計量経済学的な証拠を示している。クロス・セクション研究とは別に、成長モデルを検証するために時系列のデータを用いる研究も増えているが、成長プロセスにおける制度の役割を反映するような変数を含めている研究はほとんどない。Kings et al. (1991)、Easterly et al. (1993)、Bernard and Durlauf (1995)、Den Haan (1995)、Jones (1995)、Gundlach (1993)、Canning et al. (1995)、Cellini (1997) は、時系列研究に制度を含めた数少ない研究である。成長に関する研究において制度と政策が考慮され始めたにもかかわらず、レント・シーキングと経済成長の関係は、時系列のフレームワークでは十分に検証されてこなかった。ごくわずかな研究が、レント・シーキングと成長を結びつけようとし

てきたが、Rama（1993a、1993b、1992）は、そのうちの1つである。

こうした研究の展開に基づいて、われわれは、レント・シーキングが経済成長に対して興味深い洞察を与える可能性があることを示したい。本章では、制度の経済学や、制度と経済的パフォーマンスの関係に焦点をあてる。そうすることで、トルコにおける成長と制度の考察を行う第8章の基盤としたい。

第2節　経済的パフォーマンスと制度変化

ここ15年の間、制度の経済学は、経済学における重要な分野となってきた。その結論によれば、(i) 制度は経済に重要な影響を与え、(ii) 経済理論でも制度の決定要因を検証できる、ということである。

制度が経済的パフォーマンスに影響を与えるかどうかという文脈で、この2つの命題を議論する前に、経済制度について定義しておこう。

North（1995: 3）は、制度を「ある社会におけるゲームのルール、あるいはより形式的に言えば、人々が考案し、人々の相互作用に影響を与えるような制約」と定義している。したがって、制度は、それが政治的、社会的、経済的理由であるかに基づいて、人々の交換に関するインセンティブを区別する。もしそうしたインセンティブが経済的理由から生じるならば、制度は、交換や生産の費用に影響を与え、経済的パフォーマンスに影響が生じる。そして、制度は、用いられる技術とともに、総費用を構成する取引費用や変換（生産）費用の決定要因となる。したがって、Northは、人々の行動を説明するために、取引費用理論と生産理論とを結びつけることができると主張している。実際、生産費用が変換費用や取引費用を加えたものであると考えれば、ミクロ経済学の新しい分析枠組みが必要となる。

Matthews（1986）は、経済制度の4つの主な点を強調している。(i) 法律によって基礎づけられる**所有権**の体系、(ii) 法律を補完するものとみなされる**経済行動**の基準、(iii) 用いられる**契約の種類**の文脈、(iv) **権力者**や誰が何を決定するかに関してどのような契約が用いられるか。Matthewsによれば、こうした4つの主なテーマ（所有権、慣例、契約の種類、権力者のタイプ）の共通の特徴は、経済活動を送っている人々に影響を与える一連の権利や義務としての制度

の概念である。したがって、制度の体系は、権利や強制される義務の組み合わせとして描くことができるが、市場が存在する場合にはあらゆる自発的な交換が含まれ、市場が存在しない場合には規制された経済的関係が含まれる。政府の管理、あるいは慣習によって支配される経済では、無制限な権利や義務が中心となるかもしれないが、経済的な取引の相当部分が市場で自発的に行われている。政府の管理や慣習は、市場が存在しない場合の主要な論点であり、市場で自発的に行われる経済取引は、市場が存在する場合の主要なテーマである。

　制度は、経済成長に貢献するにせよ、それを妨害するにせよ、経済活動に関する枠組みを提供する。North（1995）によれば、制度は、経済の長期的パフォーマンスの基本的な決定要因である。基本的に、制度は、総費用を構成する取引費用や変換費用を決定づけ[1]、交換や生産の費用に影響を与えることで、経済的パフォーマンスに影響が生じる。North にとって、取引費用は、リスク・プレミアムを含めることで、不確実性を反映する。この見解は、新古典派の見解とは異なる。新古典派理論では、経済主体が情報を正しく加工・評価するため、取引費用はゼロになると仮定される。標準的な新古典派経済学では、製品は同質的であり、市場は単一の場所に集中しており、交換は瞬時に行われる。さらに、個々人は交換する商品に関して完全な情報を持っており、取引の条件は両者が熟知している。

　経済のパフォーマンスが取引費用や生産費用の影響を受けるという点に関して、制度の経済学や取引費用の経済学は、すでに多くの研究分野に応用されている。それは、例えば、産業組織論、コーポレート・ガバナンス、労働経済学、公共選択論、経済史といった分野である。こうした分野では、経済主体が十分な情報を持たず、市場が不完全であるため、取引費用が増大することが認められている。その意味では、経済成長に対する制度変化の貢献は、次の2点から分析される。第1に、制度変化は経済成長にとって必要な一部であるが、独立した要因ではない。この意味で、制度変化はソロー型成長モデルにおける資本蓄積に似ているが、それは成長の唯一の源泉ではない。第2に、制度の変化は、

---

1) 取引費用は、契約を事前に調整し、それを事後的に監視・強制するための費用から構成される。これは契約を実行する費用である生産費用とは対照的である。多くの場合、取引費用は、人間関係の費用である（Matthews, 1986: 906）。

瞬時に行われるものではなく、(制度のイノベーションのように) 長期的なプロセス、あるいはおそらく永続的なプロセスとして行われる。制度を説明要因として加えるいずれの方法においても、経済成長プロセスに関するわれわれの理解は改善されるだろう。しかし、制度や制度変化は、状況によっては経済成長を妨げるかもしれない。Olson (1982) の仮説では、平和で安定的な環境は、カルテルや制約的な慣行を強めることになるため、成長が低下し得る。他方、戦争は、慣性を打ち破り、カルテルのような利益集団の力をそぐため、経済成長を促進する。したがって、経済成長率の相違は、一般的な利益集団の蓄積によって説明できる。Olson は、非民主的な環境よりも、民主的な環境のほうが、利益集団が増大すると主張している。多くの途上国は、既存の非民主的制度が、その政治的・経済的活動を制約し、生産活動をも抑制するために、貧困に陥っている。多くの先進国は、その民主的な制度が経済活動を制約しないために豊かである。しかし、Olson (1982) によれば、安定的な環境では、イギリスで実際に生じたように、利益集団が強力になりすぎ、生産的な成長を阻害するような意思決定が行われる。他方、ドイツで見られたように、戦争のような社会的激変によって利益集団の力が制約され、経済成長を促進するよう経済的意思決定プロセスが改善される。

次節では、制度変化を用いて経済成長を説明しようとする最初の試みである Olson の『国家興亡論』の仮説について説明する。

1 Olson の利益集団論と経済成長

第5章で論じたように、Olson (1965) は、『集合行為論』の中で、利益集団の形成について分析を行っている。彼によれば、労働組合やカルテルのような特定の利益集団は、その構成員に集合財 (collective goods) を提供するために存在する。それは、各構成員が自らの費用の負担を合理的と思わなかったとしてもである。各構成員から見ると、集合財は、いったん供給されれば、すべての消費者が利用できる。したがって、彼らは、フリー・ライダーになることができるかもしれないと考えて、支払いを差し控える。こうした不当な集団は、特定のインセンティブを構築することによって、自分たちのフリー・ライダー問題を解決するかもしれない。

集合財を提供する利益集団（collective interest groups）は、成長に対してどのような影響を与えるのか？ Olson は、こうした組織が経済に与え得る損害について考察し、国家間の成長率の相違を説明するために、『国家興亡論』の中で、利益集団の形成に関する初期の分析を展開している。Olson によれば、利益集団は分配に関する目的を持っており、分配をめぐる闘争によって、構成員のために、より大きな社会的産出物を追い求める。こうした活動は、レント・シーキングを促進することになるため、社会的厚生損失が生じるかもしれない。

Olson は、制度的要因や、その社会の集団的意思決定プロセスを考察するために、国家間の経済成長率の相違を検証した。生産技術におけるイノベーションは生産の増大をもたらすため、彼にとって、理論的には、資本蓄積率は、常に経済成長率に大きな影響を与える。しかし、実際には、数多くの利益集団が存在する社会では、多くの民主的社会で見られるように、その政治力（自らの集団に利益を与える法律を通過させたり、自らの集団の便益を阻害するような法律の制定を遅らせたりするロビー活動）もまた時間とともに増大するため、経済的パフォーマンスが低下する。

その後、Choi（1983）は、1960 年代のアメリカのデータを用いて、Olson の『国家興亡論』の仮説を検証するための回帰分析を行った。その研究によれば、1865 年以降のアメリカ各州における経済活動の成長は、州として合衆国に加入した年の影響を直接受けていたことがわかった。すなわち、より古い州のほうが、相対的に見て、経済成長率が低いことがわかった。

Olson（1982）は、利益集団が出現するためには長い時間が必要であるが、簡単には消滅しないと論じた。特に、時とともに、安定的な社会ほど、より特殊な利益集団が出現するようになる。利益集団が制約や混乱に直面することなく存続する年月が長くなるほど、そうした集団は強力になり、経済的・政治的影響力は増大していく。Olson（1982）によれば、「もし国家の内部に小規模かつ排他的な利益集団が多数存在すれば、国家が成長を追求しようとしても、フリー・ライダーによるロビー活動にさらされるだろう。逆に、もし国家の内部に少数の特殊な利益集団しか存在しないのであれば、社会的に効率的な政策によって生じる可能性のある利益について、お互いに交渉することができるかもしれない」。Olson によれば、成長の問題は、その社会が主要な利益集団を含

む程度と、利益集団が形成される時期との関数である。

　Olsonは、その後、戦争などの重大な社会的混乱を考慮するために、自らの主張を拡張した。平時には、特殊な利益集団の数が時間とともに増大し、分配に関する連携が意思決定プロセスを遅らせ、カルテルを導入したり、競合する製品に対して輸入制限を課したり、補助金を支給することによって、成長促進的な政策を採用する国家の能力を制限する。これは、特殊な利益集団の力よりも国家が十分に力を持つ場合にのみ、経済成長と政治的安定が両立する可能性があることを意味する。しかし、戦時には、分配に関する連携が、意思決定プロセスを遅らせることができず、成長促進的な政策が採用され得る。

　また、制度的に破壊された社会では、特殊な利益集団の力が排除されるため、そうでない場合よりも高い成長を実現できるということにもなる。そして、全体主義的な政府を持つ国は、経済的・社会的制度構造が破壊される結果、そうでない国よりも高い成長を実現すると演繹することも可能である。Olson (1982) もMueller (1983, 1989) も、この理論を支持する証拠を示している。例えば、イギリスは、イノベーションや制度的破壊から免れ、長い安定の時代を送るとともに、1980年代まで、主要な民主主義的先進国の中で最も成長パフォーマンスが芳しくなかった。

　ドイツ、日本、イタリアといった特定の先進国でも、こうした主張を支持する証拠が得られる。ドイツ、イタリア、日本の第二次大戦直後の経済的回復は、この理論によって説明できる。したがって、こうした国々は、制度的、あるいは利益集団の圧力を受けることなく発展する機会を得ていた。

　Pryor (1983) は、その後、レント・シーキングの視点から、Olsonの仮説にもう1つの説を加えた。Pryorによれば、境界に変化のない社会では、利用できるレントを収集・増大させようとする、より共謀的な組織が増大しやすい。逆に、そうした集団が、経済の大部分を構成するのであれば、こうしたレント・シーキング行動は、経済のパフォーマンスに逆のインパクトを与える。Pryorによれば、こうした集団が、自分たちの構成員の所得を最大化する際に、自分たちの行動のマクロ経済的影響を考慮するなら、レント・シーキングのマイナス効果はかなりの程度削減されるかもしれない。他方、もしこうした集団が、経済に与えるレント・シーキング活動の影響を考慮しないのであれば、こ

うした集団は、経済全体の効率性を低下させるだけでなく、その経済が新しい技術を採用する能力をも低下させる。しかし、Olson が言うように、戦争のような外的ショックが既存の利益集団の力を周期的に打ち砕くとしても、既存の利益集団の力を弱めるために外的なショックが必要というわけではない。「既存の技術では学習効果の可能性に限界があるため、既存の利益集団がイノベーションによる潜在的な利益を認識すると、変化に抵抗する要因が薄められ、結果的に、新しいイノベーションが容認されるかもしれない」(Pryor, 1983: 155-156)。

　Pryor は、結論において、境界が変化したり、組織的基盤が崩壊したりした国では、レント・シーキング集団が効果的に破壊されるため、レント・シーキングが最低水準になるだろうと主張している。第二次世界大戦は、ドイツ、日本、フランスといった国々にそのような環境をもたらし、イギリスよりも急速な成長を実現させた。

　Olson の理論を実証的に検証する試みがいくつかなされてきたが、こうした試みのいくつかが Olson の理論を支持する一方、そうではなかった試みもある。

　Choi (1983) は、24 の OECD 諸国のうち、18 の国々について、様々な従属変数や説明変数を用いて、Olson の理論が暗示する経済成長と制度的硬直性の間の負の関係を検証した。Choi が用いた 1950 年から 1973 年のサンプルでは、アイスランド、ルクセンブルク、ギリシャ、ポルトガル、スペイン、トルコが除外されている[2]。クロス・カントリー分析の従属変数は、国内総生産 (GDP) が用いられるにせよ、国民総生産 (GNP) が用いられるにせよ、成長率である。こうした計測は難しく、データは利用しづらいが、Olson の理論における独立変数は、一国における一般的な利益集団の力であり、利益集団の蓄積に伴う制度的硬直性の水準である。Choi によれば、「その国が政治の安定と組織の自由を享受する期間が長くなればなるほど、一般的な利益集団が力を蓄え、制度的硬直性を引き起こす可能性が高くなる。そのため、一般的な利益集団の力、あるいは制度の硬直性を測る第 1 の代理指数として、その国の制度的年齢が用い

---

[2] この 6 ヶ国は、24 ヶ国から除外されている。最初の 2 ヶ国は小国であり、残りの 4 ヶ国は政治の安定や組織の自由を得ていないために排除されている。

られる」(Choi, 1983: 60)。したがって、近代的リーダーシップの強化（consolidation of modernizing leadership: CML）後の時間が、独立変数として用いられる。Choi は、こうした変数を用いて、いくつかのテストを行った。最初のテストでは、決定係数 R^2 と、推定係数の統計的有意性はよくなかったが、その係数の符号は期待した通りであった。2つ目のテストでは、Choi は、サンプルから日本を排除したが、その国が制度的に安定した期間の長さと経済成長との間に、最初のテストと同様、負の関係が存在することを発見した。ただし、R^2 と t 値はよくなかった。3つ目のテストでは、大変革、侵略、占領といった社会的混乱を考慮するためにダミー変数を加えることで、モデルの適合度が大幅に改善し、ダミー変数に対して、信頼度95％水準で有意な係数を得た。彼は、その後、各国のそれまでの発展の違いを検証するため、各国の利益集団が拡大する年月、主な混乱のリスト、各混乱の大きさ、利益集団の増大に関するロジスティック関数を考慮することで、制度的硬直性に関する様々な数値指数を利用しようとしている。Choi は、独立変数としての調整済み指標 A[3] と調整済み指標 B[4] との関係、および従属変数としての総所得および1人あたり所得の成長率に関して、推計式を再検討し、先進国のクロス・セクション研究の結果が、全体として見ると、比較可能な成長の政治経済学に関する Olson 理論を強く支持する傾向にあるとした。

Murrell（1983）は、1953年から1973年のイギリスと西ドイツを綿密に検討することによって、Olson 仮説を検証した。彼は、成長率を計測するために産業の生産指数を用い、両国の27の製造業の成長率を比較した。Murrell は、産業の年齢を明確にするために2つの異なる期間——1953～1963年と1963～1968年——について分析を行った。彼は、こうした期間の成長率を用いて産業の年齢を明確にすれば、1969～1973年と1964～1973年の間の成長率の構造を考察することによって上述の理論を検証できると考えた。Murrell は、2つのデータ・セットを用い、最初に27の産業に関する総成長率を検証し、次に1969～1973年の235個の商品に関するデータを利用した。この235個の商品は、27の産業で生産されたものである。商品のデータを用いたテストの

---

3) これは、イギリスの混乱の平均的な水準を用いて調整されている。
4) これは、各国の混乱の平均的な水準を用いて、混乱の度合いを考慮している。

中で、産業の年齢は、その商品が生産された産業の1953〜1968年の成長率を用いて定義された。こうした初期のテストの結果が示しているのは、数多くの比較がOlson仮説を支持するということであった。次にMurrellは、有意性のテストを行うために、Olson仮説を支持する比較の割合に関する標準誤差を計測した。彼は、その後、95％の有意水準を計測するために標準誤差を用い、Olson仮説が95％の有意水準で受け入れられることを見出した。そして、彼は、イギリスの利益集団の力は、新しい産業ほど発展のための時間が短いため、弱くなるだろうと結論づけている。そのため、イギリスの各産業のパフォーマンスは、西ドイツの「若い」産業ほど対抗可能であり、「古い」産業になるほど対抗不可能となるだろう。Murrellは、こうした検証をもとに、各国が政治的安定を経験した年月に伴って、利益集団の力が強くなるという仮定を実証的に支持している。

Abramovitz (1983) は、Olson仮説を支持するために、いくつかの説明変数を加え、生産性の成長率との関係を検証した。彼は、論文の中で、一般的な利益集団の規模、力、特性を直接測るためには工夫が必要であり、Olsonが提示した代理指数（平時の政治的発展の年月）では、潜在的な成長率の違いの影響と、一般的な利益集団の影響を分離することが難しいと主張した。したがって、彼は、生産性の成長率を決定づける一般的な利益集団の影響は、キャッチアップ仮説と結びつけて検証する必要があると強く主張した。こうした検証の中では、生産性の初期水準や、一般的な利益集団の力や大きさを説明変数とした上で回帰分析を行う必要があるという。こうした重要な要因の中には、技術進歩の普及や採用の容易さ、構造変化を促す条件、資本蓄積を促進する条件などが含まれる。Abramovitzによれば、最良のモデルは、適合性と符号が全体的に適切かどうかについて、通常の基準を用いることである。彼は、また、Olson仮説の適切な検証には、一般的な利益集団の影響を測る指標とともに、生産性の初期水準を含める必要があることを述べている。そうでなければ、先発工業国の比較的緩慢な成長は、先発工業国自身の政治的年齢によるものではなく、単に後発国のキャッチアップの結果かもしれない。

Olsonは、利益集団論によって、新しい政治経済学や公共選択論に非常に大きな影響を与えたが、数多くの批判の対象にもなった。例えば、Vedder and

Gallaway (1986)、Gray and Lowery (1986)、Wallis and Oates (1988)、Nardinelli, Wallace and Warner (1987) は、Olson 仮説を検証したが、この仮説を支持する証拠を得ることができなかった。

Vedder and Gallaway (1986) は、アメリカの隣接 48 州のデータを用い、11 の説明変数を加えることで Olson 理論を検証し、2 つの点から Olson 理論を批判している。第 1 に、州の年齢変数は、分配に関する連携の存在についての完全な代理指数ではない。第 2 に、Olson は、モデルの中でいくつかの変数を提示しているが、そうした変数はすべて、それほど強い説明力を有しているわけではない。その上で、彼らは、Olson 仮説が十分に支持されないと結論づけている。

Gray and Lowery (1986) は、Olson 仮説を検証したが、各州の年齢と利益集団の数との間に関係があることを見出せなかった。彼らが、各州の成長に関する重要な内生的要因を考慮する際には、成長促進要因として企業集団を用い、成長阻害要因として労働組合を用いた。そして、こうした集団の絶対的な力と相対的な力の両方が経済成長率に与える影響を評価した (Gray and Lowery, 1986)。彼らは、まず、1975 年時点の労働組合の絶対的な力と、企業集団や政府に対する労働組合の相対的な力が、1972 ～ 1983 年の各州の成長率に与える影響を計測した。次に、彼らは、1975 ～ 1980 年における各独立変数の変化が、1977 ～ 1982 年の成長率に与えた影響を測定した。最後に、彼らは、企業集団に対して、同じ検証を行った。つまり、彼らは、1975 年時点の企業集団の絶対的な力や、労働組合と政府に対する企業集団の相対的な力、および 1975 ～ 1980 年における各独立変数の変化が、1977 ～ 1982 年の各州の成長率に与えた影響を測定した。Gray と Lowery の検証結果は、大半が否定的であり、彼らが用いた独立変数は、成長率にほとんど何の影響も与えず、たとえ影響があったとしても、それは予想とは逆の方向の影響だった。

Wallis and Oates (1988) もまた、Olson 仮説を再検証し、20 世紀における州や地方レベルでの政府規模の決定要因を探るために、1902 年から 1982 年のアメリカの隣接 48 州に関する大規模なパネル・データ・セットを用いた。彼らの推計では、所得や 1 人あたり支出に占める割合として測られる、i 州の政府規模 G_i が従属変数となる。彼らのモデルでは 4 つの説明変数がある。X_i は

経済的・人口学的特性（所得、人口規模、面積、工業化の水準、年齢構成、都市化）を示したものであり、Z_{it} は州の年齢、s_i はその州特有の攪乱項、t_i はその時代特有の攪乱項、そして e_{it} は平均値がゼロとなる通常の攪乱項である。彼らは、州や地方セクターの規模を測るために、所得に占める歳入あるいは歳出という2つの代替的な指標を用いて推計を行っている。彼らは、同様に、州の年齢について、州が成立してからの年数を用いた指標（AGE）と、アメリカ連合国〔南北戦争時の「南軍」〕に所属していた州は1865年を開始年とする指標（$AGE2$）という2つの指標を用いている。いずれの指標を用いても、州の年齢変数に関して推計された係数は負であり、このことは年齢仮説が示唆する結果とは反対に、年齢が大きいほど、州や地方セクターの規模が小さくなることを意味する。言い換えれば、彼らは、Olson の発見とは逆に、若い州ほど、相対的に見て、政府規模が大きくなることを見出した。また、彼らは、古い州ほど経済成長率が低いという Olson の主張を支持する説得的な証拠を見出せなかった。

Nardinelli, Wallace and Warner（1987）もまた、アメリカの各州の経済成長率の相違に関する様々な解釈を検証した。彼らの回帰分析では、各州の1人あたり所得の相違をもたらす諸要因が加えられ、従属変数として、州の1人あたり実質所得の伸びが加えられた。そして、彼らは、その州の初期の所得（1929～1954年）、州の年齢、初期の連邦政府のシェア、州や地方政府の初期のシェア、初期の農業のシェア、初期の製造業のシェア、初期の教育、製造業の割合の変化、農業の割合の変化、連邦政府の割合の変化、州や地方政府の割合の変化、教育の割合の変化を説明変数として加えた。彼らは、（特定の利益集団の強さの代理指標としての）州の年齢の違いがその州の成長率の違いを説明し得るという、Olson の仮説と一致する証拠を見出せなかった。特に、彼らは、その州の年齢が負の効果も有意性も示していないことを発見した。しかし、彼らは、国際比較には適切であるという Olson 理論の主張を否定することはしなかった。そして、アメリカの各州の制度的・政治的類似性が、そうした相違を埋没させ、Olson 仮説を不適切なものにしているのではないかと考えた。

2　その他の制度的解釈——所有権と国家——

Olson は、利益集団や、それが経済成長に与える影響を純粋な需要現象とし

て扱い、供給者である政府の権力が、利益集団を支援する中で失われていくと考えていたために批判されてきた。North (1984) は、制度経済学の観点から、所有権やルールを形成・管理する上で国家がきわめて重要な役割を果たしていると主張した。したがって、国家は、利益集団の要求に対する受身の組織ではなく、能動的な組織とみなされるべきである。国家は、直面する様々な需要の中から選択を行い、官僚や政治家は自らの利益を追求しようとする。ゲームの基本的なルールを決める独占的な力を有するということが基本的な主張であるため、公人は分配される利益の直接的な供給者となる。

その意味で、「良い」経済制度の発展を促すことのできない国家の無能さや、「悪い」経済制度がもたらす期待外れの安定性に、特に焦点があてられることになる。保護されたものはレント・シーキング活動から恩恵を被る一方、保護されていないものは所有権のために競い合う。努力の成果を占有する政治力を持たないエージェントは、自らの生産的な資本を保護するために多くの資源を費やさなければならず、このことは生産を行うことの魅力を減少させる。言い換えれば、所有権について争う可能性があるということは、投資や資本蓄積のインセンティブを低下させる。こうして経済が停滞する。

一般に、所有権に関する国家の公的な施行および規制のプロセスは、社会的需要の影響を受ける。各エージェントは、通常の政治的メカニズムを通じて、政府の政策に対する嗜好を表現する。しかし、発展途上国では、制度の質が悪いため、特定の利益集団が、所有権の保護水準の低さによる恩恵を受けやすい。彼らは、レント・シーキングのような非生産的な活動から利益を得ることができる。所有権に対して国家による適切な公的保護がなければ、特権を有する集団が、レントに関する広範囲の闘争と生産活動を結びつける。例えば、利益集団は、他者の権利の犠牲のもとに、所有権の私的な保護を得ようとして、国家権力との間に不正な関係を構築することに資源を費やすかもしれない。もし、レント・シーキングが十分高い水準にある場合、レント・シーカーの数の増大によって、同じ規模の「パイ」が参加者の増大によって分割されることを考慮するなら、国家と良好な関係を維持する必要性も生じる。したがって、第5章で論じたように、多くの途上国の国家は、国民の所有権を保護しないことによって、経済成長に対してマイナスの影響を与え (North, 1981)、レント・シー

キング活動を増大させる。

　レント・シーキングが経済成長にとって有害であるという説は、Tullock (1993a, 1993b) や North（1995）によっても検討された。害をもたらす要因は以下のとおりである。(i) 無駄な資源の保護は非生産的な活動である、(ii) 専有の脅威が経済環境を歪める、(iii) 広範囲にわたるレント・シーキングと所有権の不適切な公的保護は所得や富に関する不平等と結びつくことが多い。Rama (1993a, 1993b) と Murphy, Shleifer and Vishny（1993）は、レント・シーキング活動が経済成長に負の影響を与えることを見出した。

第3節　結　　論

　理論的には、所有権の保護の改善と、レント・シーキング活動の減少が、経済成長の不可避の前提条件となることは容易にわかる。大多数の人々の所有権が保護されず、レント・シーキング活動が高い水準にあれば、経済成長は悪化し、その結果、経済全体がマイナスの影響を被る。時系列やクロス・セクションの分析において、1人あたり所得が国家間で異なる理由に関して、納得のいく答えを提供するためには、ある国の事例から国家間の比較を行う中で、制度を考慮に入れるべきである。新旧の成長理論は、制度を考慮しなければ、国家間の所得格差の要因について満足のいく答えを提供できない。したがって、経済成長に対する制度の影響を把握するために、より適切な実証研究が可能な、より適切な理論を展開する必要がある。

　また、われわれは、1人あたり所得が国家間で異なる原因を明らかにすると同時に、ある国に関する時系列研究において、経済成長に対する制度の影響を測定することも非常に重要である。各国の制度的環境は、国によって大きく異なるため、クロス・セクション研究は、1人あたり所得の伸びに対する制度の影響を測るための最良の技術ではないだろう。こうしたクロス・セクション研究は、どのグループの国々がその他のグループよりも急速に成長したかに関して何らかの情報を提供し得るが、各国の特異性を考察することはできない。

　その意味で、もし既存の成長理論がより適切な解釈を提供できないのであれば、より包括的な見解を提供できるよう、成長の問題に関して制度を考慮すべ

きであろう。また、各国の制度的環境は、時系列の分析とは別に検討すべきである。

　次章では、レント・シーキングと経済成長の関係に関する検証可能な分析モデルを提示したい。理論レベルでは、どのモデルが経済成長に対する制度の影響をより適切に説明できるかを比較するために、単純な外生的成長モデル（ソロー型成長モデル）と単純な内生的成長モデル（Barro and Sala-i-Martin, 1992; Romer, 1996）に制度を導入する。

第8章

トルコにおけるレント・シーキングと成長

> レント・シーキング活動は経済成長を阻害し、所得水準を低下させる。
> Gordon Tullock（1980b: 26）

第1節　イントロダクション

　1980年代以降、経済成長はマクロ経済学においてきわめて重要な研究テーマとなった。特に「なぜいくつかの経済は他の経済よりもはるかに豊かであるのか」とか、「いくつかの国において実質所得が年々増加した理由は何か」といった問いが多くの経済学者を悩ませてきた。

　疑いなく公共選択に関する文献は、諸制度が資源配分や厚生に及ぼす影響について興味深い考察を与えてくれる。しかしながらこうした考察はたいてい静学的な部分均衡理論から導かれたものであり、制度設計と経済成長の間の関連がほとんど触れられていない。

　本章の狙いは、この触れられていない部分を明らかにするべく、トルコに関する2つの時系列モデルを導入して、どちらのほうがレント・シーキングの経済成長に及ぼす影響をうまく説明できるかを見ることによって、レント・シーキングが経済成長に及ぼす影響を調べる。2つのモデルとは、(i) 拡張されたソロー型成長モデルと、(ii) 単純な内生的成長モデルである。

　われわれは取引の歪みを調べる。これは経済のある部分から他の部分へ、つまり消費者から政府へ、また政府から生産者へと資源が移転するものとして把握される。新古典派の主張とは異なり、こうした移転に伴う社会全体の純費用はゼロではない。第1のモデルは、こうした移転が外生的に決定されるが、第2のモデルは内生的に決定されると仮定される。換言すれば、立法者は自らのもとに資源を移転しようとする利益集団によって圧力をかけられることになる。

　拡張されたソロー型成長モデルでは、生産関数において制限的取引に関する

現行法の量を制御変数とし、物的資本を状態変数とする。計量分析を行うにあたっては、こうした変数をそれぞれ法制支出（legislation expenditures）〔制限的取引に関する法案成立のために行う請願活動にあてる費用〕と投資と考える。そして成長率は投資とともに増加すると仮定する。第1のモデルでは、われわれは**時系列分析の枠組み**を用いて拡張されたソロー型成長を分析し、資本蓄積率と法制支出の変化率と人口変化率が確率変数であり、一定のパラメータを持つというよりもむしろ単位根を持つことを示すつもりである。したがって、効率的労働単位で測った労働生産性の均衡水準も単位根を持つことになろう。それゆえ変数の確率的性質を考慮すれば、ソローのモデルはECMと解釈されるべきである。この結論に到達するために、被説明変数と説明変数の間に共和分関係が存在するかどうか検定を行った後で、ECMによって表現される関係について調べる。

　第2のモデルは内生的成長理論に基づいている。そこでは再び資本が状態変数として扱われ、制限的取引に関する現行法の量が制御変数とみなされる。このモデルでは、資本蓄積の正の溢出効果とレント・シーキングの負の溢出効果が考慮されている。実は、第2のモデルはRama（1993b）が発表したモデルを修正したものであるが、Ramaはトルコのデータを使うにあたり、制限的取引に関する現行法の量は政府の方針と利益集団の活動によって内生的に決定されるものと仮定している。Ramaは、制限的取引に関する現行法がウルグアイの総産出水準に負の効果を持つことを見出した。われわれの狙いは、トルコにおいても内生的成長理論の証拠を見つけることである。

　本章では、トルコにおいて内生的成長理論が成立することを実証的に示す。輸入代替政策をとっていた1960年代と1970年代、ならびに輸出促進政策をとった1980年以降、保護主義政策が絶えずとられていた。トルコの経済的生活に関与する目的で政府はあらゆる手段を駆使した。租税還付、関税、輸出補助金、特別な為替レート、輸入認可制、輸出信用保証。もちろんこうした保護措置は当初政府部門が基盤産業を育成するのに役立った。政府は民間部門が取引を行うのに安全な場を創出したことになる（Amelung（1988, 1989）、Barkey（1990）、Boratav and Yeldan（1995）、Boratav and Turel（1988）、Brown（1989）、Onis（1991）、Yavas（1993）、Rodrik（1990a, 1990b）、Celasun and Rodrik（1989）を参照せよ）。しかしながらこうした取引手段は民間企業の保護手段となった。

本章の構成は以下のようになっている。第2節では拡張されたソロー型成長モデルが導出され、1960年から1990年のトルコにおいて産出と投資と制限的取引に関する現行法の量の間の関係について検定を行うための特定化がなされる。そのモデルでは政府による決定は、他のパラメータと同様に外生的であるとみなされる。第3節はRamaの内生的成長モデルの方法論と分析の枠組みを扱う。Ramaモデルでは、政府による決定は内生的であるとみなされる。最後に第4節では、分析結果を示し解釈を述べる。

第2節　拡張されたソロー型成長モデル

　ソローモデルでは投入は2つある。資本と労働である。Solow (1956) は、この2つの変数が1人あたり所得の均斉状態における水準を決定することを、生産関数を用いて示した。ここでの生産関数は資本に関して収穫逓減であり、貯蓄率と人口変化率を外生変数としている。その後 Mankiw et al. (1992) はソローの成長モデルを拡張して、人的資本を追加した。このことにより、貯蓄、人口成長、人的資本投資、および所得の関係を理解しやすくした。どちらのモデルにおいても、物的資本や人的資本に対する投資と労働人口の増加率は一定であると仮定されている。

　拡張されたソロー型成長モデルでは、集計された生産関数が規模に関して収穫一定であり、この関数を各変数で1回偏微分した値は正、2回偏微分した値は負となり、稲田条件を満たしている。この時、効率的労働1単位あたりの所得水準は単調に均斉状態へと収束する。横断面分析では、様々な国の経済は同一の構造パラメータ（物的・人的資本蓄積および人口増加）を有すると考えられている。「様々な経済は1人あたりの所得（あるいは労働生産性）が同一の水準に収束するので、様々な経済で観測される1人あたり所得水準をあたかも同一経済の様々な時点で観測されるとみなすことが可能である」(Cellini, 1997: 136)。しかしながら、横断面分析は次の事実を考察から外している。「労働人口変化率はもちろんのこと人的資本および物的資本の蓄積率は時間とともに異なる値をとるものであり、単に国ごとに異なる値をとるだけではない」(Cellini, 1997: 136)。それゆえCelliniは4つの国（アメリカ合衆国、英国、日本、イタリア）の時系

列データを用いてソローの成長モデルを分析した。Cellini の計量分析では、投資率と人口の時系列データに DF（Dickey-Fuller）検定を行ったところ、単位根を持つという仮説を棄却できなかった。そこで Cellini は、効率的労働1単位あたりの産出水準が均斉状態であっても単位根を持つ確率過程になり得ると結論した。

1 モデル

われわれのモデルは、コブ＝ダグラス型の生産関数を持つソローモデルと似ている。全要素生産性は外生変数であり、ソローモデルの場合と同様に決定されるが、資本蓄積率と法制支出と人口増加率は、定数値をとるパラメータであるというよりむしろ単位根を持つ確率変数であると考えられているであろう。その結果、生産性の均衡水準を決める要因も単位根を持つ。時系列分析を使うと、現状と均斉状態の生産性水準は共和分の関係にあるはずである。その時、階差系列の定常性は、観測される生産性の成長率の定常性と一致する。換言すれば、ECM がソローモデルの含意を満たしているはずである。

生産関数は以下の形をとる。

$$Y_t = F(K_t, R_t, A_t L_t)$$

ここで Y_t は代表的な企業の産出、K_t は物的資本、A_t は知識、L_t は労働、R_t は1960年から1990年の期間にいくつかの民間企業を保護する目的で期限つきで施行された制限的取引に関する法律の量を表している。

次のようなコブ＝ダグラス型生産関数を仮定する。

$$Y_t = K_t^\alpha R_t^\beta (A_t L_t)^{1-\alpha-\beta} \qquad (8.1)$$

ここで、$0 < \alpha < 1$, $0 < \beta < 1$, $\alpha + \beta < 1$ である。

このコブ＝ダグラス関数を集約的な形で書き直すと

$$y_t = k_t^\alpha r_t^\beta \qquad (8.2)$$

となる。ただし、$k_t = \dfrac{K_t}{A_t L_t}$、$r_t = \dfrac{R_t}{A_t L_t}$、$y_t = \dfrac{Y_t}{A_t L_t}$ である。

さらにすべての $K(>0)$、$L(>0)$、$R(>0)$ に対して $f'(\cdot)$ は正であり、各投入要素で2回偏微分すると負になる。すなわち、

$$f'(k) = \alpha k^{\alpha-1} r^\beta > 0 \qquad f'(r) = \beta r^{\beta-1} k^\alpha > 0$$

と

$$f''(k) = -\alpha(1-\alpha)k^{\alpha-2}r^{\beta} < 0 \quad f''(r) = -\beta(1-\beta)r^{\beta-2}k^{\alpha} < 0$$

また稲田条件も仮定される。すなわち、資本（あるいは制限的取引に関する現行法の量）の限界生産性は、資本（あるいは制限的取引に関する現行法の量）がゼロに近づくと無限大に近づく。そして逆に資本（あるいは制限的取引に関する現行法の量）が無限大に近づく時ゼロに近づくと仮定される。

K_t と L_t の動学は以下の方程式により規定される。

$$L_t = L(0)e^{gt} \quad \dot{K}_t = s_K Y_t$$

ここで s_K は産出のうち物的資本蓄積にあてられる割合であり、減価償却はないものと仮定する。

このモデルはソローモデルに由来するものなので、技術進歩は一定で外生的であると仮定する。すなわち、

$$A_t = A(0)e^{nt}$$

最後に、制限的取引に関する現行法の量は資本と同様に投入であると考えられているので、物的資本と同じやり方でモデル化される。制限的取引に関する法律制定に向かう投資が1単位なされるごとに、制限的取引に関する現行法のストックを増加させるものとする。

$$\dot{R}_t = s_R Y_t$$

ここで s_R は資源のうちで制限的取引に関する法律制定にあてられる割合である。

経済の動学

資本ストックの時間を通じた変化は $\dot{k}_t$ によって決定され、制限的取引に関する現行法の量の時間を通じた変化は $\dot{r}_t$ によって決定される[1]。

$$\dot{k}_t = s_K k_t^{\alpha} r_t^{\beta} - (a+g_t)k_t$$

および (8.3)

$$\dot{r}_t = s_R k_t^{a} r_t^{b} - (a+g_t)r_t$$

(8.3)式が示唆するのは、以下のような自然対数を用いて定義される均斉状

---

1) 導出については、〔原著の〕付録8Aに詳述してある。

態に、経済が収束していくということである[2]（Ln は自然対数を表す）。

$$Lnk_t^* = \frac{1-\beta}{1-\alpha-\beta} Lns_K + \frac{\beta}{1-\alpha-\beta} Lns_R - \frac{1}{1-\alpha-\beta} Ln(a+g_t) \tag{8.4}$$

および

$$Lnr_t^* = \frac{1-\alpha}{1-\alpha-\beta} Lns_R + \frac{\alpha}{1-\alpha-\beta} Lns_K - \frac{1}{1-\alpha-\beta} Ln(a+g_t) \tag{8.5}$$

この時、均衡状態では以下の式が成立する。

$$Lny_t^* = \alpha LnK_t^* + \beta Lnr_t^* \tag{8.6}$$

(8.4) 式と (8.5) 式を (8.6) 式に代入すると[3]、均斉状態における産出は

$$Lny_t^* = \frac{\alpha}{1-\alpha-\beta} Lns_K + \frac{\beta}{1-\alpha-\beta} Lns_R - \frac{\alpha+\beta}{1-\alpha-\beta} Ln(a+g_t) \tag{8.7}$$

Lny_t^* は効率的労働1単位あたりの産出、言い換えれば $Ln\left(\frac{Y_t}{A_t L_t}\right)$ と等しいので、1人あたりの所得に関する均斉状態を以下のように求めることができる。

$$Ln\left(\frac{Y_t}{L_t}\right) = LnA_t + \frac{\alpha}{1-\alpha-\beta} Lns_k + \frac{\beta}{1-\alpha-\beta} Lns_R$$

$$- \frac{\alpha+\beta}{1-\alpha-\beta} Ln(a+g_t)$$

$LnA_t = LnA(0) + at$ であり、また $LnA(0) = $ 定数 $+ \varepsilon$ と仮定しているので、以下のように変形される。

$$Ln\left(\frac{Y_t}{L_t}\right) = Intercept + \frac{\alpha}{1-\alpha-\beta} Lns_K + \frac{\beta}{1-\alpha-\beta} Lns_R$$

$$- \frac{\alpha+\beta}{1-\alpha-\beta} Ln(a+g_t) + at + \varepsilon \tag{8.8}$$

(8.8) 式において Lns_K と Lns_R と $Ln(a+g_t)$ の係数は α に関する要素割合

---

2) 導出については、〔原著の〕付録8B に詳述してある。
3) 導出については、〔原著の〕付録8C に詳述してある。

（所得に占める物的資本の割合）と β に関する要素割合（所得に占める法制支出の割合）の関数である。

このモデルの場合、人口成長が高ければ、1人あたりの所得は低くなる。さらに、$Ln(a + g_t)$ の係数は Lns_K の係数より絶対値が大きい。

モデルを単純化するために

$$b = \frac{\alpha}{1 - \alpha - \beta} \quad c = \frac{\beta}{1 - \alpha - \beta} \quad d = \frac{\alpha + \beta}{1 - \alpha - \beta}$$

$$LnY_t = Ln\left(\frac{Y_t}{L_t}\right)$$

とおけば、(8.8) 式は以下のように書き換えられる。

$$LnY_t = Intercept + bLns_K + cLns_R - dLn(a + g_t) + at + \varepsilon_t \tag{8.9}$$

2 データ、分析方法、および分析結果

データ

1人あたり GNP と投資支出のデータは、SPI（1950-1997）から収集した。投資が1人あたり所得を増大させると予想される。

ここでの計量分析は、レント・シーキングのために実施された制限的取引に関する現行法の量を用い、ある企業あるいはある部門の便益のために対外取引制限を実施、継続、改善するような法律、政令、行政決議を考慮に入れる。こうした法律などの制定を後押しした主体は一般に企業であるが、**官報**に掲載される。データ収集期間は 1960 〜 1990 年である。輸出促進政策は 1980 年に始まり、データ期間中継続している。対外取引に関する制限的取引に関する現行法の量は、データ期間中およそ 3000 項目に達している。

法制支出の代理変数として使われる官僚の給与と政治家の報酬は、SIS（State Institute of Statistic：国家統計局、Statistical Indicators, 1925-1990）から収集した。トルコでは官僚の給与と政治家の報酬の実質値は 1960 年以降下落したけれども、制限的取引に関する現行法の量は 1960 年以降増加している。それゆえ官僚と政治家は、正規報酬の下落を埋め合わせるために何らかの追加的（違法な）所得を得ていたことが予想される。

官僚と政治家の年収の変化に加えて、法律上の所得のうち 0.25％ は外部から

のものであり（企業は自らに有利となるような法案を成立させるよう官僚に圧力をかける）、それらが法制支出を構成すると仮定する。それに対する事前の予測はしない。さらに、3つのダミー変数（Dum80, Dum74, Dum71）を追加して、1980年と1971年の軍事介入および1974年のキプロス紛争の影響を測定する。1971年の軍事介入は大規模なものではなく、経済を混乱させることはなかったが、1980年の軍事介入はそうではなかった。そこで1971年には1人あたり所得は下落しなかったが、1980年には下落した。さらに1974年のキプロス紛争も1人あたり所得を下落させたと考えられる。

方 法 論

1人あたりの総産出と総投資と法制支出の自然対数をとり（$LN\hat{Y}_t, LnINVY_t, LnLEIY_t$）、それらの間に長期的な共和分関係があるかどうか検定を行えるようにする。後で詳述するが、共和分分析は産出水準について何らかの情報を提供してくれるのに対し、ECMは産出の変化について何らかの情報を提供してくれる。共和分とECMの結果を得るために、われわれはEngle-Granger（EG）による2段階推定法およびPesaranなどによるARDL法を用いる予定である。EG検定の後でARDLを用いる意図は、EG検定の結果を検証することである。

実証分析結果

実証分析にあたり、(8.9) 式の表現を確認しておく。

Ln：自然対数を表す

LnY_t：1968年基準の物価を用いた1人あたりGNPの自然対数

Lns_K：産出の中で物的資本蓄積（$INVY$、実質GNPのうちの実質投資）の占める割合の自然対数

Lns_R：産出の中で法制活動（$LEIY$[4]、GNPのうちの法制支出）の占める割合の自然対数

g：人口成長率

a：外生的な技術進歩率（定数であると仮定）

$Ln(a + g_t)$：人口増加の自然対数

$Dum80$：1980年の軍事介入を表すダミー変数

$Dum74$：1974年のキプロス紛争を表すダミー変数

$Dum71$：1971年の軍事介入を表すダミー変数

ε_t：誤差項

t：トレンド

2.1 Engle-Granger のアプローチ

　共和分の分析は見せかけの回帰に直面するので、回帰関係が見せかけではない条件が何であるかを明らかにしようと試みる。見せかけの回帰の問題が起こるのは、ほとんどの経済時系列は非定常であるからである。確率過程が定常であるのは、期待値と分散と共分散が時間を通じて一定である時である。この条件が1つでも満たされない時、その確率過程は非定常であると言われる（Charemza and Deadman (1997), Thomas (1993)）。EG 共和分と ECM は2つの段階を含んでいる。**第1段階**では各変数の和分の次数を決める。すなわち各変数の時系列に対して順に階差をとっていき、定常過程が現れるまで続ける。そして同一の和分の次数を用いて、最小二乗法で共和分回帰を推定することを試みる。**第2段階**では変数間に共和分関係がある場合に、そのモデルの誤差修正表現を作成する。

第1段階――和分と共和分の次数――

　ADF 検定において、「帰無仮説は変数が単位根を持つというものであり、対立仮説は単位根を持たないというものである。検定統計量にデータを代入して得られる値が0から大きく離れて負であれば、帰無仮説は棄却される」（Dickey et al., 1991: 72）。時系列が定常であるのは、被説明変数のラグ付変数の係数が負であり0とは統計的に異なる時である。そこで (8.9) 式を推定するにあたり、

---

4) LEI は法制支出を表す。また $LEI = ((dBWS + (BWS \times 0.25))/R)/Y$ と仮定される。ここで $dBWS$ は官僚の給料の1階差分であり、R は制限的取引に関する現行法の量であり、Y は1968年物価で表示された国民所得である。官僚の給料は1960年から90年の期間に減少したが、制限的取引に関する法案のうちで施行された法律の数量は同期間に増加した。したがって官僚は、正規の給料における損失を埋め合わせるために追加の（違法な）所得を得ていたと考えられる。官僚の年収の変化＋正規の官僚の所得の0.25％は外部（法案が通過するよう圧力をかける企業）に由来するものとし、法制支出の代わりに使う。

表 8.1　和分過程の ADF 検定

変数	0 階階差		1 階階差		和分の次数
	ADF	判定点 (5%)	ADF	判定点* (5%)	
LnY_t	－0.92(0)	－2.96	－4.28(0)	－2.96	$I(1)$
$LnINVY_t$	－1.10(0)	－2.96	－4.64(0)	－2.96	$I(1)$
$LnLEIY_t$	－2.64(0)	－2.96	－4.96(0)	－2.96	$I(1)$
$Ln(a+g_t)$	－2.28(0)	－2.96	－4.32(0)	－2.96	$I(1)$

＊判定点（CV）の値は Mackinnon（1991）からとっている[5]。検定結果は Microfit 4.0 によって計算されている。

残差が自己相関を持たないようにするために必要な階差項を追加する。表 8.1 は、各変数について階差をとらない場合と 1 階階差をとった場合における DF/ADF 検定の計算値を示している。階差をとらない場合には、非定常であるという帰無仮説はどの変数についても棄却することができない。それゆえ非定常であることになる。和分の次数を決めるために 1 階の階差をとった変数に同じ検定を行うと、判定点はすべての変数について検定統計量の値より小さい（絶対値は大きい）。

表 8.1 は、すべての時系列が 1 次の和分過程［$I(1)$］であり、1 階階差をとると定常になることを示している。

表 8.1 からわかるように、すべての変数は 1 階階差をとると定常になる。それゆえすべての変数は次数 1 の和分過程であると結論される。また変数間の長期的な関係が存在するかどうかについて、つまり共和分関係について検定してもよい。以上の情報に基づいて、われわれは今や Engle-Granger による第 1 段階の共和分回帰推定結果に対して、変数間に共和分関係がないという帰無仮説の検定を実行することができる。

共和分関係の存在を明らかにするための手順は、第 1 に仮説のもとで長期的な関係を最小二乗法で推定する（共和分回帰と呼ばれる）。第 2 にこの回帰による

---

5) 表 8.1 は、各変数について階差をとらない場合と 1 階の階差をとった場合について DF/ADF 検定を行い、t 値を計算したものである。階差をとらない場合、非定常という帰無仮説はどの変数に対しても棄却することができない。それゆえ、非定常であると考えられる。

残差を用いて DF/ADF 検定を行う。この過程でわれわれは 2 つの方程式を検定した。すなわち制約のない方程式と制約つきの方程式である。第 1 の方程式は（8.9）式を写したものである。

唯一の大きな相違は、トルコの特殊な事情を説明するために（8.10）式には 3 つのダミー変数を加えてあることである。

$$LnY_t = Intercept + bLnINVY_t + cLnLEIY_t - dLn(a + g_t) + at \\ + eDum80 + fDum74 + gDum71 + \varepsilon_t \qquad (8.10)$$

第 2 の方程式は、$\alpha + \beta < 1$ というソロー条件を確かめるためのものである。(8.10) 式[6]に制約をつけて得られる新しい回帰方程式は以下のようになる。

$$Lny_t^* = Intercept + \phi[LnINVY_t - Ln(a + g_t)] + \\ \mu[LnLEIY_t - Ln(a + g_t)] + \lambda Dum80 + \eta Dum74 + \pi Dum71 + \varepsilon \\ (8.11)$$

制約つき（$\alpha + \beta < 1$ というソロー条件）回帰方程式を時系列分析の枠組みで推定するためには、共和分分析を適用して、変数間に共和分関係がないという帰無仮説を検定する必要がある。ソローの経済成長モデルにおいて集計された生産関数は規模に関して収穫一定であり、各生産要素について 1 回偏微分した値が正であり、2 回偏微分した値が負となっている。換言すれば、限界生産物は正であり、各生産要素の投入に伴い逓減する。そして制約は $\alpha + \beta < 1$ である。表 8.2 は、被説明変数を LnY_t とした時の制約つきモデルと制約なしモデルに対して EG 検定を行った結果を示している。

表 8.2 の回帰分析の結果によれば、帰無仮説は変数間に共和分の関係がないというものであり、制約あり、なしのいずれの場合においても有意水準 5% で棄却される。この理由としては、制約のない回帰式の残差による ADF 検定では検定統計量の値が − 6.02 であることが挙げられる。この値は判定のための下限 − 4.59 と上限 4.50 からはみ出ている。また、制約つき回帰式の残差による ADF 検定では、検定統計量の値が − 6.03 であるので帰無仮説が棄却される。

---

6) （8.10）式を書き直すと次のようになる。

$$Lny_t^* = Intercept + \frac{\beta}{1 - \alpha - \beta}[Lns_K - Ln(a + g_t)] \\ + \frac{\alpha}{1 - a - b}[Lns_R - Ln(a + g_t)] + \varepsilon$$

表 8.2　EG 検定の結果

被説明変数　$Ln\hat{Y}_t$

説明変数	無制約の係数	説明変数	制約つきの係数
定数	0.80 [0.19]	定数	0.96 [12.45]
$LnINVY_t$	0.14 [4.18]	$LnINVY_t - Ln(a+g_t)$	0.14 [4.27]
$LnLEIY_t$	−0.01 [−1.93]	$LnLEIY_t - Ln(a+g_t)$	−0.01 [−2.41]
$Ln(a+g_t)$	−0.09 [−1.87]		
$Time$	0.02 [6.69]	$Time$	0.02 [8.23]
$Dum80$	−0.07 [−3.56]	$Dum80$	−0.08 [−3.85]
$Dum74$	0.04 [2.85]	$Dum74$	0.04 [2.93]
$Dum71$	0.04 [2.81]	$Dum71$	0.04 [2.98]
$\bar{R}$	0.99	$\bar{R}$	0.99
$\bar{R}^2$	0.99	$\bar{R}^2$	0.99
DW	2.09	DW	2.09
F	894.70	F	1091.20
SC	0.79	SC	0.80
FF	2.26	FF	2.27
N	0.65	N	0.65
H	0.00	H	0.00
ADF 検定統計量の値	−6.02	ADF 検定統計量の値	6.03
ADF 95%境界値	−4.59　−4.50	ADF 95%境界値	−4.16　−4.09

＊[ ]内は t 値である。境界値は Charemza and Deadman（1997）の中にある DF/ADF 共和分検定の箇所から引用した。この文献の付録にある表3において、判定点（マイナス符号省略）は $m = 1, \cdots, 8$ として定数項を含むモデルについて有意水準5%の時のものである〔なお、表中の SC、FF、N、H などについては本書第4章の表4.5の注を参照〕。

この値は判定のための下限 −4.16 と上限 −4.09 からはみ出ている[7]。

ここでぜひとも言及しておきたいことがある。投資は所得水準に正の効果を持つと予想されており、推定において正の符号が得られた。われわれは生産関数において、各生産要素について1回偏微分して正、2回偏微分して負であると仮定していたけれども（ソローの限界生産物に対する仮定）、レント・シーキング

---

7) これらの判定点は、変数の数 m に対する上限と下限を示している。われわれの観測数は30年であり、最初の推定における変数の数は3であるので、定数項を持つ DF/ADF 共和分検定の判定点は有意水準5%のもとで 4.16 と 4.09 である。同様に第2の推定における変数の数は2であるので、判定点は 4.59 と 4.50 である。

の変数の符号は負である。この負という符号は、Tullock (1980b) の中で述べられている「レント・シーキング活動は、経済成長を鈍らせ、所得水準を低下させる」という主張を正当化するものでもある。

　表8.2 からわかるように、$\phi = 0.14$ であり、$\mu = -0.01$ である。$\phi + \mu < 1$ という条件が成立しているので、このモデルはソローモデルのように外生的である。しかも $LnINVY_t$、$Ln(a + g_t)$、$Dum80$、$Dum71$ の符号は予想通りであり、$LnLEIY_t$ の符号は負である。また、これらの符号はトレンドを除いてすべて統計的に有意である。この計量分析の目的はレント・シーキングが経済成長に及ぼす影響を明らかにすることであるので、$LnLEIY_t$ の符号が負で統計的に有意であることは、法制支出の1％の増加は1人あたり所得水準を0.01％下落させることを意味する。

　驚くべきことに、$Dum74$ の符号は正であり、予想とは異なる。この正という符号が意味することは、1974年のキプロスの戦いが1人あたり国民所得に正の影響をもたらしているということである。この理由としては、1974年の外貨準備が増加したことがあるかもしれない。この年には、政府の方針で、海外から（すなわちドイツから）トルコへ民間の資金移動が増えたため、キプロスの戦いがあったにもかかわらず、国際収支は黒字であった。

誤差修正表現

　ソローのモデルによれば、現時点の産出が均衡水準より低（高）ければ、その後産出が増加（低下）するはずである。今期の産出水準が均衡水準より低ければ、生産性が翌期に上昇するためである。今期の産出水準が均衡水準より高ければ、生産性は翌期に下落するのである。実は、こうした産出水準変動の予想は ECM を表しているのである。ECM では、労働生産性の変化率を被説明変数、生産性の現実の値と均衡水準との差に関する前期の値を説明変数として回帰分析をした時に、説明変数の係数が負で有意であることが Engle-Granger 検定の第2段階では必要になる。

　誤差修正パラメータ（すなわち、労働生産性の変化率を、生産性の現実水準と均衡水準の差の前期における値に関連づけるパラメータ）は、均衡水準へ単調に収束するためには -1 と0の間になければならない[8]。このため共和分のこうした性質は、

表 8.3 ECM

説明変数	係数	t 値
ECM_{t-1}	-0.23	-5.69
$\Delta LnINVY$	0.15	5.74
$\Delta LnLEIY$	-0.01	-2.67
$\Delta Ln(a+g)$	-0.09	-5.74
$\Delta Dum80$	-0.06	-4.05
$\Delta Dum74$	0.05	3.21

被説明変数 $\Delta Ln\hat{Y}$、観測数 29
推定期間 1962〜1990

$R^2 = 0.78$, $\bar{R}^2 = 0.74$, $DW = 1.93$,
$F = 16.75$, $SC = 0.43$, $FF = 0.19$,
$N = 0.30$, $H = 0.02$

ソローの成長モデルが持つ重要な確率的性質であるとみなされるべきである (Cellini, 1997)。

長期の共和分関係を見出すことで、ECM を推定することが可能になる。推定のための回帰式は以下のようであり、結果は表 8.3 に示されている。

$$\Delta LnY_t = b\Delta LnINVY_t + c\Delta LnLEIY_t - d\Delta Ln(a+g_t) + eECM_{t-1}$$
$$+ f\Delta Dum80 + g\Delta Dum74 + h\Delta Dum71 + at + \varepsilon_t \qquad (8.12)$$

われわれのモデルでは、ソローモデルを誤差修正表現とみなすという見解が推定と検定の結果によって裏づけられている。換言すれば、表 8.3 に示された結果は、第 1 段階で共和分関係が見られ、第 2 段階で誤差修正表現が見られることを裏づけているのである。誤差修正項は負であり、絶対値で 1 未満であり、統計的に有意である。このことからわかることは、投資は 1 人あたり国民所得を増大させるのに対し、法制支出は短期においてさえ 1 人あたり国民所得を下落させるということである。ここで強調しておきたいのは、ソローモデル自体は、データの短期的成分を考慮しておらず長期的成分を考慮しているということである。ここで Cellini にならって以下のような仮定を置く。産出生産性の変動はソローモデルにおいて長期的成分の合計であり、ECM において短期的成分の合計である。

---

8) もちろん人口成長率が変化するので、収束速度は一定ではない。

表 8.3 にはトレンドと $Dum71$ が示されていない。これは、この 2 つの変数の係数の t 値が 1 より小さく、統計的に有意でないからである。しかも、それ以外の変数の係数推定値の符号は予想通りであり、統計的に有意である。短期においてさえ、$\Delta LnINVY$ が 1 ％増大した時に 1 人あたり国民所得は 0.15 ％増加する。他方、法制支出が 1 ％増加すると 1 人あたり国民所得は 0.01 ％下落する。また、人口が 1 ％増加すると 1 人あたり国民所得は 0.09 ％下落する。ダミー変数 $Dum80$ の符号はやはり予想通りであり、統計的に優位であるが、$Dum74$ の符号は正である。

われわれが行った Engle-Granger 検定の結果を正当化するために、Johansen の VAR（ベクトル自己回帰）モデルを使って変数間に 2 つ以上の共和分関係があるかどうかを確かめる。

2.2. Johansen の共和分検定

Johansen の VAR モデルを用いた共和分検定は、変数間に 2 つ以上の共和分関係があるかどうかを確認する機会を与えてくれる。Charemza and Deadman (1997) によれば、推定された共和分ベクトルの要素が正規化の後で経済的に意味のある符号を持ち、Engle-Granger の方法によって推定された値とほぼ等しいならば、当該方程式を何らかの形で確認したと考えられる (Charemza and Deadman, 1997: 178)。

Johansen (1988) に示された VAR モデルは、変数間に共和分関係がないという帰無仮説が棄却されて対立仮説が支持されれば、変数間に階数 1 の共和分関係があることを示してくれる。われわれのモデルはトレンドを含んでいるので、ここでの VAR モデルは制約のない定数ベクトルと制約つきのトレンドを持つと仮定する。境界値のどの範囲を用いても、最大固有値を用いた検定統計量とトレース（対角和）を用いた検定統計量によるわれわれの検定結果は同等である。というのは、いずれの検定統計量も階数が 1 であると認められるからである。

このことから変数間に共和分関係が 1 つだけ存在する。検定結果は表 8.4 に示されている。

Engle-Granger 検定と Johansen 検定を行った後、この結果を支持する根拠

表 8.4 共和分検定結果（階数）

VAR モデルは制約のない定数項と制約つきのトレンド項を含む 係数行列の最大固有値に基づく尤度比検定 データ数 29 推定期間 1962〜1990 年 VAR モデルの次数 2、選択される階数 1 共和分ベクトルに含まれる変数： $Ln\hat{Y}_t$, $LnINVY_t$, $LnLEIY_t$, $Ln(a+g_t)$, Trend VAR モデルに含まれる $I(1)$ 過程に従う変数： $Dum80$, $Dum74$, $Dum71$			
帰無仮説		係数行列の最大固有値		
H_0	H_1	統計量	境界値（95%）	境界値（90%）
$r=0$	$r=1$	43.14	40.98	38.04
$r\leq 0$	$r=2$	22.29	34.65	31.89

VAR モデルは制約のない定数項と制約つきのトレンド項を含む 係数行列のトレースに基づく尤度比検定 データ数 29 推定期間 1962〜1990 年 VAR モデルの次数 2、選択される階数 1 共和分ベクトルに含まれる変数： $Ln\hat{Y}_t$, $LnINVY_t$, $LnLEIY_t$, $Ln(a+g_t)$, Trend VAR モデルに含まれる $I(1)$ 過程に従う変数： $Dum80$, $Dum74$, $Dum71$			
帰無仮説		係数行列の最大固有値		
H_0	H_1	統計量	境界値（95%）	境界値（90%）
$r=0$	$r=1$	108.84	90.02	85.59
$r\leq 0$	$r=2$	45.70	63.54	59.39

＊これらの検定結果は Microfit 4 によって自動的に計算される。

を集めるために ARDL 分析を行う。

2.3 ARDL 分析

　ここでは Pesaran et al.（1996）および Pesaran and Shin（1995）によって発展した ARDL モデルを用いて ARDL モデル分析が前節の検定結果を支持するかどうかを見るために、1960〜1990 年の期間のトルコの年次データを用いて $Ln\hat{Y}_t$、$LnINVY_t$、$LnLEIY_t$、$Ln(a+g_t)$ の関係を調べる。

　この検定が前節の検定と異なる最大の点は、説明変数が $I(0)$ 過程に従うか $I(1)$ 過程に従うかにかかわらず使えるということである。そこで、この検定

は通常の共和分分析に関する問題、すなわち変数を $I(0)$ と $I(1)$ に分類しなければならないという問題を回避することができる。

ARDL モデルの検定は2段階に分かれる。

第1段階

ARDL モデルの変数間に長期的な関係が存在するかどうかを検定するには、ARDL モデルの誤差修正表現における前期の項の有意性を判定する F 統計量を計算する。しかしながら、この F 統計量の（漸近）分布は、説明変数が $I(0)$ であるか $I(1)$ であるかにかかわらず、標準的ではない。Pesaran et al. (1996) は、ARDL モデルが切片を含むか、トレンドを含むか、さらに説明変数の数 (k) に応じて対応する境界点を表にした。この境界点は2つに大別される。1つは ARDL モデルのすべての変数が $I(1)$ 過程に従うという仮定のもとで計算されており、もう1つは ARDL モデルのすべての変数が $I(0)$ 過程に従うという仮定のもとで計算されている。ここで ARDL モデル分析を用いて (8.10) 式を再び推定する。ARDL モデル分析の枠組みでは、F 統計量の値が境界値の範囲外にある場合、変数が $I(0)$ であるか $I(1)$ であるかを調べることなく、検定の結論を出すことができる。仮に F 統計量の値が境界値の範囲内にあれば、検定の結論を出すことはできず、変数が $I(0)$ であるか $I(1)$ であるかに依存することになる。もし F 統計量の値が境界値よりも大きければ、共和分関係が存在すると言える。

第2段階

第2段階は、長期的な関係の係数を推定し、対応する誤差修正表現を見出すことである。長期的な関係が見せかけの物ではないことが満たされる場合に限り、この段階に進むことがふさわしい。このアプローチをトルコのデータに適用するにあたり、われわれはまず (8.10) 式と (8.12) 式を設定する。$Ln\hat{Y}_t$、$LnINVY_t$、$LnLEIY_t$、$Ln(a+g_t)$ という変数について、ARDL モデルの誤差修正表現として最も単純なものは以下のようになる。

$$\Delta LnY_t = \alpha_0 + \lambda(LnY_{t-1} - A_1 LnINVY_{t-1} - A_2 LnLEIY_{t-1}$$
$$+ A_3 Ln(a + g_{t-1}) + A_4 Dum80 + A_5 Dum74 + A_6 Dum71)$$

$$+ \alpha_1 \Delta LnINVY_t + \alpha_2 \Delta LnLEIY_t - \alpha_3 \Delta Ln(a+g_t) + \alpha_4 \Delta Dum80$$
$$+ \alpha_5 \Delta Dum74 + \alpha_6 \Delta Dum71 + at + \varepsilon_t \qquad (8.13)$$

ソローの理論によれば、収束が実現する必要十分条件は $-1 < \lambda < 0$ である。さらに、$\phi_1 = -\lambda^* - A_1$ は正であるべきで（投資の変化は1人あたり国民所得の伸びを拡大させる）、$\phi_3 = -\lambda^* A_3$ は負であるべきである（投資の変化は1人あたり国民所得の伸びを縮小させる）。他方、$\phi_2 = -\lambda^* A_2$ はソローのモデルに基づけば正であるが、A の期待される符号は正である可能性もあれば負である可能性もある。もし正であれば、レント・シーキング活動は経済成長を促進することになる。しかしながら負であれば、レント・シーキング活動は経済成長を鈍らせることになる。(8.13) 式において、係数 α のついた説明変数は短期的動学を表現する物であり、係数 φ のついた説明変数は長期的動学を表現している。ε_t は確率項であり、ホワイト・ノイズであると仮定される。

$$\Delta LnY_t = \alpha_0 - \lambda LnY_{t-1} + \phi_1 LnINVY_{t-1} + \phi_2 LnLEIY_{t-1}$$
$$- \phi_3 Ln(a+g_{t-1}) + \phi_4 Dum80 + \phi_5 Dum74 + \phi_6 Dum71$$
$$+ \alpha_1 \Delta LnINVY_t + \alpha_2 \Delta LnLEIY_t - \alpha_3 \Delta Ln(a+g_t) + \alpha_4 \Delta Dum80$$
$$+ \alpha_5 \Delta Dum74 + \alpha_6 \Delta Dum71 + at + \varepsilon_t \qquad (8.14)$$

定常性を満たすかどうかを検定することなしに、$LnINVY_t$、$LnLEIY_t$、$Ln(a+g_t)$ が LnY_t に長期的に影響を与えるかどうかを先験的に知ることはとても難しい。そこで検定を行う。帰無仮説は、長期的な関係が存在しないというもので、具体的には

$$H_0 : \phi_1 = \phi_2 = \phi_3 = 0$$

であり、対立仮説は（8.15）

$$H_1 : \phi_1 \neq 0, \; \phi_2 \neq 0, \; \phi_3 \neq 0$$

である。

その場合の95%の境界点は2.95と4.09である（Pesaran, 1996）。しかしながら、すべての変数が1次の和分過程 $I(0)$ に従う（表8.1参照）ので、変数間に共和分関係が存在しないという仮説を検定する時の境界点として、上方の値(4.09)だけを使う。表8.5は F 統計量の結果を示している。

これらの検定結果から、LnY_t、$LnINVY_t$、$LnLEIY_t$、$Ln(a+g_t)$、LnY_t の間に長期的関係が存在することがわかる。ここで、LnY_t は被説明変数である。

表 8.5 ARDL モデルの F 統計量の結果

F 統計量変数	F 統計量	表 F 95%		表 W 95%	
		$I(0)$	$I(1)$	$I(0)$	$I(1)$
$F(LnY_t \mid LnINVY_t, LnLEIY_t, Ln(a+g_t), Dum80, Dum74, Dum71)$	4.44	2.95	4.09	20.62	28.62
$F(LnINVY_t \mid LnY_t, LnLEIY_t, Ln(a+g_t), Dum80, Dum74, Dum71)$	1.11	2.95	4.09	20.62	28.62
$F(LnLEIY_t \mid LnY_t, LnINVY_t, Ln(a+g_t), Dum80, Dum74, Dum71)$	2.02	2.95	4.09	20.62	28.62
$F(Ln(a+g_t) \mid LnY_t, LnINVY_t, LnLEIY_t, Dum80, Dum74, Dum71)$	1.31	2.95	4.09	20.62	28.62

この検定の境界点は Pesaran et al. (1996) に発表されており、ここでは表 F、表 W として再掲した。統計量の値を計算する際には Microfit 4.0 の付録 C を利用した。表 F はこの検定の F 統計量に関する境界値を与えており、表 W は検定の基礎にある回帰式が定数項を含むかトレンドを含むかに応じて場合分けされる 3 つのケースについて W 統計量の境界点を与えている。表 W は Wald 統計量を使って求められている。この当計量は漸近的にカイ二乗分布に従い、F 統計量の代わりに用いることができる。

特に $LnINVY_t$、$LnLEIY_t$、$Ln(a+g_t)$ は LnY_t を長期的に説明するのに必要な変数として扱うことができる。F($\Delta LnY_t \mid \Delta LnINVY_t, \Delta LnLEIY_t, \Delta Ln(a+g_t), Dum80, Dum74, Dum71$)($F$ 統計量の値)は 4.44 であり、境界値は 4.09 である。4.44 という値は、境界値が示す範囲を超えているので、LnY_t、$LnINVY_t$、$LnLEIY_t$、$Ln(a+g_t)$、$Dum80$、$Dum74$、$Dum71$ の間に長期的関係がないという帰無仮説を棄却することができる。しかしながら、他の変数についても同じ検定を行ったところ、F 統計量の値はどれも境界値が示す範囲を超えることはなかった。

いったん変数間に共和分関係があることがわかると、AIC と SBC を用いて選択された ARDL モデルに基づいて長期的係数を推定することができる。これらの結果は、表 8.6 に与えられている。

AIC の結果によれば、$LnINVY_t$ の符号は正であり、$LnLEIY_t$ と $Ln(a+g_t)$ の符号は負であり、いずれも統計的に有意である。これらの結果は、Engle-Granger 検定や Johansen 検定の結果と一致している。$Dum80$ の符号は負であり、$Dum74$ と $Dum71$ の符号は正である。さらに、人口の係数は -0.07 であり、AIC では統計的に有意であるが SBC では有意ではない。

表 8.6　AIC と SBC によって選択された ARDL モデルに基づく長期的係数（ラグの長さ 2）

長期的説明変数	AIC（2 ラグ） ARDL (1, 0, 0, 0) 係数	SBC（2 ラグ） ARDL (0, 0, 0, 0) 係数
定数	− 1.73　[4.44]	0.45　[4.16]
$Ln\hat{Y}_{t-1}$	0.17　[0.13]	──────
$LnINVY_t$	0.13　[0.03]	0.14　[0.03]
$LnLEIY_t$	− 0.01　[− 0.001]	− 0.03　[0.001]
$Ln(a+g)$	− 0.07　[− 0.03]	− 0.02　[− 0.01]
$Time$	− 0.002　[0.04]	0.02　[0.03]
$Dum80$	− 0.05　[0.03]	− 0.07　[0.02]
$Dum74$	0.04　[0.02]	0.05　[0.01]
$Dum71$	0.04　[0.02]	0.05　[0.02]
$\bar{R}$	0.99	0.99
$\bar{R}^2$	0.99	0.99
DW	2.32	2.27
F	746.41	826.83
SC	2.51	1.71
FF	0.24	1.13
N	0.04	0.82
H	0.00	0.80

＊カッコ内の数値は標準誤差である。

表 8.7　ARDL モデルの誤差修正表現

ARDL (1, 0, 0, 0)　AIC により選択 被説明変数　$\Delta Ln\hat{Y}$		
説明変数	係数	t 値
ECM_{t-1}	− 0.18	− 6.04
$\Delta LnINVY_t$	0.13	3.93
$\Delta LnLEIY_t$	− 0.01	− 2.29
$\Delta Ln(a+g_t)$	− 0.12	− 3.50
$\Delta Dum80$	− 0.05	− 1.89
$\Delta Dum74$	0.03	2.24
$\Delta Dum71$	0.04	2.64
$R^2 = 0.75,\ \bar{R}^2 = 0.64,$ $DW = 2.31,\ F-Stat = 7.34$		

第 8 章　トルコにおけるレント・シーキングと成長

AIC の標準誤差は SBC の標準誤差よりはるかに小さいので、選択された ARDL (1, 0, 0, 0) モデルの誤差修正表現は AIC に基づいている。

長期的推定値に関連する ECM からわかることは、ECM 係数の符号は正しく、均衡への収束速度は中庸であるということである。

表 8.7 からわかるように、ECM も統計的に有意であり、係数の推定値は絶対値で 1 より小さい。われわれの ARDL 検定結果によれば、変数の確率的性質はソローの経済成長モデルに合致している。なぜなら、所得生産性、物的資本蓄積性向、法制支出、人口増加率は $I(1)$ 過程に従う時系列であり、それらは共和分関係にあるからである。さらに、生産性に関する現実の水準 ($\Delta Ln\hat{Y}_t$) と均衡水準 ($\Delta Ln\hat{Y}_{t-1}$) の差は定常であったので、その後の生産性の成長率が決定されていた。また $\Delta LnINVY_t$, $\Delta LnLEIYt$, $\Delta Ln(a + g_t)$ の符号も予想通りである。$\Delta LnINVY_t$, $\Delta LnLEIY_t$, $\Delta Ln(a + g_t)$ の係数は統計的に有意であるが、トレンドの係数は有意ではない。それゆえトレンドは表 8.7 には掲載されていない。これらの結果は、レント・シーキング活動が経済成長に負の有意な効果をもたらすことも示している。それはレント・シーキング活動が経済成長を鈍らせ、毎年 0.01％所得を減少させることを意味している。

3 結　論

第 2 節では拡張されたソロー型経済成長モデルを検定するために 3 つの方法を使ってきた。その 3 つとは、Engle-Granger 検定と Johansen 検定と ARDL モデル検定である。これら 3 つの検定によって確認されたことは、長期的に変数間にただ 1 つの共和分関係が存在していたということである。さらに Engle-Granger 検定と ARDL モデル検定の誤差修正項の係数は統計的に有意であり、絶対値で 1 より小さく、負となっている。そこで、変数には長期的にも短期的にも、産出水準と産出の変動を説明する力があると言える。

Johansen 検定と ARDL モデル検定を行った意図は、Engle-Granger 検定の結果を確認することにあった。よく知られているように、Engle-Granger 検定は変数間に共和分関係が 1 つだけある場合に有効である。共和分関係が 2 つ以上ある場合には、Engle-Granger 検定は共和分関係が存在するかどうかについて情報をもたらさない。しかしながら、Engle-Granger 検定においても

ARDL モデル検定においても、係数の符号は予想通りであった。どの検定においても同様の係数が得られ、われわれのモデルを支持してくれた。特にいずれの場合においても法制支出の係数は負であるので、われわれはレント・シーキング活動が1人あたり国民所得も経済成長も縮小させると結論する。政策上の結論としては、制限的な取引に関する法律を制定するにあたっては、官僚や政治家から独立した機関によって監督されるべきであった。

Engle-Granger 検定と ARDL モデル検定から得られる結果を解釈すると、GNP に占める投資の割合は前者が 0.14 であり、後者が 0.13 である。他方、GNP に占める法制支出（レント・シーキングの代理変数）の割合は前者も後者も 0.01 であった。換言すれば、法制支出が 1% 増えると 1 人あたり国民所得は 0.01% 減少する。Krueger は 1968 年のトルコについてレント・シーキングの推定値は 0.15 であるとし、われわれはこの値が高すぎると考える。われわれの時系列分析では、法制支出はレント・シーキングの代理変数であるので、法制支出が占める割合は 1960～1990 年のトルコにおいて 0.01 であり、1968 年だけをとっても、0.15 よりはるかに低いと言える。

第 3 節　内生的成長モデル

1　Rama モデル

Rama (1993a, 1993b) が示したモデルでは、生産関数は誘導型が採用されている。生産要素は資本と法律の 2 つである。このモデルにおいて、家計[9]は消費計画をたて、企業[10]は投資と請願の決定をする。

コブ＝ダグラス型の生産関数が以下のように設定される。

$$Y_{it} = A_{it} K_{it}^{\alpha} R_{it}^{\beta} \bar{K}_{it}^{x} \bar{R}_{it}^{\phi} L_{it}^{1-\alpha-\beta-x-\phi} \qquad (8.16)$$

ここで、Y_{it} は代表的な企業の産出、A_{it} は技術、K_{it} は代表的な企業の物的

---

[9] 代表的な家計は生涯の効用
$$U = \int_0^\infty |u(c_t) \exp[-pt]| dt$$
を最大にするよう努める。ここで c_t は 1 人あたり消費であり、$\rho > 0$ は時間選好率で定数である。Rama は分析をいたずらに複雑にしないために時刻 t における効用関数を
$$u(c_t) = \log c_t$$
と仮定した。

資本と知識、$\bar{K}$ は残りの企業にとっての平均的な物的資本と知識（残りの経済に対して正の外部効果をもたらす）、L_{it} は労働、R_{it} は代表的な企業にとって好ましい制限的取引法案のうちで実施された量、$\bar{R}_{it}$ は残りの企業にとって好ましい制限的取引に関する現行法の平均的な量（残りの経済に負の外部効果をもたらす）である。ある企業にとって好ましい制限的取引法案は、この企業に対して租税還付などのさらなる法案を請願する動機を与えるので、結果として他の競争相手企業にさらなる制限を課すことになるかもしれない。受益者の数が増えると、レント・シーキング活動による既存企業の分け前は少なくなる。代表的な企業の資本ストックが増大し、残りの企業の平均的な資本ストックも増大すれば、代表的な企業の産出は増大する。これは溢出効果の結果である。代表的な企業の産出は、資本ストックだけでなく法制度にも依存する。代表的な企業にとって有利な法制度は、その企業の産出を増加させるけれども、仮にすべての企業がその種の移転を受けるならば、効率性は全体として低下する。これゆえ、残りの企業にとって有利な法律の平均的な量が増えるにつれて、産出は減少する。

さらに、$0 < \alpha < 1$ であり、$0 < \chi < 1$ である。また、溢出効果により $\beta > 0$ でもある。他方、$\phi < 0$ である。Rama モデルではすべての企業が均衡において等しく、$R = r$ である。そこで、死荷重をもたらす制限的取引に関する現行法の量に基づく再分配は、$\chi + \phi < 0$ に等しい。しかしながら非常に大規模で戦略的に行動する企業の数は無視されるかもしれない。一般的にプレイヤーは団結することは困難であり（$r = R > 0$）、結果として潜在的な産出と実際の産出の乖離は存在することになろう。そうした乖離は、所与の資本ストックに対して制限的取引に関する現行法から派生する、金融の Harberger 費用の尺度を提供してくれる。さらに、長期的に均斉状態へ収束する傾向を避けるために、生産関数は、再生産可能な生産要素に対する収益が減少しないという性質を持つ必要がある（Rebelo, 1991）。$\alpha + \beta + \chi + \phi = 1$ と仮定される。

---

10) Rama モデルにおいて、代表的な企業は生産的な投資にあてる資源の量（$i \geq 0$）と請願活動にあてる資源の量（$l \geq 0$）を決定しなければならない。こうした決定をする基準は、純収益の現在価値（PV）を最大化することである。ここで重要なことは、割引率は家計に支払われることになる利子率である。この利子率を f_{tz} と表すと、これを割引率として現在価値は以下のように求められる。

$PV_t = \int_0^{+\infty} \{(y_t - i_t - l_t) \exp[-\int_0^t f_{tz} dz]\} dt$

彼のモデルにおいては、投資 i が資本ストックを増加させる。減価償却を無視して、追加費用（ω）の民間分を示すと

$$\dot{k}_t = i_t/\omega \quad (8.17)$$

となる。請願活動への支出は、当該企業に有利な制限的取引に関する現行法の量を決定する。すなわち、

$$r = l/\eta \quad (8.18)$$

上式において r と l は連続変数と考えられている。η は追加の法案が可決されるための民間の費用を測っている。これは、制度上の調整が功を奏するかどうかにかかっている。

2 計量分析結果

Rama は自分のモデルを検定するために、(8.16) 式を時間について微分してから (8.18) 式を考慮することで、以下の式を得た。

$$\frac{\dot{y}_t}{y_t} = \frac{\alpha}{\mu}\frac{i_t}{k_t} + \frac{\beta \dot{r}_t}{r_t} + \frac{x}{\mu}\frac{I_t}{\bar{k}_t} + \frac{\phi \dot{\bar{r}}_t}{\bar{r}_t} \quad (8.19)$$

(8.19) 式は、代表的な企業に関する生産関数 (8.16) について資本ストックと制限的取引に関する法案の中で承認された量を考慮した形になっている。推定期間において資本ストックと新たな制限的取引に関する法案の成立量のデータを入手できなかったため、Rama は $k_t = y_t$, $\bar{k}_t = Y_t$, $\dot{r}_t/r_t = \dot{r}_t$, $\dot{\bar{r}}_t/\bar{r}_t = \dot{\bar{r}}_t$ と仮定して、(8.19) 式を以下のように書き直した。

$$\frac{\dot{y}_t}{y_t} = \theta_0 + \theta_1 \frac{i_t}{y_t} + \theta_2 \frac{I_t}{Y_t} + \theta_3 \dot{r}_t + \theta_4 \dot{\bar{r}}_t \quad (8.20)$$

さらに、$\theta_1 > 0$, $\theta_2 > 0$, $\theta_3 > 0$, $\theta_4 > 0$ と仮定し、均衡において $i/y = 1/Y$, $\dot{R} = \dot{r}$ とすると、(8.20) 式は集計量の方程式として次のように書き換えられる。

$$\frac{\dot{Y}_t}{Y_t} = \theta_0 + (\theta_1 + \theta_2)\frac{I_t}{Y_t} + (\theta_3 + \theta_4)\dot{R}_t \quad (8.21)$$

われわれの最初のモデルと合致させるために、(8.21) 式を自然対数で表現すると次の式を得る。

$$\Delta Ln Y_t = Intercept + \alpha_1 \Delta Ln INVY_t + \alpha_2 \Delta Ln R_t + \varepsilon_t \quad (8.22)$$

変数を構成する要素ごとのデータを入手することができなかったので、われ

われは（8.22）式をそのまま推定する。

データ

Rama にとって、理論的なモデルを推定するには内生的法制度に関する情報が必要であった。われわれのモデルに用いられるデータも実施中の制限的取引に関する法律の量に関連するものであるが、こうした法律が立法者によって内生的に決定されると仮定している。ここで強調しておかねばならないが、誰が請願したか特定できないが少数の生産者に有利な法律は、一連の制限的取引に関する法律に含めているのに対し、政府の非営利法人に有利な法律や国際協定に基づいて外国政府によって請願されて実施された法律は、一連の制限的取引に関する法律に含めていない。

集計された産出と投資のデータは、トルコの SIS と SPI から集めた。

以下に記号についての説明を掲げておく。

Ln：自然対数

ΔLnY_t：トルコの産出の伸び。1968 年を基準年とする 1 人あたり実質 GNP の変動

$\Delta LnINVY_t$：実質投資の実質産出に対する伸び

ΔLnR_t：制限的取引に関する現行の法律の中で、1960 年から 1990 年に制定された法律の量

まずは、(8.22) 式の各変数の時系列が定常過程に従うかどうかを調べる。その結果は表 8.8 に示されている。

すべての変数が定常であるので、通常の最小二乗法を用いて推定することができる。Rama モデルを検定するだけでなく、前節で導いたモデルと合致させるためにダミー変数を加えたモデルも推定する。(8.22) 式にダミー変数を加えたモデルは以下のように書くこともできる。

$$\Delta LnY_t = Intercept + \alpha_1 \Delta LnINVY_t + \alpha_2 \Delta LnR_t + \alpha_3 \Delta Dum80 + \alpha_4 \Delta Dum74 + \alpha_5 \Delta Dum71 + \varepsilon_t \quad (8.23)$$

表 8.9 からわかるように、レント・シーキングの代理変数である制限的取引に関する法律を表す変数の効果は、以前に検定したモデルに比べてはるかに高

表 8.8　和分過程のための ADF 検定

変数	1 階階差 ADF	判定点*	和分の次数
ΔLnY_t	$-4.28(0)$	-2.97	$I(0)$
$\Delta LnINVY_t$	$-4.64(0)$	-2.97	$I(0)$
ΔLnR_t	$-5.83(0)$	-2.97	$I(0)$

＊判定点は MacKinnon（1991）から引用した。また計算には Microfit 4.0 を用いた[11]。

表 8.9　最小二乗法による推定結果

推定期間　1960～1990 被説明変数　ΔLnY_t		
説明変数	モデル1の係数	モデル2の係数
定数	0.02 [4.36]	0.02 [4.58]
$\Delta LnINVY_t$	0.17 [4.55]	0.15 [3.97]
ΔLnR_t	-0.05 [-1.91]	-0.05 [-1.89]
$\Delta Dum80$	------	-0.40 [-1.82]
$\Delta Dum74$	------	0.03 [1.18]
$\Delta Dum71$	------	-0.01 [-0.80]
R^2	0.44	0.54
$\bar{R}^2$	0.40	0.46
DW	1.80	2.10
F	10.81	5.84
SC	0.19	0.28
FF	0.12	0.38
H	0.76	1.15
N	0.66	0.26

い。以前の表 8.3 では -0.01 であったのに対し、表 8.9 では -0.05 となっている。内生的に決定されるレント・シーキング活動に浪費することは、経済成長を一層減退させることがわかる。これらの結果によれば、$\Delta LnINVY_t$ の符号は正で、ΔLnR_t の符号は負である。したがって、投資はトルコ経済を成長させるが、制限的取引に関する法律の量はトルコ経済の成長を阻害していると考

---

11) 表 8.8 は1階の階差をとった（8.22）式の推定である。

えられる。さらにつけ加えるならば、どちらの変数も統計的に有意である。

第4節 結　　論

　Tullock（1980b）は、独裁的な制度のもとでレント・シーキング活動は経済の成長率を低下させ、ひいては実質所得を減少させると主張している。本章の目的は、半独裁制のトルコにおいて、レント・シーキング活動が実際に経済成長率を低下させたのか、そして実質所得を低下させたのかを検定することであった。われわれの結果は Tullock の主張を裏づけているように見える。

　この結論に至るために、われわれは2つの経済モデルをトルコの時系列データに応用した。すなわち、(i) 新古典派型の単純な経済成長モデル（ソローの成長モデル）と、(ii) 内生型の経済成長モデルである。そしてわれわれは、「これら2つのモデルがレント・シーキング活動の経済成長率に及ぼす効果を説明するかどうか」という問題を設定した。最終的に、どちらのモデルも異なる観点から接近しているにもかかわらず、同一の結論に達したと結論する。つまり、レント・シーキング活動は経済成長率を低下させ、実質所得水準も低下させるのである。

　われわれの分析結果によれば、内生的成長モデルのほうがレント・シーキング活動の効果をはっきりと説明してくれる。これは、内生的成長モデルが溢出効果や内生的政策や利益集団などを含んでいるためであると考えられる。われわれは内生的成長モデルにおいて、制限的取引に関する現行法の量は政策と利益集団によって内生的に決定されると仮定していた。言い換えれば、制度と制度の変化を重要な要素と捉えてきたのである。さらに、技術進歩率は一定であるという仮定を置かず、資本が長期的に収穫逓減に至るという傾向を無視した。それゆえ収穫一定という性質を持ち集計量で記述される生産関数は、望ましい政策のもとで知識の溢出効果を反映すると考えられる。このモデルでは、各企業の知識は公共財であり、他の企業が費用をかけずにその知識にアクセスできると仮定されている。言い換えれば、各企業の知識の進歩はすぐさま他の企業の知るところとなる。これゆえ各企業の技術進歩の変動 $\dot{A}$ は経済全体の学習に相当し、資本ストック水準の変動 $\dot{K}$ に比例する。生産関数において、代表

的な企業の産出は、その企業自身の資本ストックと残りの企業の資本ストックの平均値に関する増加関数となっており、経験を通じた学習 (learning-by-doing) モデルの伝統から見れば溢出効果の良い例となっている。さらに政府の取引に関する法律制定活動は、関税のように海外の競争相手にとって障壁となり、当該企業にとっては産出を増加させる追い風にもなると考えられる。

しかしながら、仮にすべての企業が同様の移転を受けるとすれば、経済全体として効率性が低下する。結果として、残りの企業に有利な制限的取引に関する法律の平均数が増加すれば、「産出は減少するのである（投資は正の溢出効果、法律制定の請願つまりレント・シーキングは負の溢出効果、外部効果を持つ）。

計量分析の観点からは、第8章のもう1つの重要な目的はトルコにおける1960年から1990年にかけての時系列データを使って経済成長モデル分析を行うことであった。この時系列データを用いて検定を行うためにわれわれは、Engle-Granger (1987) の提案する2段階の検定方法と、Johansen (1988) が提案するVARモデルの階数を用いた検定方法と、Pesaran et al. (1996) が提案するARDLモデルを用いた検定方法を利用した。第1のモデル（拡張されたソロー型経済成長モデル）分析からわかったことは、トルコにおいて投資はソローの予想通り経済成長に正の効果を持つのに対し、法制支出は負の効果を持つということである。

第9章

結　論

第1節　本書の概観

　本研究の目的は、トルコのレント・シーキングの規範的側面と実証的側面の両面から検討することであった。トルコの貿易政策をケース・スタディとして、われわれは、レント・シーキングの社会的および経済的費用とその主な原因を測定することができた。この研究は、レント・シーキングの研究にいくつかのユニークな貢献をもたらした。その貢献とは、すなわち、(i) 規範的かつ実証的両面から記述的かつ実証的にレント・シーキングを検証したこと、(ii) 国家を中心とした公共選択アプローチと最近の時系列手法とを組み合わせたこと、(iii) トルコだけでなく他の多くの半民主主義諸国にもあてはまる新しいアプローチ、すなわち国家一元論を提示することで国家と利益集団の関係を考察したこと、そして、(iv) 時系列の手法を用いて、レント・シーキングが長期的な経済成長に影響を与えるかどうかを検証したことである。

　これらの貢献を行うために、われわれは以下のような設問を設けた。つまり、トルコのレント・シーキングの水準は他の国よりも高いのか？ 1960～1990年におけるレント・シーキングがトルコ社会に与えた社会的・経済的費用はどのようなものだったのか？ もしその費用が高かったのであれば、その要因は何だったのか？ 結論となる本章では、われわれの調査結果を分析して、少なくともいくつかの設問に実際に答えられるかどうかを検証する。

　第2章では、様々な視点からレント・シーキングの政治経済学を批判的に検討した。レント・シーキングの概念を、規範的および実証的な両面から定義した後、レント・シーキングのタイプや、国際貿易におけるレント・シーキング

をレビューした。この章の主な目的は、3つの部に分かれた本書の各章の基盤を提供することだった。われわれは、レント・シーキングの社会的費用が非常に高く、長期的には修復不能な損害を生み出す可能性さえあるという事実について議論した。この問題をより完全に理解するため、まず、レント・シーキングのコストを測定した。しかし、比較的開放的で統計的情報も豊富である西側諸国においてさえ、そのような計測を行うことは非常に困難である。こうした困難が存在するにもかかわらず、いくつかの代理変数を使用してレント・シーキングのコストを測定する適切な手法を考案しようという数多くの試みが存在する。本研究は、そうした伝統を受け継いでいる。

　第Ⅰ部は第3章と第4章で構成される。ここでは、トルコのレント・シーキングの水準が高いかどうかという問題に答えるために、発展プロセスにおける所有権の問題を検討した。第3章では、レント・シーキングの規範的な観点から、先進国および発展途上国におけるレント・シーキングの現象について議論した。そうした議論を通じて、先進国と途上国では、制度的仕組みと民主的伝統が大きく異なるため、レント・シーキング活動に大きな違いが生じることを議論した。この章では、発展途上国は先進国よりもレント・シーキングの水準が高いと主張したが、この2つのグループの間でレント・シーキングの水準が大きく異なるかどうかを検証したり、もし実際に異なるのであれば、その理由が何であるかを考察したりする際に、計量手法を用いることはしなかった。

　第4章では、KatzとRosenbergの提案した方法に従って、この問題を実証的に検討し、政府の予算配分から生じるレント・シーキングの浪費について分析した。Katz and Rosenberg (1989: 140) が述べているように、「ヒエラルキーが確立している先進国では、低開発国よりも浪費が少なくなる傾向がある。低開発国は、圧力団体の相対的な力を変えることで、政治的・社会的アイデンティティを見出そうとすることが、いまだに多い」。20ヶ国の先進国および発展途上国に関するKatzとRosenbergのクロス・セクション研究を拡張することにより、レント・シーキングの点から見て、先進国と発展途上国の間にKatzとRosenbergの言う差異が依然として存在することがわかった。先進国でも途上国でも、政府はレント・シーキングを刺激し、社会から少数の特権グループ（利益集団）へと資源を移転しているが、先進国よりも発展途上国のレ

ント・シーキングのほうがはるかに大きい。われわれは、各国の政治的・経済的構造とレント・シーキング活動が、国によって大きく異なると結論づけた。

次に、トルコのレント・シーキングの費用を算出するために、トルコに焦点を絞って時系列分析を行った。変数間の共和分関係を見出すために、共和分関係が存在しないという帰無仮説を検証した。共和分関係が存在しないという仮説を否定することは、提示された関係が有効な共和分ベクトルであることを示しており、予算に関するレント・シーキングと諸変数の回帰分析が見せかけではないことを示している。共和分関係の存在は、予算に関するレント・シーキングとその他の変数が一致して動く傾向があることを意味する。最近の研究に従って、共和分と誤差修正の関係は、2つの段階を経て検証される (Engle and Granger, 1987)。第1段階は単純に静学的な共和分 (OLS) 回帰式を推計することであり、第2段階は、ECM を推計することである。われわれの研究結果によると、モデル1、およびダミー変数を用いたモデル2では、予算に占めるレント・シーキングの割合 (R_t) と政府規模 (GY_t)、そして1人あたり GNP ($GNPC_t$) との間に共和分関係があることがわかった。1960年から1994年の期間で見ると、独立変数がトルコのレント・シーキングの浪費を説明するのに役立つことがわかった。これらの共和分関係に加えて、われわれは、レント・シーキングと他の変数との間に長期的な関係を回復させるような調整が行われたことも示した。

第Ⅱ部の第5章と第6章では、なぜトルコにおけるレント・シーキングがそれほど高いのかという問題に取り組んだ。そのため、第5章では、民主主義国および非民主主義国の双方を対象に、国家と利益集団形成の理論を叙述的に議論した。そして、レント・シーキングの水準が高い理由として、トルコでは国家が強いという伝統と、国家一元論的な国家・利益集団の関係が、半民主主義的な国に関連して、理論的に議論された。第6章では、なぜトルコで高い水準のレント・シーキングが存在するのかという疑問に答えるために、法制化に関する利益集団理論の文献に従って、われわれの仮説を検証するための実証的枠組みを構築した。トルコの貿易政策に関する立法制度は、この観点から分析された。考慮すべき問題は、成立した法律が「良い」か「悪い」かではなく、むしろ「なぜその法律が成立したのか」ということなのである。利益集団が富の

移転を追求する際に行うロビー活動を、経済モデルで検証するために、多くの法律を生み出すような需要・供給要因を簡略化した形で検討した。簡略化された理論モデルは、立法者によって設定されるレントの水準が、官僚や政治家の収入、政府規模、企業数、輸入額、有権者数、および人口の関数であることを示している。このモデルでは、供給側に有権者、需要側に企業集団が存在し、立法者がこれらの供給者と需要者を組み合わせるものと考えた。したがって、トルコの立法者の**生産過程**（政府の規模（GY）や官僚と政治家の賃金や給与（$BWSB$）など）は、**政治的・経済的環境**（人口（POP）や有権者数（VOT/POP））に焦点をあてることとなり、そうした政治的・経済的環境は、**法律の成立**（すなわち移転や規制。トルコの貿易の立法制度に関する製造業（N）や輸入（I）における民間企業数など）の元となる事実を反映することになる。

　法律の供給曲線の傾きは、投票者に関する組織上のコストの関数である一方、法律の供給曲線の位置は、所与の立法プロセスに関する技術的熟練度の関数である。このモデルでは、政治家と官僚は給与と予算規模の最大化を図る仲介者である一方、企業集団は利潤を最大化する法律を要求し、投票者は自らの厚生を最大化する法律を供給する。われわれの検証結果によると、$BWSB$ と N に関しては負、GY、I $VOTP$、POP に関しては正の符号が得られた。これらの結果は、トルコのケースにおける法律の利益集団理論を支持している。共和分分析を用いると、トルコの貿易政策に関して、企業集団、官僚、政治家の間に長期的な関係が見られる。この関係はまた、レント・シーキングの点でも、3つの利益集団間に長期的な安定性が存在することを意味する。政治家は、需要者と供給者を結ぶ仲介者としてだけでなく、自らの収入を最大化しようとするレント・シーカーとしても行動する。需要側から見ると、貿易会社の数が増えると、競争が激化する結果、レント・シーキングが減少する。供給側では、有権者数と人口の増加がレント・シーキングを増大させる。われわれのモデルの最も重要な示唆の1つは、政治家と官僚の給与の増加によって、レント・シーキングと社会的浪費が削減されるかもしれないということである。このことは、政治家や官僚のレント・シーキング行動の機会費用を増加させる。

　Olson（1982）は、小規模な企業集団ほど、組織費用がはるかに低く、選択的インセンティブがはるかに高いため、政府移転の利益を受けやすいと主張して

いる。したがって、小規模な企業集団ほど、資源移転のために、政府に対してロビー活動を行いやすい。しかし、市場における利益集団の数が増えると、競争の結果として、彼らのレント・シーキングによる分け前は低下する。こうした観点で見ると、トルコのケースは、Olson 理論の非常に良い事例である。競争が激化する場合には、より多くの企業が市場に参入し、既存のレントの分け前を減少させる。したがって、企業数の増加は、レント・シーキングを低下させる。時系列データを用いた実証分析の主な目的は、立法の利益集団理論が半民主主義的なトルコにあてはまるかどうかを検証することであった。そのために、貿易に関する制限的な法律の数と、その対応変数との間に共和分関係が存在しないという帰無仮説を検証した。われわれの仮説を検証するために、Engle-Granger の 2 段階アプローチを用い、その後、そこで得られた結果を立証するために ARDL アプローチを適用した。

第Ⅲ部の第 7 章と第 8 章では、制度変化と、それが経済成長に与える効果に焦点をあてた。Tullock（1980b）は、独裁制におけるレント・シーキング活動が経済成長率を低下させ、それに応じて実質所得の水準を低下させると主張した。われわれの貢献は、レント・シーキング活動が、トルコにおいても、経済成長と実質所得水準を低下させたことを明らかにしたことであった。われわれは、レント・シーキングの研究が、経済成長や制度の影響に関して、興味深い洞察を提供できることを示した。第 7 章では、制度の経済学と、制度が経済的パフォーマンスに与える影響に焦点をあてた。そうすることで、トルコにおける成長の問題を実証的に考察する第 8 章の基盤を提供した。

第 8 章では、トルコの実証分析を行い、レント・シーキングが経済成長を低下させるという Tullock の仮説が正しいかどうかに関して、計量経済学的証拠を提供した。このため、トルコの時系列データに、(i) 新古典派の単純な成長モデル（Solow の成長モデル）と (ii) 内生的成長モデルという 2 つの成長モデルを適用した。次に、この 2 つのモデルが、レント・シーキング活動の成長率への影響を説明し得るかどうかという問題を設定した。最終的には、両モデルが異なる視点からこの問題にアプローチしたが、レント・シーキング活動は経済成長と成長水準を低下させるという、同様の結果に達した。この意味で、われわれの結論は、Tullock（1980b）の理論が、トルコの場合にもあてはまること

を証明したと考えられる。

われわれの2つ目の目的は、トルコを対象にして、Solow 型成長モデルと内生的成長モデルを比較することであった。

拡張された Solow 型成長モデルでは、制約的な貿易の法律と物的資本の量が、生産関数の状態変数として扱われた。これらの変数は立法に関する支出や投資で測られるため、成長率は投資に伴って増加し、立法に関する支出に伴って減少すると仮定された。われわれは、資本蓄積率、立法に関する支出、人口増加率が一定ではなく、単位根を持つ確率変数であると仮定して最初のモデルを推定した。その結果、効率単位で見た労働生産性の均衡水準も単位根を持っていた。したがって、Solow モデルは、変数の確率的性質と一致する ECM として解釈された。

内生的成長モデルは、内生的成長理論に基づく Rama（1993a, 1993b）モデルをトルコのデータに適用したものである。Rama はウルグアイを対象にモデルを展開した。そのモデルでは、制限的な貿易法の数は、政府の政策と利益集団の活動との相互作用によって内生的に決定された。彼は、制限的な貿易法がウルグアイの総産出量にマイナスの影響を与えていることを発見した。われわれの研究では、1960 年から 1990 年の期間に関して、実証分析が行われた。この期間は、トルコが輸入代替政策を実施し、その後、1980 年からは、輸出促進政策を実施した期間である。結果的には、保護主義的政策は 30 年間、中断することなく継続された。この章では、外生的または内生的に決定された毎年制定される貿易法の数が、経済成長にマイナスの影響を及ぼしたという仮説を立てた。実証結果によると、両モデルともに、レント・シーキング活動がトルコの経済成長率を低下させる傾向があることがわかった。

内生的成長モデルは、スピルオーバー、内生的に決められる政府の政策、利益集団などの影響を含むため、Solow 型成長モデルよりもはるかに包括的であると考えられる。新古典派のアプローチでは、取引費用はゼロであると仮定されるが、内生的成長モデルではそうではない。

実証面で見て、本書におけるその他の非常に重要な貢献は、1960〜1990 年のトルコの時系列データを各モデルに適用することである。時系列データを推定するために、Engle-Granger（1987）の2段階技法、Johansen（1988）の

VAR技法、およびPesaran et al. (1995, 1996) のARDL技法を適用した。われわれの最初のモデルの推定からわかったことは、Solowの予測通り投資は成長にプラスの効果をもたらすが、法律に関する支出はトルコの成長にマイナスの影響を与えることである。同様に、内生的成長モデルにおいても、制限的な貿易法の数がトルコの産出量の伸びにマイナスの影響を及ぼし、レント・シーキング活動の費用が高くなるという結論に至った。

要するに、トルコの場合、人為的に創り出された移転によって希少な資源が消費されるため、レント・シーキングが高く、社会の厚生に悪影響を与えるということである。われわれの実証結果によると、レント・シーキングは、毎年0.01%から0.05%ほど経済成長を低下させる。トルコのレント・シーキングの水準が高くなる理由はいくつかある。最も重要なことは、トルコの国家が強い力を持つという伝統があり、国家と企業集団との間には1対1の一元論的な関係がある。国家を中心とした公共選択論の観点から見ると、行政官僚と軍官僚も、企業と同様に便益（所得、権力など）を最大化しようとする合理的な個人から構成されるためと説明できる。実際、彼らは、レント・シーキングの便益の分け前を失わないように一種の連帯を確立している。

しかし、われわれは、レント・シーキングのコストが高いことを証明する最良の理論的・実証的測定手法を見出したからといって、レント・シーキングを完全に辞めさせることが非常に困難であることを知っている。われわれができるのは、それを制御し、最小限に抑えることである。

第2節　将来の研究の方向性

最後に、本研究と上述の研究をさらに発展させるためのいくつかの提案を行う。

第1に、KatzとRosenbergの研究を模倣した本書の規範的実証分析は、トルコの経済分析に関するあらゆる仮説と注意点を模索しつくしたと主張しているわけではない。Scully (1991) のような一部の学者は、KatzとRosenbergの手法を、政府支出に関連したレント・シーキングを概念的に誤って評価していると批判しているし、Schnytzer (1994) は、予算配分の結果に関するKatzと

Rosenberg のレント・シーキングの計測手法が、制度的環境の異なる 20 ヶ国に適用されているとして批判している。たとえ、Katz と Rosenberg の研究が、レント・シーキングの問題を理解する上で十分な基盤を提供していたとしても限界はある。

とりわけ、レント・シーキングに関する Katz と Rosenberg の手法は、政府**移転**の変化よりも、政府**支出**の変化に関連している。Katz and Rosenberg (1989: 138) は、「政府支出が実物資源に費やされるほど、そのカテゴリーの支出総額に占めるレント・シーキングの割合は減少する。しかし、利用可能なデータが限られているため、われわれは、このように仮定せざるを得ない」と主張している。Katz と Rosenberg は、政府**支出**の変化を考慮する場合には、レント・シーキングを過大評価してしまう可能性があることを強調した。したがって、より良い方法は、レント・シーキングの代理変数として、政府支出の変化の代わりに、政府移転の変化を用いることかもしれない。これは Schnytzer が主張しているように、20 ヶ国の発展途上国と先進国という異なる制度的環境、つまり民主的か非民主的かを考慮に入れて行うこともできる。

既存の変数に加えて、利益集団（農業団体や産業組織）の数、官僚の数、および政治的安定や民主化プロセスに関連する数値など、より多くの変数を回帰式に加えることもできる。

第2に、トルコの積極的なレント・シーキングを分析するために、トルコの貿易法制に McCormick and Tollison (1981) のアプローチの簡略版を適用して、よりシンプルなモデルを推計した。モデルを検証するためには立法に関する内生的な情報が必要であったため、レント・シーキングの代理変数として、単一の企業や部門の利益を目的とした貿易制限を創造、維持、修正するような法律や政令、行政指導の数を用いた。われわれのレント・シーキングの変数は、推計に関する完全な変数ではないが、利用可能な変数の中では最善のものだった。将来的には、この制限を改善し、推計のためにより良いレント・シーキング変数を用いるべきであろう。

第3に、レント・シーキングが経済成長を低下させるという仮説を検証するために、計量経済学的証拠を用いて分析を行う際、われわれは、拡張されたソロー型成長モデルと単純な内生的成長モデルという2つの成長モデルを適用

した。しかし、これらのモデルを正確に比較したわけではない。今後は、この2つのモデルを統計的により綿密に比較することが必要となるかもしれない。

文　献

Abbott, A. F. and Brady, G. L. (1990). "Tollison Costs and Technological Innovation: The Case of Environmental Regulation", *Public Choice*, 65, pp. 157-165.

Abramovitz, M. (1983). "Notes on International Differences in Productivity Growth Rates", in D. C. Mueller (edit), *The Political Economy of Growth*, New Haven: Yale University Press.

Akder, H. (1987). "Turkey's Export Expansion in the Middle-East, 1980-1987", *The Middle East Journal*, 41, pp. 553-567.

Aktan, C. C. (1994). "Politikada Rant Kollama", Unpublished Study, Izmir, Turkey.

Altay, A. (1994a). "Rant ve Rant Kollama Faaliyetleri", *Banka ve Economic Yorumlar*, 31, pp. 49-61.

Altay, A. (1994b). *Yozlasma ve Temiz Toplum Arayislari*, Ankara: Dogus Matbacilik, Turkiye.

Amelung, T. (1991). "The Political Economy of Trade Liberalisation and Structural Adjustment in Middle-Income Developing Countries: The Case of Turkey", *Asian Economics*, 77, pp. -84.

Amelung, T. (1989). "The Determinants of Protection in Developing Countries: An Extended Interest-Group Approach", *Kyklos*, 42 (4), pp. 515-532.

Amelung, T. (1988). "The Political Economy of Import Substitution and Subsequent Trade Liberalisation, The Case of Turkey", *Kieler Arbeitspapiere*, Kiel Working Paper, 330.

Anderson, T. L. (1988). "Public Finance in Autocratic Process: An Empirical Note", *Public Choice*, 57, pp. 25-37.

Anderson, T. L. and P. J. Hill. (1983). "Privatising the Commands: An Improvement?", *The Southern Economic Journal*, 50, pp. 438-450.

Appelbaum, E. and E. Katz (1987). "Seeking Rents by Setting Rents: The Political Economy of Rent Seeking", *The Economic Journal*, 97, pp. 685-699.

Appelbaum, E. and E. Katz (1986). "Transfer Seeking and Avoidance: on the Full Social Costs of Rent-seeking", *Public Choice*, 48, pp. 175-181.

Arrow, K. J. (1957/1962). *Social Choice and Individual Values*, New Haven: Yale University Press.

Arslan, I. and S. von Wijnbergen (1990). "Turkey: Export Miracle or Accounting Trick?", Washington D.C.: The World Bank Working Papers, April.

Austin-Smith, D. (1987). "Interest Groups, Campaign Contributions and Probabi-

listic Voting", *Public Choice*, 54 (2), pp. 123-140.
Bagchi, A. K. (1993). "Rent-Seeking, New Political Economy and Negation of Politics", *Economic and Political Weekly*, 28 (34), pp. 1729-1735.
Bahmani-Oskooee, M. and J. Alse (1993). "Export Growth and Economic Growth: An Application of Cointegration and Error Correction Modelling", *The Journal of Developing Areas*, 27, pp. 535-542.
Baldwin, R. E. (1989). "The Political Economy of Trade Policy", *Journal of Economic Perspective*, 3 (4), pp. 119-135.
Barkey, H. (1990). *The State and the Industrialisation Crisis in Turkey*, USA: Westerview Press.
Barro, R. (1991). "Economic Growth in a Cross Section of Countries", *Quarterly Journal of Economics*, 106 (2), pp. 407-443.
Barro, R. and X. Sala'i Martin (1992). "Public Finance in Models of Economic Growth", *Review of Economic Studies*, 59, pp. 649-661.
Becker, G. S. (1985). "Public Policies, Pressure Groups and Dead-Weight Costs", *Journal of Public Economics*, 28, pp. 329-347.
Becker, G. S. (1983). "A Theory of Competition Among Pressure Groups for Political Influence", *Quarterly Journal of Economics*, (8), pp. 371-400.
Bennett, J. T. and T. J. DiLorenzo (1984). *Underground Government: The Off-Budget Public Sector*, Washington D.C.: Cato Institute.
Bernard, A. W. and S. N. Durlauf (1995). "Convergence of International Output", *Journal of Applied Econometrics*, 10, pp. 97-108.
Bhagwati, J. N. (1988). "Export Promoting Trade Strategy: Issues and Evidences", *World Bank Research Observer*, 3, No. 5, pp. 27-57.
Bhagwati, J. N. (1982). "Directly Unproductive Profit-Seeking (DUP) Activities", *Journal of Political Economy*, 90, pp. 988-1002.
Bhagwati, J. N. (1980). "Revenue Seeking: A Generalization of the Theory of Tariffs", *Journal of Political Economy*, 88, pp. 1069-1087.
Bhagwati, J. N., R. Brecher and T. N. Srinivasan (1984). "DUP activities and Economic Theory", in D. Colander (edit), *Neoclassical Political Economy: The Analysis of Rent-Seeking and DUP Activities*, Cambridge, Mass: Ballinger, pp. 1-32.
Bhagwati, J. N. and B. Hansen (1973). "A Theoretical Analysis of Smuggling", *Quarterly Journal of Economics*, 87, pp. 172-187.
Bhagwati, J. N. and R. Ramaswami (1963). "Domestic Distortions, Tariffs and the Theory of Optimum Subsidy", *Journal of Political Economy*, 6, pp. 44-50.

Bhagwati, J. N. and T. N. Srinivasan (1982). "The Welfare Consequences of Directly Unproductive Profit Seeking (DUP) Lobbying Activities: Prices versus Quantitity Distortions", *Journal of International Economics*, 13, pp. 33-44.

Bhagwati, J. N. and T. N. Srinivasan (1980). "Revenue Seeking: A Generalisation of the Theory of Tariffs", *Journal of Political Economy*, 88, pp. 1069-1087.

Boratav, K. and O. Turel (1988). "Notes on the Current Development Problems and Growth Prospects of the Turkish Economy", *New Perspectives on Turkey*, Vol. 2, pp. 37-50.

Boratav, K., O. Turel and E. Yeldan (1995). "The Turkish Economy in 1981-1992: A Balance Sheet Problems and Prospects", *METU Studies in Development*, 22 (1), pp. 20-36.

Braconner, H. (1996). "Institutions and Economic Growth", Nottingham University Working Paper: UK.

Brennan, G. and J. M. Buchanan (1980). *The Politics of Tax: Analytical Foundations of a Fiscal Constitution*, New York: Cambridge University Press.

Brooks, M. A. and B. J. Heijdra (1988). "In Search of Rent-Seeking", in C. K. Rowley, R. D. Tollison, and G. Tullock (edit), *The Political Economy of Rentseekings*, Boston: Kluwer Academic Publishers, pp. 27-50.

Brock, W. and S. Magee (1980). "Tariff Formation in a Democracy", in J. Black and B. Hindley (edit), *Current Issues in Commercial Policy and Diplomacy*, New York: St. Martin's.

Brock, W. A. and S. P. Magee (1978). "The Economics of Special Interest Politics: The Case of the Tariff, *American Economic Review*, 68, pp. 246-250.

Brock, W. A. and S. P. Magee (1975). "The Economics of Pork-Barrel Politics", Report 7511, Center for Mathematical Studies in Business and Economics, USA: University of Chicago Press.

Brough, W. T. and N. S. Kimenyi (1986). "On the Inefficient Extraction of Rents by Dictators", *Public Choice*, 48, pp. 37-48.

Brown, J. (1989). "The Military and Society: The Turkish Case", *Middle Eastern Studies*, 25, pp. 387-404.

Browning, E. (1974). "On the Welfare Costs of Transfers", *Kyklos*, 27, pp. 378-381.

Buchanan, J. M. (1986). *Liberty, Market and State*, New York: New York University Press.

Buchanan, J. M. (1980a). "Rent-Seeking and Profit-Seeking", in J. M. Buchanan, R. D. Tollison and G. Tullock (edit), *Toward a Theory of the Rent-Seeking Society*, USA: Texas A & M University Press, pp. 3-15.

Buchanan, J. M. (1980b). "Rent-Seeking Under External Diseconomies", in J. M. Buchanan, R. D. Tollison and G. Tullock (edit), *Toward a Theory of the Rent-Seeking Society*, USA: Texas A & M University Press, pp. 183-195.

Buchanan, J. M. (1980c). "Reform in the Rent-Seeking Society", in J. M. Buchanan, R. D. Tollison and G. Tullock (edit), *Toward a Theory of the Rent-Seeking Society*, USA: Texas A & M University Press, pp. 359-367.

Buchanan, J. M., R. D. Tollison, and G. Tullock (1980). *Toward a Theory of the Rent-Seeking Society*, USA: Texas A & M University Press.

Buchanan, J. M. and G. Tullock (1962). *The Calculus of Consent. Logical Foundations of Constitutional Democracy*, Ann Arbor: University of Michigan Press.

Bugra, A. (1991). "Political Sources of Uncertainity in Business Life", in M. Heper (edit), *Strong State and Economic Interest Groups: The Post-1980 Turkish Experience*, de Gruyter, pp. 151-163.

Canning, D., P. Dunne and M. Moore (1995). "Testing the Augmented Solow and Endogenous Growth Models", mimeo, Queen's University of Belfast.

Caporaso, J. A. and D. P. Levine (1992). *Theories of Political Economy*, USA: Cambridge University Press.

Carcoran, W. J. (1984). "Long-Run Equilibrium and Total Expenditures in Rent-Seeking", *Public Choice*, 43 (1), pp. 89-94.

Carcoran, W. J. and G. V. Karels (1985). "Rent-Seeking Behaviour in the Long-Run", *Public Choice*, 46 (3), pp. 227-246.

Celasun, M. and D. Rodrik (1989). "Adjustment and Growth: Turkey", in J. Sachs (edit), *Developing Countries*' Dept, Chicago University Press and NBER: Chicago.

Cellini, R. (1997). "Implications of Solow's Growth Model in the Presence of a Stochastic Steady State", *Journal of Macroeconomics*, 9 (1), pp. 135-153.

Charemza, W. W. and D. F. Deadman (1997). *New Directions in Econometric Practice*, Second Edition, Edward Elgar.

Cherkes, M., J. Friedman and A. Spivak (1986). "The Disinterest in Deregulation: Comment", *American Economic Review*, 76, pp. 559-563.

Choi, K. (1983). "A Statistical Test of Olson's Model", in D. C. Mueller (edit), *The Political Economy of Growth*, New Haven: Yale University Press.

Colander, D. C. (1984). *Neoclassical Political Economy*, Cambridge: Mass Ballinger.

Congleton, R. D. (1991). "Information, Special Interests, and Single-Issue Voting", *Public Choice*, 69, pp. 39-49.

Congleton, R. D. (1989). "Campaign Finances and Political Platforms: The Economics of Political Controversy", *Public Choice*, 62 (2), pp. 101-118.

Congleton, R. D. (1984). "Committees and Rent-Seeking Efforts", *Journal of Public Economics*, 25, pp. 197-209.

Congleton, R. D. (1980). "Competitive Process, Competitive Waste, and Institutions", in J. M. Buchanan, R. D. Tollison and G. Tullock (edit), *Toward a Theory of the Rent-Seeking Society*, USA: Texas A & M University Press, pp. 153-183.

Cowling, K. and D. C. Mueller (1978). "The Social Cost of Monopoly Power", *Economic Journal*, 88, pp. 727-748.

Cox, A. (1988). "The Old and New Testaments of Corporatism", *Political Studies*, 36 (2), pp. 294-308.

Coxal, W. N. (1980). *Political Realities: Parties and Pressure Groups*, UK: Longman House.

Crain, W. M. (1977). "On the Structure and Stability of Political Markets", *Journal of Political Economy*, 85, pp. 829-842.

Crain, W. M. and R. Tollison (1976). "Campaign Expenditures and Political Competition", *Journal of Law and Economics*, 19, pp. 177-188.

Crew, M. A. and C. K. Rowley (1988). "Dispelling the Disinterest in Deregulation", in C. K. Rowley, R. D. Tollison, and G. Tullock (edit), *The Political Economy of Rent-Seeking*, Boston: Kluwer Academic Publishers, pp. 163-179.

Demirbas, D. (1999a). "Rent-Seeking in Developed and Developing Countries: Cross Section and Time Series Studies", *Discussion Papers in Economics*, No. 99/2, Department of Economics.

Demirbas, D. (1999b). "Rent-Seeking and Economic Growth", *Discussion Papers in Economics*, No. 99/4, Department of Economics.

Demirbas, D. (1998a). "A State-Centred Public Choice Approach for a Semi-Democratic Country: Rent-Seeking Interest Groups in Turkish Trade Policy", *Discussion Paper in Public Sector Economics*, No. 98/5, University of Leicester, Dept. of Economics.

Demirbas, D. and P. M. Jackson (1998b). "What should be the Role of the State in the 21st Century in the LDCs from the Alternative Public Choice Perspective that Starts from Schumpeter? Realistic Public Choice Approach", *Discussion Paper in Public Sector Economics*, No. 98/4, University of Leicester, Dept of Economics.

Den Haan, W. J. (1995). "Convergence in Stochastic Growth Models: The Importance of Understanding Why Income Levels Differ", *Journal of Monetary Economics*, 35, pp. 65-82.

Devrim, F. and A. Altay (1994). *Turkiye 'de Rant Economisi ve Sosyal Maliyeti*, Izmir Ticaret Odasi: Turkiye.

Dickey, D. A. and W. A. Fuller (1979). "Distribution of the Estimators for Autoregressive Time Series With a Unit Root", *Journal of the American Statistical Association*, 74, pp. 427-431.

Dickey, D. A. and W. A. Fuller (1981). "Likelihood Ratio Statistics for Autoregressive Time Series with a Unit Root", *Econometrica*, 49, pp. 1057-1072.

Dickey, D. A., D. W. Jansen and D. C. Thornton (1991). "A Primer on Cointegration with an Application to Money and Income", *Review' Federal Reserve Bank of St. Luis*, 73 (2), pp. 58-78.

Dinopoulos, E. (1984). "The Optimal Tariff with Revenue-Seeking: A Contribution to the Theory of DUP Activities", in D. Colander, *The Neoclassical Political Economy*, Cambridge, MA: Ballinger.

Downs, A. (1957). *An Economic Theory of Democracy*, New York: Harper and Row.

Easterly, W., M. Kremer, L. Pritchess and L. Summers (1993). "Good Policy or Good Luck? Country Growth Performance and Temporary Shocks", *Journal of Monetary Economics*, 32, pp. 459-483.

Engle, R. F. and C. W. J. Granger (1987). "Cointegration and Error Correction: Regression, Estimation, and Testing", *Econometrics*, 55 (2), pp. 251-276.

Engle, R. F. and B. S. Yoo (1987). "Forecasting and Testing in Cointegrated Systems", *Journal of Econometrics*, 35, pp. 143-159.

Esmer, Y. (1991). "Manufacturing Industries: Giants with Hesitant Voices", in M. Heper (edit), *Strong State and Economic Interest Groups; The Post-1980 Turkish Experience*, de Gruyter.

Faith, R. L. (1980). "Rent-seeking Aspects of Bureaucratic Competition", in J. M. Buchanan, R. D. Tollison and G. Tullock (edit), *Toward a Theory of the Rent-Seeking Society*, USA: Texas A & M University Press, pp. 332-344.

Faith, R. L., R. S. Higgins, and R. D. Tollison (1984). "Managerial Rents and Outside Recruitment in the Coasian Firm", in C. K. Rowley, R. D. Tollison, and G. Tullock (edit), *The Political Economy of Rent-seeking*, Boston: Kluwer Academic Publishers, pp. 315-339.

Feenstra, R. C. and J. Bhagwati (1982). "Tariff Seeking and Efficient Tariff, in J. Bhagwti (edit), *Import Competittion and Response Chicago*, University of Chicago Press for NBER.

Findlay, R. D. (1991). "The New Political Economy: Its Explanatory Power for LDCs", in G. M. Meier (edit), *Politics and Policy Making in Developing Countries: Perspectives on the New Political Economy*, USA: ICS Press, pp. 13–41.

Findlay, R. and S. Wellisz (1984). "Endogenous Tariffs, the Political Economy of Trade Distortions and Welfare", in J. Bhagwati (edit), *Import Competition and Response*, Chicago: University of Chicago Press.

Findlay, R. and S. Wellisz (1982). "Endogenous Tariffs, the Political Economy of Trade Restrictions and Welfare", in J. Bhagwati (edit), *Import Competition and Response*, NBER, University of Chicago Press.

Fischer, R. (1992). "Endogenous Probability of Protection and Firm Behaviour", *Journal of International Economics*, 32 (1/2), pp. 149-163.

Gastil, B. D. (1985). *Freedom in the World: Political Rights and Civil Liberties*, New York: Freedom House.

Goetz, M. L. (1980). "Tax Avoidance, Horizontal Equity, and Tax Reform: A Proposed Synthesis", in J. M Buchanan, R. D. Tollison and G. Tullock (edit), *Toward a Theory of the Rent-seeking Society*, USA: Texas A & M University Press, pp. 314-322.

Granger, C. W. J. and P. Newbold (1974). "Spurious Regression in Econometrics", *Journal of Econometrics*, 35, pp. 143-159.

Gray, J. (1989). "Hayek on the Market Economy and the Limits of the State Action", in R. Helm (edit), *The Economic Borders of the State*, Oxford: Clarendon Press, pp. 127-143.

Gray, V. and D. Lowery (1988). "How Much Do Interest Groups Influence State Economic Growth?", *American Political Science Review*, 83 (4), pp 1297-1308.

Gray, V. and D. Lowery (1986). "Interest Group Politics and Economic Growth in the American States: Testing the Olson Construct", University of North Carolina, Chapel Hill, Mimeo.

Grier, K. B. and G. Tullock (1989). "An Empirical Analysis of Crossnational Economic Growth, 1950-80", *Journal of Monetary Economics*, 24, pp. 259-276.

Grindle, M. S. (1991). "The New Political Economy: Positive Economics and Negative Politics", in G. M. Meier (edit), *Politics and Policy Making in Developing Countries: Perspective on the New Political Economy*, 1991, USA: ICS Press, pp. 41-69.

Grindle, M. S. and R. Thomas (1991). "Polciy Makers, Policy Choices and Policy Outcomes: The Political Economy of Reform in Developing Countries", in G. M. Meier (edit), *Politics and Policy Making in Developing Countries: Perspec-*

tive on the New Political Economy, 1991, USA: ICS Press, pp. 41-69.
Grossman, G. M. and E. Helpman, (1991). *Innovations and Growth in the Global Economy*, Cambridge, Mass.
Gundlach, E. (1993). "Empirical Evidence for Alternative Growth Models: Time Series Results", Weltwirtschalftliches Archive.
Hall, S. G. and S. S. B. Henry (1989). *Macroeconomic Modelling*, Amsterdam: Elsevier Science Publishers.
Harberger, A. C. (1954). "Monopoly and Resource Allocation", *American Economic Review*, 44, pp. 77-87.
Harrison, G. W., T. F. Rutherford and D. G. Tarr (1993). "Trade Reforms in the Partially Liberalised Economy of Turkey", *The World Bank Economic Review*, 7 (2), pp. 191-217.
Hayek, F. A. von (1944/1962). *To Road to Serfdom*, London: Routladge and Kegan Paul.
Helm, D. (1989). *The Economic Borders of the State*, Oxford: Clarendon Press.
Heper, M. (1992a). "The Strong State as a Problem for the Consolidation of Democracy", *Comperative Political Studies*, 25 (2), pp. 169-194.
Heper, M. (1992b). "Extremely Strong State and Democracy: The Turkish Case in Comparative Perspective", in D. Grenium (edit), *Modernity and Democracy*, for Israel Academy of Sciences and Humanities. Leiden: Brill.
Heper, M. (1991a). "The State, Religion and Pluralism: The Turkish Case in Comperative Perspective", *British Journal of Middle Eastern Studies*, 18, pp. 38-51.
Heper, M. (1991b). *Strong State and Economic Interest Groups: The Post-1980 Turkish Experience*, de Gruyter, pp. 163-177.
Heper, M. (1990a). "The State and Debureaucratization: The Turkish Case", *International Social Science Journal*, No. 126, pp. 605-615.
Heper, M. (1990b). "The State, Political Party and Society in Post 1983 Turkey", *Government and Oppositions*, 25, pp. 321-333.
Heper, M. (1989). "Country Report", *Governance: an International Journal of Policy and Administration*, 2 (4), pp. 460-471.
Heper, M. (1985). *The State Tradition in Turkey*, USA: Eathem Press.
Heper, M. (1980). "Recent Instability in Turkish Politics, End of a Monocentrist Policy?", *International Journal of Turkish Studies*, 1, pp. 102-113.
Heper, M. (1977). "Negative Bureaucratic Politics in a Modernizing Context. The Turkish Case", *Journal of South Asian and Middle East Studies*, 1 (1), pp. 65-84.

Heper, M. (1976). "Political Modernization as Reflected in Bureaucratic Change: The Turkish Bureaucracy and a Historical Bureaucratic Empire Tradition", *Journal of Middle East Studies*, 7, pp. 507-521.

Higgins, R. S., W. F. Shughart, and R. D. Tollison (1985). "Free Entry and Efficient Rent-Seeking", *Public Choice*, 46, 247-258.

Higgins, R. S. and R. D. Tollison (1988). "Life Among the Triangles and Trapezoids", in C. K. Rowley, R. D Tollison, and G. Tullock (edit), *The Political Economy of Rent-Seeking*, Boston: Kluwer Academic Publishers, pp. 147-163.

Higgins, A. L. and R. D. Tollison (1984). "Notes on the Theory of Rent-Seeking", Unpublished Manuscript.

Hillman, A. L. (1989). *The Political economy of Protection*, USA: Harvard Academic Publisher.

Hillman, A. L. and E. Katz (1984). "Risk-Averse Rent Seekers and the Social Cost of Monopoly Power", *The Economic Journal*, 94, pp. 104-110.

Holden, K. and J. Thomson (1992). "Co-Integration: An Introductory Survey", *British Review of Economic Issues*, 14 (33), pp. 1-55.

Ilkin, S. (1991). "Exporters: Favoured Dependency", in M. Heper (edit), *Strong State and Economic Interest Groups: The Post-1980 Turkish Experience*, de Gruyter, pp. 89-99.

Jardon, G. (1993). "The Pluralism of Pluralism: An Anti-Theory?", in J. J. Richardson (edit), *Pressure Groups*, Oxford University Press: USA.

Johansen, S. (1988). "Statistical Analysis of Cointegrated Vectors", *Journal of Economic Dynamics and Control*, 12, pp. 231-254.

Jones, C. I. (1995). "Time Series Tests on Endogenous Growth Models", *The Quarterly Journal of Economics*, 110 (4), pp. 495-525.

Katz, E., S. Nitzan and J. Rosenberg (1990). "Rent-seeking for Pure Public Goods", *Public Choice*, 65, pp. 49-60.

Katz, E. and J. Rosenberg (1989). "Rent-Seeking for Budgetary Allocation: Preliminary Results for 20 countries", *Public Choice*, 160, pp. 133-144.

Katz, E. and J. B. Smith (1988). "Rent-Seeking and Optimal Regulation in Replenishable Resources Industries", *Public Choice*, 59, pp. 25-36.

Keefer, C. C. P., S. Knack and M. Olson (1995). "Contract-Intensive Money: Contract Enforcement, Property Rights, and Economic Performance", IRIS Working Paper No. 151, University of Maryland.

Keyder, C. (1987). *State, Class in Turkey: A Study in Capitalist Development*, UK: Verso.

Kimenyi, M. S. (1991). "Barriers to Efficient Functioning of Markets in Developing Countries", *Konjunkturpolitic*, 37, pp. 199-227.

Kimenyi, M. S. (1989). "Interest Groups, Transfer Seeking and Democratization: Competition for the Benefits of Governmental Power May Explain African Political Instability", *American Journal of Economics and Sociology*, 48 (3), pp. 339-349.

Kimenyi, M. S. (1987). "Bureaucratic Rents and Political Institutions", *Journal of Public Finance and Public Choice*, 3, pp. 189-199.

Kimenyi, M. S. and J. M. Mbaku (1993). "Rent-Seeking and Institutional Stability in Developing Countries", *Public Choice*, 11, pp. 385-405.

Kimber, R. (1993). "The Interest Groups and the Fallacy of the Liberal Fallacy", in J. J. Richardson (edit), *Pressure Groups*, UK: Oxford University Press, pp. 38-49.

Kings, R. G., P. Stock and M. W. Watson (1991). "Stochastic Trends and Economic Fluctuations", *American Economic Review*, 81, pp. 819-840.

Knack, S. and P. Keefer (1995). "Institutions and Economic Performance: Cross-Country Tests Using Alternative Institutional Measures", unpublished paper, American University.

Knight, M., N. Loyola and D. Vilaneuva. (1993). "Testing the Neoclassical Theory of Economic Growth", IMF Staff Papers, 40, pp. 512-541.

Koford, K. T. and D. C. Colender (1984). "Taming the Rent-Seeking", in D. C. Colander (edit), *Neoclassical Political Essays: The Analysis of Rent-Seeking and DUP Activities*, Cambridge, Mass: Ballinger, pp. 205-216.

Krueger, A. (1992). *Economic Policy Reform in Developing Countries*, Basil Blackwell.

Krueger, A. (1990). "Government Failures in Development", *Journal of Economic Perspective*, 4 (3), pp. 9-23.

Krueger, A. (1985). *Foreign Trade in Handbook on South Eastern Europe*, Vol. 14, TURKEY, Klaus-Detlev Grathusen.

Krueger, A. (1984). "Trade Policies in Developing Countries", in R. W. Joner and P. B. Kenen (edit), *Handbook in Economics, Book 3, Handbook of International Economics*, Vol. 1, North-Holland, Amsterdam.

Krueger, A. (1974). "The Political Economy of the Rent-Seeking Society", *American Economic Review*, 64, pp. 291-303.

Landes, W. M. and R. A. Posner (1975). "The Independent Judiciary in an Interest Group Perspective", *Journal of Law and Economics*, 18, pp. 875-901.

Lee, D. R. (1985). "Rent-Seeking and Its Implications for Pollution Taxation", *Southern Economic Journal*, 51, pp. 701-745.

Lee, D. R. and R. D. Tollison (1988). "Optimal Taxation in a Rent-Seeking Environment", in C. K. Rowley, R. D. Tollison, and G. Tullock (edit), *The Political Economy of Rent-Seeking*, Boston: Kluwer Academic Publishers, pp. 339-353.

Leibenstein, H. (1966). "Allocative Efficiency vs. X-Efficiency", *American Economic Review*, 56, pp. 392-415.

Leidy, M. P. (1994). "Trade Policy and Indirect Rent-Seeking: A Synthesis of Recent Work", *Economics and Politics*, 6 (2), pp. 97-119.

Leidy, M. P. (1993). "Trade Policy and Indirect Rent-Seeking: A Synthesis of Recent Work", *Discussion Paper*, Institutite of Public Policy Studies, University of Michigan.

Lin, J. Y. and J. B. Nugent (1995). "Institution and Economic Development", in J. Behrman and T. N. Sirinivasan (edit), *Handbook of Development Economics*, Valume IIIA, Elsevier.

Lopez, R. A. and E. Pagoultos (1994). "Rent-Seeking and the Welfare Cost of Trade Barriers", *Public Choice*, 79, pp. 149-160.

Lucas, R. E. Jr. (1988). "On the Mechanics of Economic Development", *Journal of Monetary Economics*, 22 (1), pp. -42.

MacKinnon, J. G. (1991). "Critical Values for Cointegration Tests", in R. F. Engle and C. W. J. Granger (edit), *Long-Run Economic Relationships*, Oxford: Oxford University Press.

Maddala, G. S. (1992). *Introduction to Econometrics*, 2nd ed., USA: Prentice Hall.

Magee, S. P. (1984). "Endogenous Tariff Thoery: A Survey", in D. C. Colender (edit), *Neoclassicial Polotocal Economy*, Cambridge Mass: Ballinger, pp. 41-54.

Magee, S. P., W. A. Brock and L. Young (1989). *Black Hole Tariffs and Endogenous Policy Theory*, Cambridge: Cambridge University Press.

Mankiw, N. G., D. Romer and D. N. Weil (1992). "A Contribution to the Empirics of Economic Growth", *Quarterly Journal of Economics*, 107, pp. 407-437.

Marshall, A. (1920). *Principles of Economics*, 8th ed., New York: Macmillan.

Matthews, R. C. O. (1986). "The Economics of Institutions and the Source of Growth", *The Economic Journal*, 96, pp. 903-918.

Mayer, W. (1983). "Endogenous Tariff Formation", University of Cincinnati, Mimeo.

Mauro, P. (1995). "Corruption, Country Risk and Growth", Unpublished paper, Harvard University.

Mbaku, J. (1994). "Military Coups as Rent-Seeking Behavior", *Journal of Political*

and Military Sociology, 22, pp. 241-284.
Mbaku, J. (1992). "Bureaucratic Corruption as Rent-Seeking Behavior", *Konjunkturpolitic*, 38, pp. 247-265.
Mbaku, J. (1991a). "Military Expenditures and Bureaucratic Competition for Rents", *Public Choice*, 71, pp. 19-31.
Mbaku, J. (1991b). "State Control, Economic Planning and Competition Among Interest Groups for Government Transfers in Africa", *Journal of Social, Political and Economic Studies*, 16 (2), pp. 181-194.
Mbaku, J. and C. Paul (1989). "Political Instability in Afrika: A Rent-Seeking Approach", *Public Choice*, 63, pp. 63-72.
McChesney, F. S. (1987). "Rent Extraction and Rent Creation in the Economic Theory of Regulation", *Journal of Legal Studies*, 16, pp. 1-13.
McCormick, R. E. and R. D. Tollison (1981). *Politicians, Legislation and the Economy*, Boston: Martinus Nijhoff.
McCormick, R. E. and R. D. Tollison (1978). "Legislatures as Union", *Journal of Political Economy*, 86, pp. 63-78.
McNutt, P. A. (1996). *The Economics of Public Choice*, UK: Edward Elgar.
Meier, G. M. (1991). *Politics and Policy Making in Developing Countries: Perspectives on the New Political Economy*, USA: ICS Press.
Michaels, R. (1988). "The Design of Rent-seeking Competition", *Public Choice*, 56, pp. 17-29.
Middleton, R. (1996). *Government Vs the Market*, Edward Elgar.
Milanovic, B. (1986). "Export Incentives and Turkish Manufactured Exports, 1980-1984", World Bank Staff Working Papers, No. 768, The World Bank, Washington.
Miller, S. M. (1991). "Monetary Dynamics: An Application of Cointegration and Error-Correction Modelling", *Journal of Money, Credit and Banking*, 23 (2), pp. 1939-1965.
Miller, S. M. (1988). "Are Saving and Investment Cointegrated?", *Economic Letters*, 27, pp. 31-34.
Milner, E. L. and M. D. Pratt (1991). "Risk Aversion and Rent-seeking: An Extension and Some Experimental Evidence", *Public Choice*, 69, pp. 81-92.
Misiolek, W. S. (1988). "Pollution Control through Price Incentives: The Role of Rent-Seeking Costs in Monopoly Markets", *Journal of Environmental Economics and Management*, 15, pp. -18.
Mitchell, W. C. and M. C. Munger (1991). "Economic Models of Interest Groups: An

Introductory Survey", *American Journal of Political Science*, 35, pp. 512-546.

Moe, T. (1986). "Interest, Institutions and Positive Theory: The Policies of the NLRB", Mimeo, Stanford University.

Mohammed, S. and J. Whalley (1984). "Rent-Seeking In India: Its Costs and Policy Significance", *Kyklos*, 3, pp. 387-413.

Mueller, D. C. (1990). *Public Choice II*, USA: Cambridge University Press.

Mueller, D. C. (1989). "Implications for Growth", *The Quarterly Journal of Economics*, 106 (2), pp. 503-530.

Mueller, D. C. (1983). *The Political Economy of Growth*, USA: Yale University Press.

Mueller, D. C. (1976). "Public Choice: A Survey", in J. M. Buchanan and R. D. Tollison (edit), *The Theory of Public Choice: Political Applications of Economics*, Ann Arbor: University of Michigan Press.

Murrell, P. (1983). "The Comparative Structure of the Growth of the Western German and British Manufacturing Industry", in D. C. Mueller (edit), *The Political Economy of Growth*, USA: Yale University Press, pp. 109-131.

Murrell, D. C. (1987). "The Growth of Government", IMF Staff Papers, 34, pp. 115-149.

Murphy, K. A., A. Shleifer and R. Vishny (1993). "Why is Rent-Seeking So Costly to Growth?", *American Economic Review*, 83, pp. 409-414.

Murphy, K. A., A. Shleifer and R. Vishny (1991). "The Allocation of Talent: Implications for Growth", *Quarterly Journal of Economics*, 106 (2), pp. 503-530.

Nardinelli, C., M. S. Wallace and J. T. Warner (1987). "Explaining Differences in state growth", *Public Choice*, 52 (3), pp. 201-213.

Niskanen, W. A. (1975). "Bureaucrats and Politicians", *Journal of Law and Economics*, 18, pp. 617-643.

Niskanen, W. A. (1971). *Bureaucracy and Representative Government*, Chicago: Aldine-Atherton.

North, D. C. (1995). Institutions, *Institutional Changes and Economic Performance*, USA: Cambridge University Press.

North, D. C. (1987). "Rent-seeking and the New Institutional Economics", in C. K. Rowley (edit), *Democracy and Public Choice: Essays in Humour of Gordon Tullock*, Basil Blackwell.

North. D. C. (1984). "Three Approaches to the Study of Institutions", in D. C. Colander (edit), *Neoclassical Political Economy*, Cambridge, Mass: Ballinger.

North, D. C. (1981). *Structure and Change in Economic History*, New York: W. W.

Norton.

Olson, M. (1996). "Big Bills left on the Sidewalk: Why some Nations are Rich, and Others Poor", *Journal of Economic Perspective*, 10 (2), pp. 3-24.

Olson, M. (1983). "The Political Economy of Comparative Growth Rates", in D. C. Muller (edit), *The Political of Growth*, New Haven, Conn: Yale University Press.

Olson, M. (1982). *The Rise and Decline of Nation*, USA: Yale University Press.

Olson, M. (1981). "Why Nations Rise and Decline?", Conference Paper.

Olson, M. (1965). *The Logic of Collective Actiona*, Cambridge: Harvard University Press.

Onculer, A. and R. Croson (1998/1999). "Rent-Seeking for a Risky Rent: A Model and Experimental Investigation", *A Working Paper*, INSEAD: France.

Onis, Z. (1992). "Organisation of Export-Oriented Industrialiszation: The Turkish Foreign Trade Companies in a Comparative Perspective", in T. F. Nas, and M. Odekon (edit), *Economics and Politics of Turkish Liberalization*, Bethlehem: Lehigh University Press.

Onis, Z. (1991). "Political Economy of Turkey in the 1980s: Anatomy of Unorthodox Liberalism", in M. Heper (edit), *Strong State and Economic Interest Groups: The Post-1980 Turkish Experience*, de Gruyter, pp. 27-41.

Pedersen, K. R. (1993). "Rent-Seeking Political Influence, and Productive Investment a Simple Analytical Example", *Discussion Paper*, 10/93, Norwegian School of Economics and Business Administration: Norway.

Pedersen, K. R. (1992a). "Rent-Seeking, Political Influence, and Inequality-Simple Analitical Example", *Discussion Paper*, 16/92, Norwegian School of Economics and Business Administration: Norway.

Pedersen, K. R. (1992b). "On the Endogenization of Political Influence and Economic Policy", *Discussion Paper*, 17/92, Norwegian School of Economics and Business Administration: Norway.

Peltzman, S. (1976). "Toward a more General Theory of Regulation", *Journal of Political Economy*, 83, pp. 757-778.

Peltzman, S. (1975). The Effects of Aoutomobile Safety Regulation", *Journal of Political Economy*, 83, pp. 677-725.

Peltzman, S. (1974). "Theories of Economic Regulation", *S Bell Journal Economics*, 335.

Pesaran, M. H., Y. Shin and R. J. Smith (1996). "Testing for the Existence of a Long-Run Relationship", *DAE Working Paper*, No. 9622, University of Cambridge.

Pesaran, M. H. and Y. Shin (1995). "An Autoregressive Distributed Lag Modelling Approach to Cointegration Analysis", *DAE Working Paper*, No. 9514, University of Cambridge.

Posner, R. A. (1975). "The Social Cost of Monopoly and Regulation", *Journal of Political Economy*, 83, pp. 807-627.

Pryor, F. L. (1983). "A Quasi-Test of Olson's Hypothesis", in D. C. Muller (edit), *The Political Economy of Growth*, New Haven: Yale University.

Ram, R. (1986). "Government Size and Economic Growth: A New Framework and some Evidence from Cross-Section and Time Series Data", *The American Economic Review*, 76.

Rama, M. (1993a). "Rent-Seeking Trade Policy: A Time Series Approach", *Working Paper*, Policy Research Department, The World Bank.

Rama, M. (1993b). "Rent-Seeking and Economic Growth", *Journal of Development Economics*, 42, pp. 35-50.

Rama, M. (1992). "Endogenous trade policy: A Time-series Approach", Unpublished manuscript (CINVE: Montevideo).

Ranis, G. (1991). "The Political Economy of Development Policy Change", in G. Meier (edit), *Politics and Policy Making in Developing Countries: Perspective on the New Political Economy*, ICS Press, pp. 69-123.

Rebelo, S. (1991). "Long-Run Policy Analysis and Long-Run Growth", *Journal of Political Economy*, 99, pp. 500-521.

Ricardo, D. (1962). "Introduction", in M. P. Foganty, *The Principles of Political Economy and Taxation*, London.

Richardson, J. J. (1993). *Pressure Groups*, USA: Oxford University Press.

Riker, W. (1962). *The Theory of Political Conditions*, New Haven: Yale University Press.

Rodrik, D. (1990a). "Premature Liberalisation, Incomplete Stabilisation: The Ozal Decade in Turkey", Discussion Paper, 03760/402, Centre for Economic Policy Research.

Rodrik, D. (1990b). "The Limits of Trade Policy Reforms in Developing Countries", *Journal of Economic Perspective*, 6 (1), pp. 87-105.

Rogerson, W. P. (1982). "The Social Cost of Monopoly Regulation: A Game-Theoretic Analysis", *Bell Journal of Economics*, 13, pp. 391-401.

Romer, P. M. (1996). *Advanced Macroeconomics*, USA: McGraw-Hill.

Rousseau, J. J. (1959). *The Social Contracts*, New York: E. P. Dutton.

Rowley, C. K. (1988a). "Rent-Seeking Versus Directly Unproductive Profit Seeking Activities", in C. K. Rowley, R. D. Tollison, and G. Tullock (edit), *The Political Economy of Rent-Seeking*, Boston: Kluwer Academic Publishers, pp. 15-27.

Rowley, C. K. (1988b). "Rent-Seeking in Constitutional Perspective", in C. K. Rowley, R. D. Tollison and G. Tullock (edit), *The Political Economy of Rent Seeking*, Boston: Kluwer Academic Publishing.

Rowley, C. K., Shughart and R. D. Tollison (1987). "Interest Groups and Deficits", in J. Buchanan, C. K. Rowley, and R. D. Tollison (edit), *Deficits*, New York: Basil Blackwell.

Rowley, C. K. and R. D. Tollison (1986). "Rent-Seeking and Trade Protection", *Swiss Journal of International Relations*, 41, pp. 141-166.

Rowley, C. K., R. D. Tollison and G. Tullock (1988). *The Political Economy of Rent-Seeking*, Boston: Kluwer Academic Publishers.

Rustow, D. A. (1985). "Turkey's Liberal Revolution", *Middle East Review*, 12, pp. -11.

Samuels, W. J. and N. Mercuro. (1992). "A Critique of Rent-Seeking Theory", in W. J. Samuels (edit), *Essays on the Economic Role of Government*, Hong Kong: New York University Press, pp. 111-131.

Schmitter, P. C. (1970). "Still the Century of Corporatism?", in P. C. Schmitter and G. Lehmburch (edit), *Trends Towards and Internationalism*, 1979.

Schnytzer, A. (1994). "Changes in Budgetary Allocations and International Comparisons of the Social Cost of Rent-seeking: A Critical Note", *Public Choice*, 79, pp. 357-362.

Scully, G. W. (1991). "Rent-Seeking in U.S. Govemmemt Budgets, 1900-1988", *Public Choice*, 70, pp. 99-106.

Shughart, W. F. and R. D. Tollison (1986). "On the Growth of Government and the Political Economy of Legislation", *Law and Economics*, 9 (1), pp. -127.

Shughart, W. F. and R. D. Tollison (1985). "Legal Change", *Economy Inquiry*, pp. 585-599.

Solow, R. M. (1956). "A Contribution to the Theory of Economic Growth", *Quarterly Journal of Economics*, 70 (1), pp. 312-320.

Somersan, M. (1989). "MDTSS Penceresinden Ihracatimizin Goruntusu", *Dunya*, 27-29 December.

Srinivasan, T. N. (1991). "Foreign Trade Regimes", in G. M. Meier (edit), *Politics and Policy Making in Developing Countries: Perspective on the New Political Economy*, ICS Press, pp. 123-155.

State Institutie of Statistic (SIS) Statistical Indicators: 1923-1991. Ankara. (1993).

State Planning Organisation (SPO) Main Economic Indicators, 1980-1984. Ankara. (1985).

Stigler, G. J. (1976). "The Size of Legislature", *Journal of Legal Studies*, Vol. 5 (1), pp. 17-34.

Stigler, G. J. (1975). *The Citizen and the State: Essays on Regulation*, University of Chicago Press.

Stigler, G. J. (1974). "Free-Rider and Collective Action", *Bell Journal of Economics and Management Science*, 5, pp. 359-365.

Stigler, G. J. (1971). "The Theory of Economic Regulation", *Bell Journal of Economics and Management Science*, 2, pp. 137-146.

Thirlwall, A. P. (1991). *Growth and Development*, 5th ed., London: Macmillan.

Thomas, R. L. (1993). *Introductory Econometrics: Theory and Implications*, 2nd ed., Longman.

Tocqueville, A. (1835). *Democracy in America*.

Togan, S. (1993). "How to Assess the Significance of Export Incentives: An Application to Turkey", *Review of World Economics*, 129 (4), pp. -801.

Tollison, R. D. (1990). "Public Choice and Legislation", W. M. Crain and R. D. Tollison (edit), *Predicting Politics: Essays in Empirical Public Choice*, Ann Arbar: The University of Michigan Press.

Tollison, R. D. (1982). "Rent-Seeking: A Survey", *Kyklos*, 35 (4), pp. 575-602.

Torstensson, J. (1994). "Property Rights and Economic Growth: An Empirical Study", *Kyklos*, 47 (2), pp. 231-247.

Tullock, G. (1993a). *Rent-Seeking*, Cambridge: Edward Elgar.

Tullock, G. (1993b). "Legal Rent-Seeking", *Discussion Paper*, prepared to presentation at the European Public Choice Meeting, Valencia, Spain.

Tullock, G. (1989). *The Economics of Special Privilege and Rent-Seeking*, Boston: Kluwer Academic Publisher.

Tullock, G. (1987). *Autocracy*, Boston: Kluwer Academic Publisher.

Tullock, G. (1985). "Back to the Bog", *Public Choice*, 46, pp. 258-263.

Tullock, G. (1980a). "Rent-Seeking as a Negative Sum Game", in J. M. Buchanan, R. D. Tollison and G. Tullock (edit), *Toward a Theory of the Rent-Seeking Society*, USA: Texas A & M University Press, pp. 16-39.

Tullock, G. (1980b). "Efficient Rent-Seeking", in J. M. Buchanan, R. D. Tollison and G. Tullock (edit), *Toward a Theory of the Rent-Seeking Society*, USA: Texas A & M University Press, pp. 97-113.

Tullock, G. (1975). "Competing for Aid", *Public Choice*, 21, pp. 41-52.

Tullock, G. (1971). "The Cost of Transfers", *Kyklos*, 4, pp. 629-43.

Tullock, G. (1967a). "The Welfare Cost of Tariffs, Monopolies and Theft", *Western Economic Journal*, 5, pp. 224-232.

Tullock, G. (1967b). *Towards a Mathematics of Politics*, Ann Arbor: University of Michigan.

Tullock, G. (1965). *The Politics of Bureaucracy*, Washington D.C.: Public Affairs Press.

Ursprung, H. W. (1990). "Public Goods, Rent-Dissipation, and Conditate Competition", *Economics and Politics*, 2 (2), pp. 115-132.

Uysal, S. (1989). "Turkiye'de Tesvik Sistemi ve Etkinligi", Turkiye Ihracat Kredisi Bankasi, Ankara, typescript.

Wagner, R. E. (1987). "Parchment, Guns and the Maintenance of Constitutional Contract", in C. K. Rowley(edit), *Democracy and Public Choice*, Basil Blackwell.

Wallis, J. J and W. E. Oates (1988). "Does Economic Sclerosis Set in with Age? An Empirical Study of the Olson hypothesis", *Kyklos*, 41, pp. 397-417.

Weber, M. (1947). *The Theory of Social and Economic Organisations*, in T. Parsons (edit), New York: Free Press.

Vedder, R. and L. Gallaway (1986). "Rent-Seeking, Distributional Coalitions, Taxes, Relative Prices and Economic Growth", *Public Choice*, 51, pp. 93-100.

Weede, E. (1994). "Economic Policy and International Security: Rent-Seeking, Free Trade and Democratic Peace", *Discussion Paper*, prepared to presentation at the European Public Choice Meeting, Valencia, Spain.

Wellisz, S. and R. Findlay (1984). "Protection and Rent-Seeking in Developing Countries", in D. C. Colander (edit), *Neoclassical Political Economy: The Analysis of Rent-Seeking and DUP Activities*, Cambridge, Mass: Ballinger, pp. 141-153.

Wilson, G. K. (1990). *Interest Groups*, UK: Basil Blackwell.

Wise, S. J. and T. Sandler. (1994). "Rent-Seeking and Pesticide Legislation", *Public Choice*, 78, 329-350.

Wyrick, T. L. and R. A. Arnold (1989). "Earmarking as a Deterrent to Rent-Seeking", *Public Choice*, 60, pp. 283-291.

Yavas, B. (1993). "A Pooled Time-Series Cross-Sectional Analysis of Exports: An Application to Turkey", in M. E. Kreinin, T. Francis (edit), *International Commercial Policy: Issues for the 1990s*, Chapter 21, pp. 245-253.

Yeldan, E. and T. L. Roe (1991). "Political Economy of Rent-Seeking under Alternative Trade Regimes", *Review of World Economics*, 127 (3), pp. 563-583.

監訳者あとがき

　レントは、古典的な概念である。それだけでなく、レントは、Tollison らが指摘するように、経済分析の歴史において傑出した役割を演じてきた（Robert Tollison、加藤寛監訳『レントシーキングの経済理論』勁草書房）。

　本書は、レント分析を通じて、国家の特性が持つ経済の体質を明らかにし、それが及ぼす経済の長期的な性向を検証している。その意味でも、レントの傑出した分析上の役割を十分に果たす挑戦的な研究書である。まず、本書は、レント・シーキングの規範的な側面と実証的な側面から検討した上で、民主主義国と非民主主義国のレント・シーキングの程度を実証的に分析する。その際、統計的な知識がその実証分析の展開に役立つことは確かである。しかし、この書の特徴は、レントのマクロ分析を可能にする枠組み、国家と利益集団形成の理論を提示し、経済政策の形成（例えば、貿易政策）の構造的な歪みを示すことにある。統計的な形式的な枠組みは、この書が半民主主義のトルコを主に取り上げているが、それ以外の諸国への適応可能性を広げ、各国の相対的な比較への道を開くためのものである。

　著者 Dilek Demirbas 氏は、トルコ出身の新進気鋭の女性の研究者で、イギリスの Leicester 大学で博士号を取得し、現在は Istanbul 大学で活躍している。この書の刊行は 2010 年であるが、結果として翻訳は遅滞した。この翻訳作業のきっかけは、このメンバーの１人の永井氏らと中村研究室で５〜６年前に読み込みを開始したことである。この書が経済成長と制度に焦点をあて、政府移転による資源の浪費を明らかにすることから、そこに翻訳する意義があると考えた。当初はこれほどの遅れは想像していなかった。大方は中村の取りまとめ作業の遅怠によるものであるが、さらに、トルコや海外の出版社の事情が加わり、この翻訳書の刊行をほぼ諦めかけた。しかし、明治大学大学院政治経済学研究科のトルコ人留学生 Elif Sercen Nurcan 氏のおかげで、著者ならびに出版社との驚異的な交流をはたし、日の目を見ることになった。また、明治大学大学院商学研究科出身の江科氏にも多大な協力をいただいた。

　本書の出版に際しては多くの方々にご迷惑をおかけしたが、中でも、遅れや

わがままな願いを我慢され、格別のご高配をくださった八千代出版株式会社の森口恵美子社長、ならびに同社の御堂真志氏に謝意を申し上げる。また、訳出に関わる問題があるとすれば、それはすべて取りまとめ役の中村と末永の責任である。

　原著者とともに、訳者たちも、本書の使命が十分に果たされることを願っている。

　　令和元年6月15日

中村文隆・末永啓一郎

著者紹介

Dilek Demibras
Istanbul 大学教授（博士）。専門は、政治経済学、経済理論。
主要論文：
"Supply chain interfaces between a port utilizing organisation and port operator", *Supply Chain Management: An International Journal*, Vol. 19, pp. 79-97, 2014.（共著）
"Independence of board of directors, employee relation and harmonisation of corporate governance: Empirical evidence from Russian listed companies", *Employee Relations*, Vol. 33, pp. 444-470, 2011.（共著）

翻訳分担（掲載順）

中村　文隆	明治大学名誉教授		第1章
永井　秀敏	明治大学政治経済学研究科博士前期課程修了		第2章
望陀芙美子	城西大学現代政策学部助教		第3章
末永啓一郎	明治大学政治経済学部教授		第4章・第5章第1節～第3節・第9章
藤永　修一	明治大学政治経済学部准教授		第5章第4節・第5節
柴田　有祐	明治大学政治経済学部専任講師		第6章
三浦　留美	城西大学経済学部非常勤講師		第7章
小林　和司	明治大学政治経済学部教授		第8章

レント・シーキングの政治経済学
――トルコのケース・スタディ――

2019年7月22日第1版1刷発行

著　者――Dilek Demirbas
監訳者――中村文隆・末永啓一郎
発行者――森口　恵美子
印刷所――壮光舎印刷㈱
製本所――㈱グリーン
発行所――八千代出版株式会社
〒101-0061　東京都千代田区神田三崎町2-2-13
TEL 03-3262-0420
FAX 03-3237-0723
振替 00190-4-168060

＊定価はカバーに表示してあります。
＊落丁・乱丁本はお取替えいたします。

ISBN978-4-8429-1752-8　　　Ⓒ 2019　D. Demirbas